Peter Ebenbauer, Basilius J. Groen (Hgg.)

Zukunftsraum Liturgie

Österreichische Studien zur Liturgiewissenschaft und Sakramententheologie
(früher *Liturgica Oenipontana*)

Austrian Studies of Liturgy and Sacramental Theology
(previously *Liturgica Oenipontana*)

ÖSLS

Band / Volume 10

LIT

Peter Ebenbauer, Basilius J. Groen (Hgg.)

Zukunftsraum Liturgie

Gottesdienst vor neuen Herausforderungen

LIT

Umschlaggestaltung: Gabriele Hübel, Wien

Gedruckt mit freundlicher finanzieller Unterstützung durch das Forschungsservice der Karl-Franzens-Universität Graz und den Verein zur Förderung der Theologie an der Kath.-Theol. Fakultät Graz.

∞

Gedruckt auf alterungsbeständigem Werkdruckpapier entsprechend
ANSI Z3948 DIN ISO 9706

Bibliografische Information der Deutschen Nationalbibliothek
Die Deutsche Nationalbibliothek verzeichnet diese Publikation in der Deutschen Nationalbibliografie; detaillierte bibliografische Daten sind im Internet über http://dnb.d-nb.de abrufbar.

ISBN 978-3-643-50941-3 (br.)
ISBN 978-3-643-65941-5 (PDF)

Wien 2019
Garnisongasse 1/19
A-1090 Wien
Tel. +43 (0) 1-409 56 61 Fax +43 (0) 1-409 56 97
E-Mail: wien@lit-verlag.at http://www.lit-verlag.at

Auslieferung:
Deutschland: LIT Verlag, Fresnostr. 2, D-48159 Münster
Tel. +49 (0) 2 51-620 32 22, E-Mail: vertrieb@lit-verlag.de

E-Books sind erhältlich unter www.litwebshop.de

INHALTSVERZEICHNIS

Vorwort

Aktuelle gesellschaftliche und pastorale Veränderungsprozesse stellen die gottesdienstliche Praxis der Kirchen vor neue Herausforderungen. Zugleich zeigen sich heute Aspekte der Liturgiegeschichte, die etwa im Kontext der Liturgiereform des Zweiten Vatikanischen Konzils noch nicht bekannt waren. Schließlich sind wir mit neuen Formen des symbolischen Handelns konfrontiert, die das Verhältnis zwischen Liturgie und Individuum sowie zwischen Liturgie und Kultur stark beeinflussen. All dies deutet auf eine Schwellen-Situation hin. Darin wird sich neu entscheiden, ob die Liturgie auch in Zukunft einlösen kann, was den christlichen Glauben seit jeher bewegt und belebt.

Dieses Buch dokumentiert die wissenschaftlichen Beiträge der internationalen Tagung „Zukunftsraum Liturgie: Gottesdienst vor neuen Herausforderungen", die vom 3. bis zum 5. Mai 2018 an der Katholisch-Theologischen Fakultät Graz stattgefunden hat. Das Institut für Liturgiewissenschaft, Christliche Kunst und Hymnologie veranstaltete diese Tagung in Kooperation mit der Diözese Graz-Seckau, die im Jahr 2018 ihr 800-jähriges Bestehen feierte. Ziel war es, diese Zeitmarke für eine Reflexion zu nutzen, die sowohl methodische als auch thematische Fragen der Liturgiewissenschaft im aktuellen Gefüge gesellschaftlicher und kirchlicher Transformationen aufgreift.

Im Vorfeld der Tagung formulierten wir als Motto für diese Reflexion „Die Schwelle überschreiten: Zukunftsraum Liturgie" und verbanden damit folgende Fragen: Was erwartet den Menschen des 21. Jahrhunderts, wenn er/sie die Schwelle zur Liturgie der Kirche überschreitet? Was erwartet die Liturgie, wenn sie von Menschen des 21. Jahrhunderts gefeiert, gestaltet, kommentiert, geliebt oder verabscheut wird? Im Horizont dieser Fragen bieten die Beiträge dieses Buches thematisch breit gefächerte Analysen und Perspektiven zu gegenwärtigen und zukünftigen Fragen der liturgischen Praxis der Kirchen und der Liturgiewissenschaft.

Wir danken der Referentin und den Referenten dieser Tagung für ihre engagierten Beiträge und deren Bearbeitung für die Publikation. Unseren Kooperationspartnern aus der Diözese Graz-Seckau, Bischof Wilhelm Krautwaschl und Thomas Bäckenberger mit seinem Team für das Jubiläumsjahr der Diözese Graz-Seckau 2018, danken wir ganz herzlich für die intensive Zusammenarbeit und für die finanzielle Unterstützung der Tagung. Dem Team des Instituts für Liturgiewissenschaft, Christliche Kunst und Hymnologie an der Grazer theologischen Fakultät, namentlich Christine Schönhuber, Ingrid Hable und Irene Unger, danken wir für alle organisatorischen Arbeiten in der Vorbereitung und Durchführung der Tagung.

Unser Dank gilt auch den Reihenherausgebern der Österreichischen Studien für Liturgiewissenschaft und Sakramententheologie (ÖSLS), Hans-Jürgen Feulner und Reinhard Meßner, für die Aufnahme der Tagungsbeiträge in diese Reihe sowie den

Mitarbeiterinnen und Mitarbeitern des LIT-Verlages für die technische Unterstützung. Dem Verein zur Förderung der Theologie an der Katholisch-Theologischen Fakultät und dem Forschungsservice der Karl-Franzens-Universität Graz unter Vizerektor Peter Scherrer danken wir für die finanzielle Förderung der Drucklegung dieses Bandes.

Graz, im Juli 2019 Peter Ebenbauer & Basilius Jacobus (Bert) Groen

Methodologies and Materials in the Writing of Liturgical History“[8] oder 2016 auf der Tagung der deutschsprachigen katholischen Liturgiewissenschaftlerinnen und Liturgiewissenschaftler über „Bilder, Modelle und Beschreibungen der Liturgiegeschichte“ erörtert wurden.[9] Neben den zahlreichen Kolleginnen und Kollegen, die dort zu Wort kamen (und von denen namentlich hier nur Reinhard Meßner und Jürgen Bärsch hervorgehoben werden sollen),[10] seien außerdem die programmatischen Berakah-Responses von John Baldovin[11] und Paul F. Bradshaw[12] und nicht zuletzt auch Gerard Rouwhorst mit seinem Beitrag über „Vielfalt von Anfang an. Pluralität in der Liturgiegeschichte“ im jüngsten Band des Archivs für Liturgiewissenschaft genannt.[13] Da ich mich selbst wiederholt an derartigen Diskussionen zu beteiligen hatte,[14] darf im gegenwärtigen Kontext die Form einer thesenhaften Formulierung persönlicher Beobachtungen und Überzeugungen gewählt werden. Wenn dabei mitunter ein beinahe bekenntnishafter Ton angeschlagen wird, ist es dem Gespräch über das Selbstverständnis eines Berufsstandes, der das *profiteri* schon im Namen trägt, und den vertrauensvollen Vorzeichen kollegialen Austauschs im Rahmen eines akademischen Symposiums geschuldet.

1 LITURGIEGESCHICHTSFORSCHUNG IM DIENSTE LITURGISCHER ERNEUERUNG?

1.1 *Nihil innovetur, nisi quod traditum fuerit* (Stephan I., bei Cyprian, Ep. 74, 1, 2): Zur Motivation der „genetischen Methode“

Sowohl vor der allgemeinen Etablierung als akademisches Fach als auch in den Jahrzehnten nach dem Zweiten Vatikanischen Konzil diente die Erforschung der

8 Teresa BERGER – Bryan D. SPINKS (Hgg.), Liturgy’s Imagined Past/s. Methodologies and Materials in the Writing of Liturgical History Today, Collegeville MN 2016.

9 Die Publikation modifizierte den Titel geringfügig: Albert GERHARDS – Benedikt KRANEMANN (Hgg.), Dynamik und Diversität des Gottesdienstes. Liturgiegeschichte in neuem Licht (Questiones Disputatae 289), Freiburg i. Br. 2018.

10 Reinhard MEẞNER, Über einige Aufgaben bei der Erforschung der Liturgiegeschichte der frühen Kirche, in: Liturgie verstehen (s. Anm. 4), 207–230, und Jürgen BÄRSCH, Liturgiegeschichte im Wandel. Bemerkungen zu Aufgaben und Wegen der historischen Erforschung des Gottesdienstes in der deutschsprachigen katholischen Liturgiewissenschaft, in: Theologie und Glaube 107 (2017) 231–246.

11 John BALDOVIN, The Usefulness of Liturgical History, in: Proceedings of the North American Academy of Liturgy 2007, 8–32 = The Uses of Liturgical History, in: Worship 82 (2008) 2–18.

12 Paul F. BRADSHAW, Is Liturgical History a Thing of the Past? Berakah Response, in: Proceedings of the North American Academy of Liturgy 2008, 22–33.

13 Gerard ROUWHORST, Vielfalt von Anfang an. Pluralität in der Liturgiegeschichte, in: Archiv für Liturgiewissenschaft 57 (2015) 1–23.

14 Harald BUCHINGER, Liturgiewissenschaft im Dialog. Theologisches Profil im interdisziplinären Gespräch, in: Salzburger Theologische Zeitschrift 20 (2016) 189–200; DERS., Liturgiegeschichte im Umbruch. Fallbeispiele aus der Alten Kirche, in: Dynamik und Diversität des Gottesdienstes (s. Anm. 9), 152–184.

Liturgiegeschichte in der Regel direkt oder indirekt dem Anliegen liturgischer Erneuerung. Dies galt schon von den restaurativen Bemühungen der Benediktiner des 19. Jahrhunderts um die Wiederbelebung der mittelalterlichen römischen Tradition im Kontext von Ultramontanismus und Romantik. Besonders das kritische Quellenstudium des 20. Jahrhunderts versuchte den ältesten Kern der altrömischen Liturgie freizulegen, um daran Maß für eine Erneuerung zu nehmen, in der die elementare Klarheit früher Feierformen neu erstrahlen sollte. Als Königsweg dazu erschien die genetische Erklärung, die geeignet ist, in der gewachsenen Feierform Ursprüngliches von Sekundärem zu unterscheiden. Berühmt ist die von Josef Andreas Jungmann in der letzten Auflage von *Missarum Sollemnia* formulierte Hoffnung, dass eine von seinen Erkenntnissen inspirierte Reform geradezu zu einer Selbstabschaffung der Liturgiewissenschaft führen würde: „Möge das nahe Konzil jener Wendepunkt werden, von dem an alle historischen Erklärungen der Liturgie nur mehr eine herabgesetzte Bedeutung haben, weil die Liturgie eine Gestalt empfängt, die durch sich selber spricht und umständlicher Erklärungen nicht mehr bedarf."[15] Auch wenn nicht alle Zeitgenossen Jungmann bis zu dieser Konsequenz gefolgt sein mögen, war das Zeitalter der liturgischen Erneuerung zweifellos von Optimismus und von bemerkenswertem Vertrauen in die Tragweite liturgiewissenschaftlicher Forschung getragen.

1.2 „Das Gute wird sich durchsetzen" (Hans Jörg Auf der Maur)

Wie andere Vertreter der Konzilsgeneration war auch Hans Jörg Auf der Maur von der unerschütterlichen Überzeugung beseelt, dass sich „das Gute durchsetzen werde". Dieser von ihm angesichts revisionistischer Tendenzen oft – wenn auch nie schriftlich – zum Ausdruck gebrachten Auffassung lag nicht nur ein großer Optimismus zugrunde, über dessen Tragweite man angesichts ernüchternder Entwicklungen geteilter Meinung sein kann (unter seinen ehemaligen Bekannten kam gelegentlich die Frage auf, ob sich Hans Jörg Auf der Maur totgelacht oder totgeärgert hätte, wenn er die kirchenpolitische und liturgische Entwicklung der letzten 20 Jahre noch erlebt hätte). Derartige Formulierungen implizieren auch, dass der Forscher eine klare Vorstellung davon hat, was gut ist, und mithin einen durchaus normativen Anspruch, ohne den praktische Reformarbeit ja auch prinzipiell undenkbar wäre: Nur wer von der Richtigkeit seiner Einsicht überzeugt ist, kann sie guten Gewissens zur Regel gegenwärtigen und zukünftigen Feierns machen.

Das Konzept der genetischen Methode spiegelt sich auch in der Anlage des epochalen Handbuchprojekts „Gottesdienst der Kirche", das zwar von bemerkenswerter wissenschaftlicher Gründlichkeit geprägt ist; trotzdem wird die Darstellung von formativen Phasen der Spätantike und den Schlüsselquellen der römischen Tradition dominiert. Lokale Entwicklungen des Mittelalters sind dagegen weitgehend ins Kleingedruckte verbannt, das sie sich mit Hinweisen auf

15 Josef Andreas JUNGMANN, Missarum Sollemnia. Eine genetische Erklärung der römischen Messe, 5. verb. Aufl., Freiburg i. Br. 1962, 1, X.

Brauchtum, Gesänge und Predigten teilen.[16] Hinter einem derartigen Vorgehen steht ein klares Bewusstsein der Bedeutung von Schlüsselquellen formativer Phasen für die Liturgie der Gegenwart und Zukunft.

Neben dem Vertrauen in die Relevanz liturgiehistorischer Forschung speiste sich der Optimismus der Konzilsgeneration darüber hinaus aus einer vom Zweiten Vatikanischen Konzil geprägten Ekklesiologie und aus einer Liturgieauffassung, die selbstverständlich dem Ideal einer „vollen, bewussten und tätigen Teilnahme" aller Gläubigen (vgl. *Sacrosanctum Concilium* 14 u. ö.) verpflichtet war.

1.3 Problemfelder

Nun steht es außer Zweifel, dass historisch Ursprüngliches sich zumeist auch als sachlich ursprünglich erweist. Historische Forschung vermag tatsächlich jene elementaren Feierstrukturen und Textsorten freizulegen, an denen eine auf Wesentliches konzentrierte Reform Maß nehmen kann.

Zugleich ist es zwei Generationen nach dem Konzil eine wohlfeile Übung, große und kleine Beispiele dafür zu finden, wo ein zeitbedingter Forschungsstand zu praktischen Entscheidungen führte, die sich im Fortgang der wissenschaftlichen Diskussion als problematisch erweisen sollten (und von denen einige in weiterer Folge noch angesprochen werden).[17]

Aber auch abgesehen von Unzulänglichkeiten und Missverständnissen der Forschung stellt sich nicht nur die fundamentale Frage nach der Berechtigung historistischer Legitimationsfiguren in der Rechtfertigung konkreter Reformergebnisse (man könnte sich ja auch Gotthold Ephraim Lessing anschließen, der formulierte, dass „zufällige Geschichtswahrheiten der Beweis notwendiger Vernunftswahrheiten nie werden können"[18]); auch die Auswahl der untersuchten Epochen und Quellen determiniert Gegenstand und Bedeutung der wissenschaftlichen Wahrnehmung. Sobald man aber neben oder hinter die konkreten Traditionen schaut, deren Erschließung sich die genetische Methode widmet, zeigt sich freilich eine unhintergehbare Vielfalt, welcher eine rein genetische Betrachtung prinzipiell nicht gerecht werden kann.

Bei näherem Zusehen relativiert sich freilich nicht nur die faktische historische Leistungsfähigkeit der genetischen Methode und damit ihre gegenwärtige Tragweite. Eine systematische Anfrage ist vielleicht noch gravierender: Es ist zwar eine Kernaufgabe der Liturgiewissenschaft, die Quellen der liturgischen Tradition für die theologische Reflexion fruchtbar zu machen. Gegenüber einem vorschnellen Kurzschluss von einer angeblichen *lex orandi* auf eine *lex credendi* erhebt sich die prinzipielle Frage, was denn eine konkrete *lex supplicandi* zu einer *lex credendi* macht – oder noch deutlicher formuliert: Was macht einen historisch kontingenten *modus supplicandi* überhaupt zu einer *lex* (nämlich auch nur zu einer *lex supplicandi*, welche dann eine *lex credendi* darstellen kann)?

16 Vgl. z.B. Hansjörg AUF DER MAUR, Feiern im Rhythmus der Zeit I. Herrenfeste in Woche und Jahr (Gottesdienst der Kirche 5), Regensburg 1983.

17 Siehe in diesem Beitrag S. 16–18.

18 Über den Beweis des Geistes und der Kraft, in: Arno SCHILSON (Hg.), Gotthold Ephraim LESSING, Werke 8 (Bibliothek deutscher Klassiker 45), Frankfurt 1989, 441.

Diese Frage führt in Zirkelschlüsse klassischer Liturgiegeschichtsschreibung, die aufgrund ihrer Konzentration auf die Schlüsselquellen formativer Phasen weite Bereiche der faktischen Liturgiegeschichte sowie der tatsächlichen religiösen Erfahrung der Gläubigen vieler Jahrhunderte – und insbesondere der Laien – methodisch ausgeblendet oder im Sinne eines Dekadenznarrativs pejorativ beurteilt hat. Kritische Anfragen ergeben sich aus neuen Untersuchungsperspektiven, die von der Wiederentdeckung der „popular religion" und „lived religion"[19] über die Suche nach einer durchaus ernstzunehmenden „Second Church" in der Spätantike[20] und die kritische Würdigung der liturgischen und hierarchischen Zähmung des Mönchtums in Krisenzeiten der Reichskirche[21] bis zu den vielfältigen Ausdrucksformen von Laienfrömmigkeit zwischen Spätmittelalter und früher Neuzeit reichen.[22] Die traditionelle Handbuchmethodik der Liturgiewissenschaft ist von Dekadenznarrativen geprägt, die der Differenziertheit des mittelalterlichen und neuzeitlichen Befundes, mithin fast einem Jahrtausend Liturgiegeschichte, nur sehr bedingt gerecht werden.

2 Religiöse Kulturgeschichte, historische Liturgietheologie oder was sonst?

In der nicht mehr unmittelbar vom Reformstau motivierten Forschung der letzten Jahrzehnte ist ein signifikanter Wandel zu beobachten. An die Stelle einer Suche nach maßgeblichen Quellen tritt bei Jürgen Bärsch, Andreas Odenthal und anderen eine wertschätzende Betrachtung, die verschiedene historische Phasen differenziert würdigt.[23] Verstärkt wird dieser unideologische Zugang durch den blühenden interdisziplinären Dialog mit Kunstgeschichte, Musikwissenschaft und anderen historischen Disziplinen, die in jüngerer Zeit ein ungeahntes Interesse an der Liturgiegeschichte entfaltet haben.[24] Dabei löst sich die Liturgiegeschichts-

19 Vgl. z.B. Heike GRIESER – Andreas MERKT (Hgg.), Volksglaube im antiken Christentum. Festschrift für Herrn Prof. Dr. Theofried Baumeister anlässlich seiner Emeritierung im September 2009, Darmstadt 2009.

20 Ramsay MACMULLEN, The Second Church. Popular Christianity A.D. 200–400 (Society of Biblical Literature, Writings from the Greco-Roman World, Supplement Series 1), Atlanta 2009.

21 Vgl. z.B. Phil BOOTH, Crisis of Empire. Doctrine and Dissent at the End of Late Antiquity (Transformation of the Classical Heritage 52), Berkeley 2014.

22 Eamon DUFFY, The Stripping of the Altars. Traditional Religion in England, c. 1400 – c. 1580, New Haven [2]2005 [[1]1992].

23 Jürgen BÄRSCH, Kleine Geschichte des christlichen Gottesdienstes, Regensburg 2015; DERS., Liturgiegeschichte im Wandel (s. Anm. 10); DERS., Ritengenetik oder Kulturgeschichte? Prolegomena zur liturgiehistorischen Erforschung des barockzeitlichen Gottesdienstes, in: Dynamik und Diversität des Gottesdienstes (s. Anm. 9), 185–211; Andreas ODENTHAL, Liturgie vom Frühen Mittelalter zum Zeitalter der Konfessionalisierung (Spätmittelalter, Humanismus, Reformation 61), Tübingen 2011. Von ausgewogener Breite ist auch das ökumenische Vielautorenwerk Geoffrey WAINWRIGHT – Karen B. WESTERFIELD TUCKER (Hgg.), The Oxford History of Christian Worship, Oxford 2006.

24 Es ist signifikant, dass sich unter den Autorinnen und Autoren des inhaltlich reichhaltigen und methodisch zukunftsweisenden Sammelbandes Helen GITTOS – Sarah HAMILTON (Hgg.), Under-

forschung aber nicht in religiöse Kulturgeschichte auf.[25] Liturgiegeschichte ist auch nicht einfach ein Teilbereich historischer Theologie.

Die methodische Neubesinnung hat ihre Wurzeln vielmehr schon in der Mitte des vorigen Jahrhunderts in bewussten, engagierten und genuin theologischen Optionen: So wollte die in der zweiten Hälfte des 20. Jahrhunderts florierende Erforschung der ortskirchlichen *Libri ordinarii* ausdrücklich einen auch ekklesiologisch motivierten Kontrapunkt zur dominanten Konzentration auf die römische Tradition setzen, wenn sie den Blick bewusst auf regionale Eigentraditionen lenkte.[26] Neben dieser Wahrnehmung lokaler Vielfalt ist die jüngere Liturgiegeschichtsschreibung auch diachron darum bemüht, platten Dekadenznarrativen von einer stets zunehmenden Materialisierung, Partikularisierung und Veräußerlichung der Frömmigkeit durch die differenzierte Analyse sekundärer liturgischer Texte und Feierelemente entgegenzutreten.[27]

Einen weiteren Schritt ging unter anderem Bert Groen als Pionier der ethnographischen Beobachtung, der auf exemplarische Weise die Observation tatsächlich gelebter Religion in die Konstitution von Gegenstand und Methode der Liturgiewissenschaft aufnahm.[28]

Eine derartige historische oder gegenwärtige Ausweitung des Untersuchungsgegenstands der Liturgiewissenschaft sensibilisiert auch für die Unschärfe des überkommenen Liturgiebegriffs: Letztlich gibt es kein befriedigendes Kriterium für die Abgrenzung der Liturgie von anderem rituellen Handeln der Gläubigen; damit steht freilich der Gegenstand des Faches selbst zur Disposition.

In weiterer Folge werden auf diese Weise auch fundamentale Anliegen der liturgischen Bewegung und liturgietheologische Axiome des Zweiten Vatikanischen Konzils problematisiert. Die Anliegen der Reform werden nicht nur durch ernüchternde faktische Entwicklungen in Frage gestellt; auch sozialanthropologische Untersuchungen weisen auf die Zeitbedingtheit von zentralen Konzepten wie jenem der „tätigen Teilnahme“ hin.[29] Ekklesiologische Optionen wie etwa die grundlegende Auffassung von der ganzen Kirche als Subjekt der liturgischen Feier könnten folgen. Was bleibt dann vom Kerngeschäft der Liturgiewissenschaft, und worin liegt ihr Potential?

standing Medieval Liturgy. Essays in Interpretation, Farnham 2016, kein/e einzige/r zünftige/r Liturgiewissenschaftler/in befindet.

25 BÄRSCH, Ritengenetik oder Kulturgeschichte (s. Anm. 23).

26 Adalbert KURZEJA, Der älteste Liber Ordinarius der Trierer Domkirche: London, Brit. Mus., Harley 2958, Anfang 14. Jh. Ein Beitrag zur Liturgiegeschichte der deutschen Ortskirchen (Liturgiewissenschaftliche Quellen und Forschungen 52), Münster 1970, III.

27 Vgl. dazu demnächst meinen Beitrag über Materielle Repräsentation im liturgischen Vollzug zur Tagung „Materialität und Medialität ‚großer Narrative‘“, Krems, September 2017 (Interdisziplinäre Beiträge zu Mittelalter und Früher Neuzeit), Heidelberg (in Vorbereitung).

28 Basilius Jacobus GROEN, Ter genezing van ziel en lichaam. De viering van het oliesel in de Grieks-Orthodoxe Kerk (Theologie & Empirie 11), Kampen – Weinheim 1990.

29 Gerard ROUWHORST, In search for vital liturgical communities. The liturgical movement considered from a social anthropological perspective, in: Worship 84 (2010) 137–153.

3 WIE ZUKUNFTSRÄUME ERÖFFNEN?

Bei aller angesprochenen Randunschärfe bleibt Liturgie der Ernstfall kirchlicher Tradition. Solange Liturgiewissenschaft Liturgiewissenschaft bleiben und sich nicht in Kulturgeschichte auflösen will, bleibt „ihr Gegenstand der Glaube [...] im Medium seiner gottesdienstlichen Realisierung“[30]; Liturgiegeschichte untersucht also Inhalte, Formen und Gesetzmäßigkeiten der liturgischen Überlieferung und deren Verhältnis zur faktischen Überlieferungsgemeinschaft. Entscheidende Veränderungen von Gegenstand, Methode und Ertrag liturgiehistorischer Forschung ergeben sich allerdings aus der fundamentalen Einsicht, dass sich die liturgische Überlieferung einerseits nur in unhintergehbarer Vielfalt zeigt und andererseits ständig im Fluss ist.

3.1 „I am a liturgical informer, not a liturgical reformer“ (Robert F. Taft)

Nicht nur die faktische Erfahrung widerspricht vielfach der von Hans Jörg Auf der Maur formulierten Überzeugung, „das Gute wird sich durchsetzen“. Wer nicht das undurchsichtige Geschäft des Lobbyings im komplexen System kirchlicher Institutionen mit ihren Kommissionen und Unterkommissionen, die ihrerseits wieder zu Oberkommissionen jener Arbeitsgruppen werden, welche die faktische Grundlagenarbeit leisten, deren Ergebnisse sie aber auf ihrem Weg durch die weiteren Instanzen gar nicht verfolgen können, deren Entscheidungen nicht selten eher von Macht, Eitelkeit und irrationalen Vorlieben als von unparteiischem Sachverstand bestimmt scheinen – wer also versucht, sich nach bestem Wissen und Gewissen dem Auftrag kirchlicher Reformarbeit nicht zu verweigern, wird nicht immer erleben, dass die eigenen Bemühungen die erhofften Früchte tragen.

Eine fundamentale Reserve gegenüber dem Engagement in praktischer Reformarbeit ergibt sich aber nicht nur aus derartigen Frustrationserfahrungen. Die fundamentale Verwechslung der Produktion von Primärquellen mit dem wissenschaftlichen Geschäft der Verfassung von Sekundärliteratur verletzt vielmehr ein epistemologisches Grundprinzip zumindest der modernen Kultur westlicher Wissenschaften, zu deren Konstitutiva eine prinzipielle reflektierende Distanz gegenüber ihrem Gegenstand gehört, der von der Wissenschaft zwar definiert, aber nicht produziert wird.

Zur Zurückhaltung mahnen schließlich auch die in jeder Reform zu beobachtenden Kurzschlüsse von zeitbedingen Einsichten auf die Agendenarbeit und damit auf die Schaffung einer neuen Praxis, die dann womöglich als *lex credendi* verstanden wird. Im gegebenen Rahmen kann nur eine kleine und willkürliche Auswahl von ambivalenten Entscheidungen der jüngsten römisch-katholischen Liturgiereform angedeutet werden:

30 MEẞNER, Einführung in die Liturgiewissenschaft (s. Anm. 2), 21, in Weiterführung des Ansatzes von Romano Guardini.

So stellt die Makrostruktur sakramentlicher Feiern mit ihrer Einbindung der sakramentlichen Kernhandlungen in den Wortgottesdienst der jeweiligen Messe zwar einen Zusammenhang zwischen Wort und Sakrament her und induziert obendrein einen pastoral zuträglichen Wiedererkennungseffekt; zugleich wird aber nicht selten die im rituellen Gedächtnis gegebene Verbindung zu komplexeren Ursprüngen gekappt. Von größerer theologischer Tragweite ist die weitgehende Vereinheitlichung der literarischen Struktur von Hochgebeten (auch jenseits der Eucharistie). Insbesondere die leidige Epiklese-Frage mit ihrer durch die scholastische Auffassung von der konsekratorischen Funktion der Herrenworte bedingten Trennung von Gaben- und Kommunikantenepiklese hat eminente eucharistietheologische Konsequenzen.[31] Auch die in der Tradition so nicht bezeugte Identifikation des Leibes und Blutes Christi oder des Opfers der Versöhnung als Gegenstand der eucharistischen Darbringung in verschiedenen nach dem Zweiten Vatikanum neu verfassten Hochgebeten (Viertes Hochgebet; Versöhnungs-Hochgebet) wurde als überzogen kritisiert.[32]

Die problematische Konstruktion eines „liturgischen Grundschemas“ von Lesung – Gesang – Gebet als Strukturprinzip unter anderem der erneuerten Osternachtfeier wäre genauso zu erwähnen wie die Vereinigung der alttestamentlichen Lesevigil mit dem neutestamentlichen Wortgottesdienst der Vigilmesse zu einem einzigen „Wortgottesdienst“, in dem durch die ursprünglich den Übergang von der Trauer- zur Freudenphase der Osternacht markierenden Eröffnungselemente der Messe, nämlich Illumination und Geläut, nun auf hermeneutisch bedenkliche Weise ein Kontrast zwischen Altem und Neuem Testament inszeniert wird.[33]

In der reformierten Tagzeitenliturgie ist neben der totalitären Vereinheitlichung der Makrostruktur aller Horen vor allem die in allen Strukturelementen zu beobachtende, in der römischen Tradition präzedenzlose und in theologisch problematischem Maße triumphalistische Erfüllungschristologie zu nennen, in der sich nicht zuletzt ein tiefes Unbehagen gegenüber dem Alten Testament niederschlägt, dessen Auswirkungen von der Streichung imprekatorischer Passagen und Texte bis zur Hinzufügung neutestamentlicher Intertexte (vor allem Antiphonen, Mottoverse) mit ihrer vereinnahmenden Hermeneutik reichen.[34]

Das neue „Gotteslob“ führt diese Entwicklungen ins ungeahnte Extrem: Als Standard-Responsorium der Laudes findet sich nun eine Art Christus-Litanei (GL 616.8), dergegenüber die gattungs- und traditionsfremde Verwendung von an die-

31 Harald BUCHINGER, The Holy Spirit and the Church in Liturgy. A „Western Perspective“, in: Predrag DRAGUTINOVIĆ – Karl-Wilhelm NIEBUHR – James Buchanan WALLACE (Hgg.), The Holy Spirit and the Church according to the New Testament. Sixth International East-West Symposium of New Testament Scholars, Belgrade, August 25 to 31, 2013 (Wissenschaftliche Untersuchungen zum Neuen Testament 354), Tübingen 2016, 251–284.

32 Vgl. z.B. Hans-Christian SERAPHIM, Vom Darbringen im Eucharistiegebet, in: Liturgisches Jahrbuch 56 (2006) 237–249 = On the Act of Oblation in the Eucharistic Prayer, in: Studia Liturgica 37 (2007) 234–248.

33 Harald BUCHINGER, Reformen der Osternachtfeier. Eine Fallstudie römischer Liturgiegeschichte, in: Stefan HEID (Hg.), Operation am lebenden Objekt. Roms Liturgiereformen von Trient bis zum Vaticanum II, Berlin 2014, 277–302.

34 Die Einführung neutestamentlicher Antiphonen im Ferialpsalter der nachvatikanisch erneuerten *Liturgia Horarum* ist eine kategorische Innovation. Das hermeneutische Misstrauen der Allgemeinen Einführung in das Stundengebet, das in deren „Hilfen für das Psalmengebet“ (Kapitel 3.II) zum Ausdruck kommt, wurde zurecht vielfach problematisiert.

ser Stelle problematischen Gesängen allerlei Art als „Antiphonen“ zum Magnifikat als geradezu harmlose Gedankenlosigkeit erscheint.

Noch breitenwirksamer ist das Versagen des „Gotteslob 2013“ im Bereich des notorisch vernachlässigten Antwortpsalms: Das neue Einheitsgesangsbuch zwingt regelmäßig zur Verwendung psalmfremder Kehrverse. Seit seinem Erscheinen wird sogar an irgendwelchen Sonntagen im Jahreskreis auf den charakteristischen Eröffnungsvers des der Pascha- (und gegebenenfalls Pfingst-) Vigil vorbehaltenen Canticums Ex 15, „Dem Herrn will ich singen, machtvoll hat er sich kundgetan“, ausgewichen.

Derartig gedankenlose Entscheidungen hastig, unbedacht oder ideologisch redigierter Bücher verderben den *sensus fidelium* und verschärfen die Spirale zwischen einer angeblichen *lex orandi* und einer daraus abgeleiteten *lex credendi* beinahe zu einem Teufelskreis.

Das Problem liegt dabei nicht darin, dass ein bestimmter Reformschritt unausgegorene Ergebnisse zeitigt. Die heutige Feiergestalt ist – wie jede andere – notwendig zeitbedingt. Verfehlt sind allerdings einerseits überzogene Ansprüche überregionaler Gültigkeit oder generationenüberdauernder Langlebigkeit. Andererseits muss sich die Liturgiewissenschaft davor hüten, einen zufällig und mitunter mehr schlecht als recht etablierten *modus supplicandi* vorschnell zur *lex orandi* zu erklären.

Das jüngste Beispiel möge die Problematik noch einmal zugespitzt veranschaulichen: Nachdem sich die kirchlichen Autoritäten des deutschen Sprachraums beim „Gotteslob“ insofern selbst überdribbelt haben, als der selbstauferlegte Zeitdruck verhinderte, dass die fast fertig revidierte Version der Einheitsübersetzung um die Haaresbreite weniger Monate keine Aufnahme mehr in das neue Einheitsgesangsbuch fand, wurde in Millionenauflage ein Buch gedruckt, das eigentlich schon beim Erscheinen obsolet war. Abgesehen von der Tragik einer unnötigen Vergeudung finanzieller und personeller Ressourcen zeigt sich darin geradezu ein Schulbeispiel dafür, dass es zum Scheitern verurteilt ist, den lebendigen Fluss der Tradition zu einem willkürlichen Zeitpunkt fixieren zu wollen. Schon auf der Ebene eines Sprachraums und im Horizont einer Generation erweisen sich Versuche einer Einheitsliturgie nicht nur faktisch als unmöglich zu realisieren, sondern bei grundsätzlicher Betrachtung auch als prinzipiell unsinnig. Statt sich in zum Scheitern verurteilten Projekten zu verausgaben, täte darum Wissenschaft, die sich selbst als solche ernst nimmt, vermutlich besser daran, sich der Erschließung der Vielfalt liturgischer Überlieferung in ihrer größtmöglichen Breite zu widmen – auch und gerade im Interesse einer lebendigen Liturgie der Gegenwart und Zukunft.

3.2 „History is never normative, but it is always instructive“ (Robert F. Taft)

Als Alternative zu einer auf den je eigenen Traditionsstrang konzentrierten Betrachtung sind zwei Tendenzen zu benennen, welche die klassische genetische Methode signifikant ergänzen und dazu angetan sind, die Liturgiewissenschaft vor ideologischer Engführung zu bewahren.

Erstens hat Reinhard Meßner auf die Notwendigkeit hingewiesen, neben der genetischen Betrachtung der gewordenen Liturgie verstärkt kritisch danach zu fragen, welche Traditionsströme versiegt sind oder unterbunden wurden.[35]

Einen fundamental breiteren Horizont als die genetische Betrachtung einer spezifischen Tradition hat zweitens seit jeher auch die liturgievergleichende Methode, wie sie von Anton Baumstark grundgelegt und zuletzt vor allem von Robert Taft und seiner Schule vertieft und betrieben wurde.[36] Die Erschließung der Vielfalt verschiedener Riten ist zwar auch vom Anliegen beseelt, hinter den in der Regel erst spät kodifizierten Traditionen durch vergleichende Analyse jene älteren Vorstufen zu erschließen, die selbst nicht durch konkrete Quellen positiv bezeugt sind. Indem sie den Blick aber auf die ökumenische Breite verschiedener Überlieferungen richtet, bewahrt sie automatisch vor der Verabsolutierung einer konkreten historischen Gestalt. Nachdem schon Hans-Jürgen Feulner die Methode auf reformatorische Traditionen ausgeweitet hat,[37] hat Predrag Bukovec jüngst das auf nichtchristliche Rituale erweiterte Konzept einer „modifizierten liturgievergleichenden Methode" formuliert.[38]

3.3 „Liturgie als gewordene ist immer neu werdende" (Hans Jörg Auf der Maur)

Wer das Glück hatte, bei Hans Jörg Auf der Maur zu studieren, hat die grundlegende Einsicht vermittelt bekommen, dass Liturgie nicht nur immer historisch geworden ist, sondern dass diese historische Gewordenheit auch impliziert, dass sie immer wieder neu werdende ist.[39]

35 MEẞNER, Aufgaben (s. Anm. 10), 210. „Doch heute und in nächster Zeit scheint mir nicht so sehr die historisch-genetische Dimension der Liturgiegeschichtsforschung vonnöten zu sein als fast das Gegenteil. Eine ehrliche Geschichtsschreibung, gerade auch Kirchen- und Liturgiegeschichtsschreibung konfrontiert uns immer mit Bildern des uns Heutigen Fremden, das nicht so recht zu dem passt, wie hier und heute Geschichte gelebt und erlitten wird, das aber gerade deshalb herausfordernd ist und innovative Impulse für die Gegenwart bereitstellt. […] Seit wir uns endgültig darüber klar geworden sind (oder, falls es – wie es zuweilen scheint – nötig ist, klar werden müssen), dass eine ganz andere epochale Gestalt von Kirche als die jedenfalls hierzulande seit unvordenklichen Zeiten gewohnte ins Haus steht und gelebt und gestaltet werden muss, kann uns nicht zuletzt der historische Blick auf das Fremde, gar das eine oder andere Mal bizarr Anmutende der eigenen Ursprünge helfen, Neues, ebenfalls (noch) Fremdes (gar bizarr Anmutendes?) in Angriff zu nehmen."

36 Robert F. TAFT – Gabriele WINKLER (Hgg.), Comparative Liturgy Fifty Years after Anton Baumstark (1872–1948). Acts of the International Congress. Rome, 25–29 September 1998 (Orientalia Christiana Analecta 265), Rom 2001.

37 Hans-Jürgen FEULNER, „Ut omnes unum sint". Zur ökumenischen Bedeutung einer *Vergleichenden Liturgiewissenschaft*, in: DERS. (Hg.), Liturgies in East and West. Ecumenical Relevance of Early Liturgical Development. Acts of the International Symposium Vindobonense I, Vienna, November 17–20, 2007 (Österreichische Studien zur Liturgiewissenschaft und Sakramententheologie 6), Wien 2013, 137–164.

38 Predrag BUKOVEC, Grundlagen einer Modifizierten Vergleichenden Liturgiewissenschaft, in: Hans-Jürgen FEULNER (Hg.), 50 Jahre Liturgiewissenschaft in Wien. Rückblicke – Einblicke – Ausblicke (Österreichische Studien zur Liturgiewissenschaft und Sakramententheologie 9), Münster 2019, 51–104.

39 Harald BUCHINGER, Hansjörg Auf der Maur (1933–1999), in: Benedikt KRANEMANN – Klaus RASCHZOK (Hgg.), Gottesdienst als Feld theologischer Wissenschaft im 20. Jahrhundert. Deutschsprachige Liturgiewissenschaft in Einzelporträts (Liturgiewissenschaftliche Quellen und Forschungen 98/1), Münster 2011, 1, 138–145; DERS., Hansjörg Auf der Maur (1933–1999).

Im Lichte jüngerer Forschung ist es einerseits absolut unbestreitbar, dass sich die liturgische Überlieferung von Anfang an auch in wesentlichen Strukturfragen der wichtigsten Feiern – einschließlich der Hauptsakramente – in unhintergehbarer Vielfalt zeigt.[40] Auch diachron gibt es keinen archimedischen Punkt in der Liturgiegeschichte, der eine bestimmte Epoche als privilegierte Phase der Entwicklung definieren könnte (auch wenn der Blick auf formative Phasen heuristisch insofern wertvoll, wenn nicht gar unabdingbar bleibt, als historisch Ursprüngliches nicht selten eben auch sachlich elementar ist). Weder die apostolische Zeit, deren unkultisches Liturgieverständnis in Spannung zur späteren großkirchlichen Tradition und insbesondere zur katholischen Liturgieauffassung steht, noch die heute nicht mehr einfach als „goldenes Zeitalter" zu beschreibende Periode der Entwicklung und Konsolidierung prägender Feierformen und Textgattungen in der frühen reichskirchlichen Zeit,[41] noch weniger die von den Interessen karolingischer Politik bestimmte Kodifikation der römischen Tradition im Frühmittelalter oder die zentralistischen Reformen der Neuzeit bieten einen Maßstab heutiger Reform, sondern vielmehr Schlüssel zum Verständnis der gewachsenen und oft genug verwachsenen Tradition.

Im Blick auf heutige und künftige Liturgiegestaltung verbieten sich damit aber überzogene Geltungsansprüche. Diachron kann keine Feierform von vorneherein Geltung jenseits der historischen Situation beanspruchen, für die sie geschaffen wurde; synchron verbieten sich jegliche Universalitätsansprüche (und seien es auch nur die eines Einheitsgesangbuchs).

Das gilt leider auch für die Übersetzung nicht nur der liturgischen Texte, sondern auch der Bibel als des wichtigsten und fundamentalsten liturgischen Buches. Wer einmal eine kanonisch gewordene Textgestalt – wie etwa die Vulgata oder auch die Lutherübersetzung – aufgibt, kommt offenbar nicht umhin, die großen Texte der Tradition immer wieder neu zu übersetzen. Vertrautheit kann dann freilich nicht mehr aufkommen oder wird regelmäßig zerstört. Die Einsicht, dass selbst im lateinischen Bereich mehrere Bibelübersetzungen gebraucht wurden, bevor in der karolingischen Reform die Vulgata ihren tausendjährigen Siegeszug antrat, ist dabei nur bedingt ein Trost für Menschen, die keinen Text mehr auswendig – oder schöner: *par cœur* – zur Verfügung haben können.[42]

Hans Jörg Auf der Maur beteiligte sich nicht an den als „Messbuch 2000" bekannten, durch die Instruktion *Liturgiam authenticam* abgebrochenen Vorarbei-

Zukunft aus der Vergangenheit, oder: Gewordene Liturgie als immer neu werdende, in: Angela BERLIS – Stephan LEIMGRUBER – Martin SALLMANN (Hgg.), Aufbruch und Widerspruch. Schweizer Theologinnen und Theologen im 20. und 21. Jahrhundert, Zürich 2019, 550-559.

40 ROUWHORST, Vielfalt von Anfang an (s. Anm. 13). Klassisch vgl. auch Paul F. BRADSHAW, The Search for the Origins of Christian Worship. Sources and Methods for the Study of Early Liturgy, 2. erw. Aufl., London ²2002 [vgl. ¹1992].

41 Paul F. BRADSHAW, The Fourth Century: A Golden Age for Liturgy?, in: Wolfram KINZIG – Ulrich VOLP – Jochen SCHMIDT (Hgg.), Liturgie und Ritual in der Alten Kirche. Patristische Beiträge zum Studium der gottesdienstlichen Quellen der Alten Kirche (Studien der Patristischen Arbeitsgemeinschaft 11), Leuven 2011, 99–115.

42 Zur wesentlich tiefer liegenden und weiter reichenden Problematik der traditionslosen Nova Vulgata vgl. Harald BUCHINGER, „Te decet hymnus" oder „Tibi silentium laus"? Über das Lateinische in der heutigen Liturgie, in: Winfried BÖNIG u. a. (Hgg.), Musik im Raum der Kirche. Fragen und Perspektiven. Ein ökumenisches Handbuch zur Kirchenmusik, Stuttgart – Ostfildern 2007, 342–354.

ten zu einer Neuauflage des Deutschen Messbuchs. Er war überzeugt, dass die Befähigung kompetenter Vorsteher zur zeitgemäßen Formulierung heutiger Liturgie aus dem Geist der Tradition wichtiger sei als die Revision einer bestimmten Textgestalt. Dass Freiheit nicht Willkür bedeutet, war ihm dabei natürlich genauso selbstverständlich wie sein im Blick auf manche real existierenden Studenten vielleicht etwas zu optimistischer Glaube nicht nur an die Notwendigkeit, sondern auch an die Wirkung und Tragweite liturgischer Bildung. Auf der Maur vertrat, dass eine qualifizierte Einsicht in Grundgestalt und Grundgehalt der Liturgie Vorsteher zu genauso kreativer wie kompetenter und traditionsgemäßer Gestaltung lebendiger Liturgie befähige.

Sein von den Erfahrungen des ökumenischen und liturgischen Aufbruchs im Amsterdam der Siebziger und frühen Achtziger Jahre geprägtes Engagement in der Wiener Gemeinde St. Ruprecht machte auch deutlich, dass er Notwendigkeit und Wert von Laboratorien liturgischer Kreativität erkannte. Anders als es die Metapher vom „organischen Wachstum" suggeriert, wachsen liturgische Texte oder Handlungselemente ja nicht auf Feldern oder Bäumen, sondern werden von bestimmten, wenn auch in der Regel nicht mehr greifbaren Subjekten unter kontingenten Bedingungen erstmals formuliert, rezipiert und später vielleicht kodifiziert. In diesem Sinne vertrat Hans Jörg Auf der Maur auch den „Mut zu Wegwerftexten". Man könnte auch von einem notwendigen Sedimentierungsprozess in der liturgischen Tradition sprechen, in deren lebendigem Fluss sich erst mit der Zeit Material von haltbarer Qualität absetzt.

Liturgische Überlieferung ist demnach von einer dauernden spannungsvollen Dynamik von Kreativität und Rezeption, von Kontinuität und Innovation bestimmt. Wenn oben davon die Rede war, dass nicht wenige Entscheidungen der nachvatikanischen Reformen vor dem Urteil der Geschichte vielleicht nicht bestehen können, liegt deren Problematik nicht im Faktum einer nicht traditionsgemäßen oder nicht zukunftsträchtigen Innovation als solcher, sondern darin, derartige Missgriffe vorschnell als neue *lex orandi* zu betrachten und damit zumindest potentiell zur *lex credendi* zu erklären.

Diese Zurückhaltung gegenüber überzogenen Ansprüchen zeitbedingter Kodifikationen kontingenter Entwicklungsstufen liturgischer Überlieferung trifft sich mit einer Neubewertung des tatsächlichen Charakters liturgischer Quellen, wie sie in jüngerer Zeit als fruchtbarer Zweig liturgiehistorischer Forschung etabliert wurde:[43] Verbindlichkeit und faktische Geltung historischer liturgischer Bücher werden heute vielfach in Frage gestellt.[44] Anspruch und Wirklichkeit stehen auch im Mittelalter in größerer Spannung als bislang generell angenommen. Das hohe

43 Neben dem Symposium in Regensburg im Juli 2016 „Zur Typologie liturgischer Bücher des westlichen Mittelalters", dessen Dokumentation von Harald BUCHINGER, Andrew IRVING und Reinhard MEßNER voraussichtlich in den Liturgiewissenschaftlichen Quellen und Forschungen herausgegeben wird, sei die nicht zur Publikation vorgesehene, von Henry PARKES und Peter JEFFERY veranstaltete Tagung des Yale Institute of Sacred Music im April 2017, „Medieval Rites: Reading the Writing" erwähnt.

44 Besonders signifikant ist die Neubewertung des sogenannten Pontificale Romano-Germanicum als vermeintlichen Schlüsseldokuments der römisch-fränkischen Mischliturgie und ihres mutmaßlichen Reimports nach Rom durch Henry PARKES, Questioning the Authority of Vogel and Elze's *Pontifical romano-germanique*, in: Understanding Medieval Liturgy (s. Anm. 24), 75–101.

Ziel einer einheitlichen Praxis nach *libri bene correcti* wurde schon in der karolingischen Liturgiereform nicht eingeholt;[45] und selbst in der Neuzeit ist – anders, als es das große Narrativ der „ehernen Einheitsliturgie und der Rubrizistik" nach der tridentinischen Liturgiereform nahelegt[46] – jahrhundertelang eine faktische Vielfalt zu beobachten, die letztlich erst von der ultramontanen Restauration des 19. Jahrhunderts beseitigt wurde. Die Probleme des 20. und 21. Jahrhunderts erweisen sich auch in diesem Bereich als Erbe des 19. Jahrhunderts mit seinem präzedenzlosen Zentralismus, der mit der Entwicklung und Implementierung einer romantischen Konstruktion mittelalterlicher Überlieferung einherging.

3.4 Was kann kritische Liturgiegeschichtsforschung zur Zukunft der Liturgie beitragen?

Vereinnahmung durch konkrete Reformarbeit führt also zu einer systemimmanenten Überforderung der Liturgiewissenschaft und damit notwendig in Aporien. Nach dieser kritischen Bestandsaufnahme soll abschließend positiv gefragt werden, worin der genuin liturgiewissenschaftliche Beitrag zur Zukunft der Liturgie liegen kann. Wissenschaftstheoretische Überlegungen haben dabei zugleich das Potential, die angesprochenen Erfahrungen von Resignation in Resilienz umzuwandeln, indem sich die Liturgiewissenschaft von unsachgemäßen Erwartungshaltungen befreit, deren Nichterfüllung genauso notwendig wie vermeidbar in Frustration führt. Die ideologiekritische Rekonfiguration von Forschungsparametern versucht einen Weg zwischen der Verfangenheit in lähmender Resignation und der mitunter zynischen Distanz pseudo-postmoderner Beliebigkeit zu weisen.

(1) Liturgiewissenschaft als Wissenschaft gibt keine Handlungsanweisungen und kann es bei näherer Betrachtung auch nicht. Indem sie die unhintergehbare Vielfalt der Überlieferung erschließt, lehrt sie vielmehr, in Alternativen zu denken. Akademische Liturgiewissenschaft ist somit fast das Gegenprogramm zu konkreter Liturgiegestaltung. (Das schließt natürlich nicht aus, dass sich Liturgiewissenschaftlerinnen und Liturgiewissenschaftler jenseits ihrer wissenschaftlichen Tätigkeit an Liturgiegestaltung beteiligen – ob im gemeindlichen Kontext oder im Dienste der Herausgabe liturgischer Bücher. Sie verlassen damit aber das Gebiet ihrer wissenschaftlichen Tätigkeit und deren Gesetzmäßigkeiten).

(2) Historische Einsicht in die unhintergehbare Vielfalt der Tradition und ihren ständigen Fluss befreit nicht nur von der Normativität des Faktischen, sondern überhaupt von der Verhaftung an das jeweils Heutige, Gestrige oder Vorgestrige.

45 Vgl. z.B. Yitzhaq Hen, The Romanization of the Frankish liturgy. Ideal, reality and the rhetoric of reform, in: Claudia Bolgia – Rosamond McKitterick – John Osborne (Hgg.), Rome across Time and Space. Cultural Transmission and the Exchange of Ideas, c. 500–1400, Cambridge 2011, 111–123.

46 Theodor Klauser, Kleine Abendländische Liturgiegeschichte. Bericht und Besinnung, Bonn 1965, 117 u. ö. Es wäre freilich ungerecht, dem kleinen Lehrbuch, das notwendig vereinfachen musste, seine simplistische Rezeption durch spätere Generationen vorzuwerfen.

Die differenzierte Wahrnehmung verschiedener Ausdruckgestalten der vielstimmigen Tradition, ihrer jeweiligen Voraussetzungen und Konsequenzen relativiert jede konkrete Ausformung der liturgischen Überlieferung. Historische Forschung generiert Freiheit.

(3) Gerade die kritische und vergleichende Betrachtung vermag nämlich sehr wohl potentielle Handlungsoptionen zu erschließen, die einer bloß genetischen Betrachtung verborgen bleiben. Ein Blick in die Vielfalt der Geschichte erweitert das Repertoire möglicher Feierformen der Gegenwart und Zukunft.

(4) Die für jede ernstzunehmende Wissenschaft konstitutive Distanz gegenüber ihrem Gegenstand entlastet die Liturgiewissenschaft allerdings von einem unsachgemäßen und unzuträglichen, weil epistemologisch letztlich nicht zu bewältigenden Legitimationsdruck: Aufgabe der Wissenschaft als solcher ist nicht die Gestaltung neuer Praxis, sondern die Beschreibung von Voraussetzungen und Folgen, also die Analyse von Prinzipien und Implikationen historischer oder gegenwärtiger Praxis. Die primäre Frage der Liturgiewissenschaft ist nicht, was erlaubt oder geboten ist. Sie regelt nicht das rituelle Leben der Kirche, sondern erörtert, was unter welchen Bedingungen sinnvoll ist, und warum es sich so verhält. Eine derartige konditionierte Vorgehensweise verbietet kategorisch die Formulierung bestimmter Handlungsanweisungen. Eine unmittelbare Verantwortung für die Praxis kann wissenschaftliche Reflexion aus prinzipiellen Gründen nicht übernehmen. Anders als die Agendenarbeit schränkt die historische Forschung die Freiheit heutiger Feiersubjekte freilich nicht ein, sondern fördert sie.

(5) Als theologisches Fach lenkt die Liturgiewissenschaft den Blick nicht uninteressiert auf die historische Vielfalt ritueller Vollzüge. Ihre spezifische Perspektive auf liturgische Rituale betrachtet diese ausdrücklich im Horizont des Glaubens. Sie stellt die transzendentale Reflexion an, inwiefern sich im Feiern der Kirche Dialog zwischen Gott und Mensch ereignet; sie fragt, wie im kommunikativen Handeln der Gemeinde – mit den Worten des Zweiten Vatikanums: „in sinnenfälligen Zeichen" – „Verherrlichung Gottes vollzogen" und die „Heiligung des Menschen bezeichnet und … bewirkt wird" (*Sacrosanctum Concilium* 7), was ein differenziertes Symbolverständnis und eine qualifizierte Theologie der Leiblichkeit voraussetzt. Diese Frage nach Vergegenwärtigung und Teilhabe an rituell vermittelter Heilserfahrung und Gottesverehrung mag ein halbes Jahrhundert nach dem Konzil anders beantwortet werden, bleibt aber wohl allem Ideologieverdacht zum Trotz unaufgebbares Proprium liturgiewissenschaftlicher Arbeit.

(6) Nicht zuletzt nimmt die Liturgiewissenschaft ihre Verantwortung für die Theologie als ganze in der Vielfalt ihrer Disziplinen wahr, wenn sie gerade auch dort auf Diskontinuitäten in der historischen Entwicklung und auf Widersprüche zwischen dem liturgischen Befund und der dogmatischen Reflexion hinweist, wo auch lehramtlich relevant gewordene Auffassungen in Spannung zu historischen Beobachtungen stehen. Besonders prominent ist etwa die notorische Frage nach

der Konsekration durch die Rezitation der *Verba Testamenti*, die in den ältesten Traditionen nirgends als Element der eucharistischen Gebetstradition nachzuweisen sind,[47] oder nach den Ursprüngen der später außerhalb Roms sogenannten Firmung in postbaptismalen Feierelementen der Initiation, die vor dem dritten Jahrhundert nicht bezeugt sind und sich etwa in Antiochien erst an der Wende vom 4. zum 5. Jahrhundert durchgesetzt haben und in der zweifellos orthodoxen byzantinischen Tradition vermutlich erst noch später rezipiert wurden (was insofern signifikant ist, als die römische Kirche nach dem Zweiten Vatikanum die Form des Firmsakraments aus Byzanz entlehnt hat).[48] Aber auch jenseits dogmatisch relevanter Inhalte hat die Liturgiewissenschaft ideologiekritisch dafür zu sensibilisieren, wo zeitbedingte Auffassungen in einen problematischen Zirkel vermeintlicher historischer Einsicht und moderner Rubrikenproduktion geführt haben, wie das zum Beispiel beim überaus erfolgreichen Konzept der Drei Tage von Leiden, Tod und Auferstehung Jesu zu beobachten ist (ein Theologoumenon, das zwar zu Recht zu den erfolgreichsten Motiven moderner Erneuerung der Osterliturgie gehört, bei näherer Betrachtung vor dem 20. Jahrhundert aber nicht im eigentlichen Sinne liturgieformativ war).[49] Historische Forschung ist Ideologiekritik.

(7) Für die als theologische Disziplin auch kanonisch verfasste Liturgiewissenschaft ist schließlich auch eine kirchliche Dimension bleibend konstitutiv; Theologie ist ein wesentlicher Selbstvollzug der Glaubensgemeinschaft. Nicht zuletzt nachdem sich das hierarchische Lehramt in einer gewissen Opposition zur akademischen Theologie positioniert hat,[50] darf und muss sich letztere freilich darauf beschränken, potentielle Handlungsoptionen zu benennen. Die Erschließung der liturgischen Tradition dient der Ermächtigung – neudeutsch würde man vielleicht auch von „Empowerment" sprechen – jener Entscheidungsträger und Entscheidungsträgerinnen, denen Verantwortung für die Gestaltung der Liturgie aufgetragen ist. Angesichts der unhintergehbaren Vielfalt der historischen Überlieferung würde die Wissenschaft aber ihre Grenzen überschreiten, wenn sie sich anmaßen wollte, konkrete Handlungsanweisungen zu geben. Indem sie nicht nur Inhalte und Formen analysiert, sondern auch deren Voraussetzungen und Implikationen erörtert, leistet sie aber einen wesentlichen Beitrag zu verantworteten Entschei-

47 Robert F. TAFT, Mass Without the Consecration? The Historic Agreement on the Eucharist between the Catholic Church and the Assyrian Church of the East Promulgated 26 October 2001, in: Worship 77 (2003) 482–509.

48 Den Ursprüngen der Taufsalbung widmet sich nach der z.B. bei MEẞNER, Einführung (s. Anm. 2), 91f., zitierten Literatur die Regensburger Habilitationsschrift von Dr. Predrag BUKOVEC (Wien).

49 Harald BUCHINGER, Was there ever a liturgical Triduum in antiquity? Theological idea and liturgical reality, in: Ecclesia Orans 27 (2010) 257–270. Die Einsicht, dass das Theologoumenon des *sacratissimum triduum passi, sepulti, suscitati* vor dem 20. Jahrhundert nicht in dem Sinne liturgieformativ wurde, dass die drei Tage Karfreitag, Karsamstag und Ostersonntag innerhalb einer mimetischen Hohen Woche jemals irgendwo speziell als eigene liturgische Einheit ausgesondert gewesen wären, bestreitet nicht den Sinn und die Praktikabilität seiner Umsetzung in den Liturgiereformen der letzten Jahrzehnte weit über die römisch-katholische Kirche hinaus.

50 Klaus UNTERBURGER, Vom Lehramt der Theologen zum Lehramt der Päpste? Pius XI., die Apostolische Konstitution „Deus scientiarum Dominus" und die Reform der Universitätstheologie, Freiburg i. Br. 2010.

dungen der zuständigen Personen und Instanzen – von den Verantwortlichen konkreter örtlicher Feiergemeinden bis zu den Entscheidungsträgern am Apostolischen Stuhl. Historische Forschung dient der Ermächtigung kirchlicher Entscheidungsträger und Entscheidungsträgerinnen.

(8) Insofern jede Theologie – und nicht nur jene paar Disziplinen, deren Beschreibung als „praktische Fächergruppe" in gegenwärtigen bundesdeutschen Dokumenten weder diesen Fächern noch den anderen Bereichen der Theologie gerecht wird – der kirchlichen Praxis dient, trägt die liturgiewissenschaftliche Reflexion direkt oder indirekt zur Ermöglichung ritueller Erfahrung bei,[51] ohne freilich diese Erfahrungen selbst zu bewirken. Vielmehr ermöglicht erst die kritische Reflexion der konkret erlebten Praxis deren Umformung zu Erfahrung im Vollsinn des Wortes. Mit diesem Selbstverständnis unterscheidet sich die Liturgiewissenschaft als theologisches Fach einerseits von kultur- oder sozialwissenschaftlichen Disziplinen, die das rituelle Handeln der Kirche aus unbeteiligter Perspektive untersuchen, aber auch von einer Pastoralliturgik, welche die für wissenschaftliche Reflexion konstitutive methodische Distanz von ihrem Gegenstand vermissen lässt und dadurch notwendig in Aporien gerät. Einen Ausweg daraus wollen die hier angestellten Überlegungen skizziert haben.

51 Vgl. mit etwas anderen Akzenten auch Andreas ODENTHAL, Rituelle Erfahrung. Thesen zu einer praktisch-theologischen Liturgiewissenschaft, in: Theologische Quartalschrift 188 (2008) 31–49; DERS., Rituelle Erfahrung. Praktisch-theologische Konturen des christlichen Gottesdienstes (Praktische Theologie heute 161), Stuttgart 2018.

DIE CHANCE IN DER KRISE

LITURGIE IM KONTEXT SPÄTMODERNER WELTERFAHRUNG

PETER EBENBAUER

Wir leben gegenwärtig in einer haltlos gewordenen Weltsituation, in politischen, ökonomischen, kulturellen und religiösen Fließbewegungen globalen Ausmaßes, deren Richtungen alles andere als eindeutig oder vorhersehbar sind. In dieser Situation des nicht kalkulierbaren Wandels zelebrieren religiöse Gemeinschaften ihre Riten, Feste und Feiern in mehr oder weniger fest gefügten Traditionsspuren.[1]

Die Plausibilität und Vitalität traditioneller christlicher Glaubenspraxis ist mittlerweile allerdings fraglich geworden, insbesondere in den Gesellschaften der sogenannten westlichen Welt; fraglich nicht nur aus der Außenperspektive, die christlich-religiöse Praxis gerne unter den Verdacht falscher Ideologie und subtiler Machtausübung stellt, sondern auch aus der Innenperspektive jener den Kirchen zugehörigen Menschen, die ihre modernen Wertehaltungen und Lebensformen mit den kirchlichen Regulativen und Traditionen nur mehr sehr begrenzt in Einklang bringen können oder wollen. Am Auseinanderdriften von gesellschaftlicher und kirchlicher Praxis haben bis heute nicht zuletzt innerkirchliche Distanzierungsstrategien gegen (spät)moderne Veränderungsdynamiken ihren Anteil, obwohl das Zweite Vatikanische Konzil vor mehr als fünfzig Jahren einen anderen Weg in die Zukunft vorgezeichnet hat.[2]

Diese kritische Situation zeigt sich in Mitteleuropa gegenwärtig beispielsweise im Kontext der Neuformierung pastoraler Strukturen innerhalb der römisch-katholischen Kirche. Das sogenannte Territorialprinzip, hinter dem die alte Vorstellung steht, dass eine kirchliche Gemeinschaft den flächendeckenden Anspruch auf ein pastorales Seelsorgegebiet besitzt und diesen Anspruch durch ein Netzwerk an institutionalisierten Einrichtungen zum Ausdruck bringt, scheint immer noch handlungsleitend zu sein. Das damit verbundene Dilemma zeigt sich spätestens dann, wenn dieses alte Territorialprinzip – sei es in den traditionellen Strukturen, sei es in neuen Raumkonzepten – weder mit den gesellschaftlichen und individuellen Konstellationen des Volkes Gottes, noch mit den dafür notwendigen Personalressourcen zur Deckung gebracht werden kann.[3] Spätestens an diesem Punkt ist das liturgische und sakramentale Leben der Kirchen direkt von der

1 Vgl. Herder Korrespondenz Spezial, Wie heute Gott feiern? Liturgie im 21. Jahrhundert, Freiburg i. Br. 2013.

2 Vgl. Albert GERHARDS, Menschwerden durch Gottesdienst? Zur Positionsbestimmung der Liturgie zwischen kirchlichem Anspruch und individuellem Erleben, in: Benedikt KRANEMANN u.a. (Hgg.), Die missionarische Dimension der Liturgie, Stuttgart 1998, 20–31.

3 Vgl. Rainer BUCHER, An neuen Orten. Studien zu den aktuellen Konstitutionsproblemen der deutschen und österreichischen katholischen Kirche, Würzburg 2014.

Veränderungsdynamik der Gegenwart erfasst. Das territoriale Dilemma ist, aus kirchlicher Perspektive betrachtet, vermutlich das auffälligste, weil handgreiflichste Symptom unvermeidlicher kirchlicher Wandlungsprozesse in der Gegenwart. Es ist aber keineswegs das einzige. Ein anderes ist das Dilemma, das heute aus den Verschiebungen des Verhältnisses von kirchlichem Glauben, religiöser Pluralität, Politik und säkularen Wertehaltungen resultiert. Dieses Dilemma zeigt sich in Europa heute am deutlichsten in den aktuellen Kontroversen um muslimische Kultur und Praxis. Von der Vision eines europäischen Islam, der mit den politischen, kulturellen und menschenrechtlichen Standards der westlichen Demokratien kompatibel sein müsste, über eine Reihe stark divergierender Spielarten kollektiver muslimischer Identität bis hin zu den grausamen und menschenvernichtenden Gewalt-Ideologien von ISIS, Boku Haram oder Al Kaida reichen die Konfliktzonen.

In einer weniger dramatischen Form zeigt sich dieses Dilemma allerdings auch im Verhältnis zwischen christlichen Überzeugungen, kirchlicher Religiosität, Politik und säkularen Wertehaltungen, beispielsweise in den Konfusionen um Allianzen zwischen politischen Parteien oder NGOs und kirchlichen Gruppen bzw. Institutionen, um den öffentlichen Geltungsraum kirchlichen Handelns und seine gesellschaftspolitischen Implikationen wie z.B. kirchliche Asylbetreuungseinrichtungen oder Feiertagsregelungen, um das innerkirchliche Ringen um die Akzeptanz säkularer Wertehaltungen und Lebensformen wie z.B. Homosexualität oder Ehe zwischen gleichgeschlechtlichen Partnern oder um die Verhältnisbestimmung von christlicher und (post)säkularer Kultur in Medien, Kunst, Technik und Wissenschaft. Auch hier stehen die traditionellen Formen und Symboliken kirchlichen Handelns auf dem Prüfstand und sind unvermeidlichen Transformationsprozessen ausgesetzt.[4]

Was die gottesdienstliche und sakramentale Praxis der christlichen Kirchen betrifft, so hat deren gesamtgesellschaftliche Strahlkraft in den letzten Jahrzehnten noch einmal deutlich abgenommen. Dagegen hat sich die Welt der Rituale und rituellen Praktiken außerhalb der klassischen kirchlichen Handlungsfelder dynamisch entwickelt, und zwar sowohl auf der Ebene der Individuen, als auch in gruppenspezifischen und kollektiven Kontexten. Auf individueller Ebene begegnen wir heute rituellen Praktiken des oder der Einzelnen, die auf Selbstentwicklung, Selbstkontrolle, Ermächtigung und persönliches Wohlergehen ausgerichtet sind. Manche sehen darin einen postsäkularen „Kult der Performanz", der durch subtile Einflussfaktoren ökonomischer und kapitalistischer Art mitgesteuert sei.[5] Auf der Ebene von Gruppen-Identitäten begegnen in zunehmendem Maß rituelle Markierungen von Zugehörigkeiten und Lebensbereichen, die durch interaktive

4 Vgl. Michael SCHÜSSLER, Mit Gott neu beginnen. Die Zeitdimension von Theologie und Kirche in ereignisbasierter Gesellschaft, Stuttgart 2013; Christian BAUER, Konstellative Pastoraltheologie. Erkundungen zwischen Diskursarchiven und Praxisfeldern (Praktische Theologie heute 146), Stuttgart 2016.

5 Vgl. Peter EBENBAUER – Isabelle JONVEAUX, Zwischen Selbstermächtigung und Unterwerfung. Rituelle Praxis als Machtfaktor in spätmoderner Zeit, in: LIMINA. Grazer theologische Perspektiven 1/1 (2018) 47–67; https://limina-graz.eu/index.php/limina/article/view/7 [Abruf am 19.1.2019].

Teilhabe und Partizipation im Sinn von „Markenbindung", sei es im Sport, in der Kultur, in der Politik, in der Freizeitgestaltung etc., gekennzeichnet sind. Kollektiv höchst wirksam ist die Performance der neuen (sozialen) Medien in ihrer Verschränkung mit Konsum, Wirtschaft und Politik.

Für die religiöse wie die säkulare Ritualdynamik der Gegenwart lässt sich diagnostizieren, dass rituelle Praxis in zunehmendem Maß durch subjektiv vollzogene Anlässe, Entschlüsse und Motive seitens der darin involvierten Akteur*innen geprägt ist.[6] Dies hängt einerseits mit der Emanzipation ritueller Praxis aus traditionellen Normierungen durch transpersonale Institutionen zusammen, andererseits mit der wachsenden Plastizität und Variabilität von Ritualen. Stabile Strukturen und Rahmungen (*framing*) bilden nach wie vor feste Anker und Identifizierungsmerkmale von Ritualen, innerhalb dieser Strukturen und Rahmungen sind aber die Spielräume für spontane, persönliche, kreative Gestaltungen deutlich gewachsen.[7]

Für die klassischen Formen kirchlicher Liturgie erwächst daraus eine kritische Spannung: der Einheit des Ritus stehen Spielräume für freie Gestaltungselemente gegenüber; subjektive Motive scheinen die Objektivität der liturgischen Ordnungen zu gefährden; gesamtkirchliche Regulative geraten in Spannung zu situativen Realisierungen unter dem Primat personenzentrierter Gestaltung.

CHANCEN, DIE SICH IN DER KRISE ERÖFFNEN

Durch akute Lebens- und Überlebensfragen entstehen gegenwärtig neue Angst- und Hoffnungskomplexe, in denen die Sorge um das Leben insgesamt, um Zukunft und Sinn, um Bewahrung und Rettung akut werden. Zu den kollektiven Angstkomplexen der Gegenwart gehören die globalen Migrationsbewegungen, die Klimakrise, akute geopolitische Krisensituationen mit ihren militärischen Bedrohungsszenarien, Terrorismus sowie Fundamentalismen und Extremismen unterschiedlicher Art. Als Hoffnungskomplexe können Entwicklung, wirtschaftliche Konjunktur, Verringerung von Hunger und Armut, steigende Bildungsmöglichkeiten, Mobilität und wachsende persönliche Partizipationschancen gerechnet werden.

Sowohl in den Angst- als auch in den Hoffnungskomplexen öffnen sich Berührungszonen zwischen gesellschaftlicher Praxis, politischen Optionen sowie dynamisch sich verändernden spirituellen Welt- und Lebensdeutungen mitsamt deren symbolischen und rituellen Realisierungsformen. Charakteristisch sind in dieser Lage offen zutage tretende Spannungen zwischen erlebten und ersehnten Zuständen oder Welten. Exakt in diesen Spannungsfeldern sehe ich die Chance

6 Vgl. Axel MICHAELS, Zur Dynamik von Ritualkomplexen, in: Forum Ritualdynamik Nr. 3, Dezember 2003, Heidelberg 2003, 4-6; DERS. (Hg.), Die neue Kraft der Rituale, Heidelberg ²2008.

7 Vgl. Henrik JUNGABERLE – Jan WEINHOLD, Einführung. Das Framing-Konzept auf dem Weg zu einer interdisziplinären Ritualwissenschaft, in: DIES. (Hgg.), Rituale in Bewegung. Rahmungs- und Reflexivitätsprozesse in Kulturen der Gegenwart, Berlin u.a. 2006, 7–17.

einer neuen Resonanz und Kraft des christlichen Glaubens und der christlichen Liturgie.

Diese Chance liegt in der *Neu-Ansiedelung* christlicher Liturgie und Ritualkultur exakt in den Angst- und Hoffnungszonen zwischen Säkularität, pluraler Religiosität und medial inszenierten Zukunftsverheißungen mit den dort vielfältig anzutreffenden religions-ähnlichen Versprechungen, die aus der Dynamik moderner Kommunikation und Ökonomie resultieren:

Liturgie hat Zukunft, wenn sie sich mit ihren biblischen und glaubensgeschichtlichen Ressourcen diesen neuen Kontexten aussetzt und sich in ihnen neu ansiedelt.

Dies bedeutet nicht, die Versprechungen spätmoderner Welterfahrung liturgisch einfachhin zu imitieren; auch nicht, sie durch ein museales Glaubens- und Weltkonstrukt zu ersetzen; sondern: in eine Wechselbeziehung einzutreten, die diese Versprechungen kritisch aufgreift und im Sinn der Befreiungsgeschichte der biblischen und kirchlichen Gottestraditionen konstruktiv transformiert. Wie kann das liturgisch funktionieren? – Durch die *Neukonfiguration* und *Weiterschreibung* liturgischer Traditionen angesichts (global) sich verändernder Lebensumstände und Weltdeutungen.

Neukonfiguration bedeutet in diesem Kontext nicht Neu-Erfindung, sondern Neu-Anordnung und Neu-Darstellung gemäß einem Prinzip, das die Liturgiegeschichte ohnedies von Anfang an charakterisiert. Gordon Lathrop erkennt im Phänomen der spannungsvollen Anordnung unterschiedlicher Elemente und Formen gottesdienstlichen Agierens sogar das gründende Prinzip christlicher Liturgie und ihrer Geschichte: Wie sie von ihren biblischen Ursprüngen an in einer prägnanten Neu-Anordnung, Adaptierung und Anreicherung bereits gegebener Traditionsstücke hauptsächlich aus jüdischen und einigen anderen vorgeprägten Mustern zusammengestellt wurde, so erfolgten im Lauf der Jahrhunderte je nach kultureller und gesellschaftlicher Situation viele weitere Neu-Anordnungen und Weiterschreibungen.[8] Vor allem die gesellschaftlichen und kulturellen Kontexte sind es, die in jeder Zeit-Epoche Neu-Anordnungen und Neu-Darstellungen der christlichen Glaubensrituale erfordern.

Lathrop identifiziert als Strukturprinzip („*ordo*“) christlicher Liturgie die polare Anordnung („*juxtaposition*“) ritueller Formationen oder Handlungselemente, grundlegend etwa Sonntag und Woche, Wortgottesdienst und Mahlfeier, Lobpreis und Bittgebet, Unterweisung und Taufbad, Ostern und Jahreslauf.[9] Die theologische Bedeutung dieser Polaritäten erläutert Lathrop anhand der für die Eucharistie zentralen Anordnung von Wortgottesdienst und Mahlfeier im Sinn einer Theologie der *Brechung*:

> The Christian ordo is the juxtaposition. The word service and the meal [...] are both made up of juxtapositions. For Christians, all texts and all rituals are the wrong

8 Vgl. Gordon W. LATHROP, Holy Things. A Liturgical Theology, Minneapolis 1998.
9 Vgl. ebd. 55.

> words. All have to be broken to speak the Christian faith, the resurrection, the encounter with God in the crucified Jesus, the new vision of the world.[10]

Es ist also strukturell damit zu rechnen, dass innerhalb des christlich-liturgischen Rituals spannungsvolle Momente auftreten, die einerseits komplementären Charakter besitzen können, also einen verstärkenden und weiterführenden Effekt oder Affekt im Hinblick auf die symbolisierte Glaubenswirklichkeit hervorrufen. Andererseits, möglicherweise noch bedeutender als die komplementäre Funktion, treten solche spannungsvollen Anordnungen auf, um das Ungenügen einer jeden einzelnen oder isolierten Versprachlichung und Verkörperung der Glaubenswirklichkeit mit auszudrücken. Lathrop spricht daher ausdrücklich von einer der christlichen Liturgie inhärenten *Gebrochenheit*, mitten in ihrer rituellen Struktur: „a pattern of ritual broken in order to speak of God's grace".[11] Auch hier gilt, dass die Anordnung spannungsvoller ritueller Momente diese Gebrochenheit repräsentiert:

> The principal instrument of the breaking is juxtaposition. By this breaking, the ritual itself comes to be like the biblical rhetoric [...]. For us the primary key to the meaning of the [liturgical] assembly is the correspondence between the essential structures of that assembly and the biblical pattern whereby old words are made to speak the new.[12]

Eine fundamentale Charakteristik der rituellen Prägung der christlichen Liturgie ist demnach diejenige der Brüche bzw. der Brechungen auf mehreren Ebenen: Wie alle rituellen Praktiken markiert das gottesdienstliche Glaubens-Ritual eine Unterbrechung gewöhnlicher Verrichtungen und eine Unterbrechung des alltäglichen Erlebens von Zeit und Raum. Darüber hinaus treten aber auch innerhalb des Rituals selbst noch einmal Brüche zwischen einzelnen Elementen und Handlungssequenzen auf, spannungsvolle Momente, die das Ritual insgesamt als etwas Vorläufiges, Nicht-Fertiges oder sogar Ungenügendes ausweisen.

Der Umstand, dass der christliche Glaube sich nicht einfach in einem rundweg perfekten, abgeschlossenen Ritual erschöpfend ausagieren kann, weist auf eine theologische Qualität hin, die der Unverfügbarkeit und Gnadenhaftigkeit des Glaubens und seiner göttlichen Quelle geschuldet ist. Selbst im festlichsten Gottesdienst der Kirche bleibt eine Differenz zwischen göttlichem Ruf und menschlicher Antwort, zwischen göttlicher Teilgabe und menschlicher Teilhabe, zwischen kultischer Präsenz und eschatologischer Vollendung, zwischen liturgischem Symbol und Gnadenerfahrung, zwischen Ritual und Heilswirklichkeit bestehen. So bedeutsam, unverzichtbar und heilsrelevant die christliche Liturgie für die Kirche ist und für die ganze Menschheit zumindest potentiell sein könnte: Sie kann und will die Differenz zwischen dem Anbruch des *Reiches Gottes* und seiner eschatologischen Erfüllungsgestalt nicht überspringen. Ihre Heiligkeit besteht nicht darin, hier und jetzt vollendete Erfüllung der Heilsgemeinschaft mit Gott zu sein, sondern darin, in den Brechungen endlichen Lebens und durch sie hindurch den Anbruch und den Geschmack vollendeter Heilsgemeinschaft anfanghaft, initiatorisch zu erfahren und zu realisieren; nicht zuletzt, um liturgisch

10 Ebd. 50.
11 Ebd. 80.
12 Ebd.

und alltäglich immer vertrauensvoller und beständiger die Erfahrung göttlichen Lebens in und mit den Brüchen des endlichen Daseins zu suchen, zu bezeugen und zu teilen.

So hat etwa die Feier der Eucharistie im Lauf ihrer Geschichte einige einschneidende und theologisch wie kulturell sehr weitreichende Neu-Anordnungen ihrer Motive, Gestalten und Inhalte aufzuweisen, bis hin zu den (ökumenisch wiederentdeckten) Gemeinsamkeiten und Differenzen ihrer Feier- und Sinngestalt im breiten Spektrum der christlichen Traditionen und Konfessionen in der Gegenwart. Die Prozesse der Neu-Anordnung und Neu-Darstellung liturgischer Kerngehalte sind unter diesen Voraussetzungen keine Anomalie der Liturgiegeschichte, sondern bedeutsamer Teil ihres theologischen und (heils)geschichtlichen Charakters. Die Liturgiegeschichte kennt in diesem Sinn keinen finalen Zustand, der in allen seinen konkreten Elementen und Mustern um jeden Preis bewahrt werden müsste, sondern ist grundsätzlich dem Wandel der Zeiten ausgesetzt und damit selbst stetig im Wandel begriffen. Dies gilt es in einem positiven Sinn auch für die Gegenwart wahrzunehmen und anzuerkennen, und zwar über die Logik der Liturgiereform im Gefolge des Zweiten Vatikanums hinaus. Im folgenden Abschnitt dieses Beitrags wird dies anhand konkreter Beispiele anschaulich gemacht.

Weiterschreibung liturgischer Traditionen meint in diesem Zusammenhang die Entdeckung und Aktivierung von gottesdienstlich über lange Zeiträume hinweg unterbelichteten Aspekten, wie z.B. einer biblisch inspirierten Schöpfungs-Spiritualität. Auch dazu wird im nächsten Abschnitt ein konkretes Beispiel zu finden sein.

Ihr christliches bzw. biblisches Profil gewinnen Gottesdienste in den spannungsvollen Kontexten der gegenwärtigen Zeit-Epoche dadurch, dass sie in einer bewussten Öffnung über die traditionellen Grenzen kirchlicher und konfessioneller Identität die gesellschaftlichen, sozialen und politischen Optionen der *Tora* und des *Evangeliums* zur Geltung bringen, und zwar durchaus kultur-, religions- und gesellschaftskritisch, nicht aber kultur-, religions- und gesellschaftsfeindlich.

Bildlich gesprochen würde dies einer Liturgie *bei offenen Türen* entsprechen, deren Stoßrichtung nicht kirchliche Selbst-Vergewisserung, sondern grundsätzlich universal ausgerichteter Gottes-Dienst ist. Ihre Kernmotive liegen in den gesellschaftlichen, sozialen und politischen Optionen der *Tora* und des *Evangeliums* begründet (theologisch so zentrale Topoi wie Bund, Communio, Agape oder Reich Gottes sind nicht ohne konkrete politische und soziale Optionen vorstellbar). Diese gilt es liturgisch darzustellen und symbolisch, d.h. in ritueller Aufrichtung einer Vision und Konzeption von Welt und Geschichte zu realisieren. Christlicher Gottesdienst weist in diesem Sinn über immanente politische oder soziale Programme hinaus, sowohl in seiner rezeptiven als auch in seiner dialogischen und performativen Dimension. Aber gerade aufgrund dieser transzendierenden Dynamik ist er an eine im spirituellen Resonanzraum des Glaubens situierte Sozialität und Politik Gottes gebunden, die nicht irgendwo in einem fernen

Himmel zum Zug kommen, sondern in die Geschichte unserer Welt und Zeit hineingerufen und -gewoben sind.[13]

KONKRETE ZUKUNFTSPOTENTIALE CHRISTLICHER LITURGIE

Im Folgenden werden anhand von drei Angst- und Hoffnungskomplexen spätmoderner Welterfahrung die Chancen einer Neukonfiguration und Weiterschreibung liturgischer Traditionen versuchsweise skizziert. Diese drei Komplexe werden mit den Stichworten *soziale Verwerfungen*, *gnadenloser Zeitfluss* sowie *Ressourcen- und Klimakrise* benannt. Sie sind allgegenwärtig, gesellschaftlich virulent, politisch umkämpft und sind wohl zu den zentralen „Zeichen der Zeit" im Sinn des Zweiten Vatikanums zu rechnen. An ihnen und in ihnen ist die Kirche gerufen, das Evangelium als Weg der spirituellen Vertiefung von gläubiger Welterfahrung und Weltgestaltung und als Weg der Hoffnung zu entdecken und zu bewähren. Wenn die Liturgie in dieser konkreten gesellschaftlichen und globalen Welt-Konstellation auch weiterhin „Quelle und Höhepunkt"[14] des kirchlichen Lebens sein will, dann ist sie wie die Kirche insgesamt gerufen, in dieser Konstellation die Nähe des kommenden Gottesreiches zu symbolisieren und zu antizipieren.

Wie könnte also die Neukonfiguration und Weiterschreibung liturgischer Tradition in diesen drei Angst- und Hoffnungskomplexen gelingen?

Spätmoderne soziale Verwerfungen und das Glaubensritual der Vorwegnahme universaler sozialer Verbundenheit

Der Zusammenhang von Eucharistie, Diakonie und Agape bildet innerhalb der christlichen Glaubenstraditionen jenen Symbol- und Hoffnungskomplex, der den sozialen Verwerfungen unseres spätmodernen Zeitalters ein spannungsvolles Zukunftspotential im Sinn des Evangeliums einverleiben könnte. Papst Franziskus hat durch eine Neu-Anordnung und Neu-Darstellung des Rituals der Fußwaschung in der Eucharistiefeier des Gründonnerstags dieses Potential zu aktivieren versucht. Durch seine Entscheidung, dieses Ritual aus dem Binnenraum kirchlicher Selbstdarstellung an einen Ort sozialer Verwerfung, nämlich in ein Jugendgefängnis zu transferieren und jugendliche Häftlinge unterschiedlichster Prägung und Herkunft bedingungslos zu Subjekten göttlicher Zuwendung zu erheben, hat er die Symbolik dieser liturgischen Geste mitten in die Realität prekärer Welterfahrung hineingestellt und damit gegenwärtig sprechend gemacht. Das Ritual der Fußwaschung erscheint in dieser Neu-Anordnung nicht mehr als kircheninterne, historisierende Inszenierung einer fernen biblischen Episode, sondern als symbo-

13 Vgl. Bernd WANNENWETSCH, Gottesdienst als Lebensform. Ethik für Christenbürger, Stuttgart u.a. 1997, 14–18.

14 Liturgiekonstitution des Zweiten Vatikanischen Konzils, *Sacrosanctum Concilium*, Art. 10.

lische und exemplarische Einlösung des göttlichen *mandatums* des Dienens im Sinn universaler und Grenzen sprengender Solidarität. Die Geste der Fußwaschung bekommt damit einen *kenotischen* Zug, der Liturgie und Diakonie auf das Engste miteinander verschränkt.

Die Änderung der Detailanordnungen für den Vollzug der Fußwaschung in der „Liturgie vom Letzten Abendmahl“ am Gründonnerstag, welche gesamtkirchlich nach der Grenzüberschreitung von Papst Franziskus erfolgte, ist nicht zuletzt deshalb von Interesse, weil sie eine gegenüber der bisherigen Rubrikenlage veränderte liturgische Hermeneutik erkennen lässt, die Rückschlüsse auf eine Neu-Anordnung liturgischer Vollzüge im pluralen Geflecht sozialer, gesellschaftlicher und kirchlicher Realitäten erlaubt. Die bisher geltende Anordnung im Missale Romanum Pauls VI. zum Ritus der Fußwaschung verfügte, dass diese an *Männern* zu erfolgen habe. Diese Einschränkung ist nun durch das Dekret der Kongregation für den Gottesdienst und die Sakramentenordnung, *In missa in cena Domini* vom 6. Januar 2016 aufgehoben worden.[15] Im Begleitbrief der Kongregation wird die Veränderung mit der genuinen Intention des Ritus begründet, die man in einem doppelten Sinn verstehen müsse:

> Er [dieser Ritus] ist Nachahmung dessen, was Jesus beim Letzten Abendmahl getan hat, indem er die Füße seiner Apostel wusch, und er ist Ausdruck der Selbsthingabe, die mit diesem dienenden Gestus bezeichnet wird. […] Die aktuelle Änderung sieht vor, dass aus dem ganzen Gottesvolk ausgewählte Personen bestimmt werden. Es geht ja nicht nur um die äußere Nachahmung dessen, was Jesus getan hat, sondern auch um die Bedeutung dessen, was er mit universaler Geltung vollzogen hat, nämlich die Selbsthingabe für das Heil des Menschengeschlechts ‚bis zur Vollendung‘, seine Liebe, die alle umfasst und in der Nachahmung seines Vorbilds alle brüderlich verbindet.[16]

Entscheidend ist, dass die zweite Bedeutungsebene, jene der Selbsthingabe im Sinn des Doppelgebotes der Gottes- und Nächstenliebe, für die darstellenden Aspekte des Ritus nun ein größeres Gewicht erhält als die buchstabengetreue Nachahmung der biblischen Erzählszene der Fußwaschung gemäß Joh 13,4–12.

In ähnlicher Weise gewinnen traditionelle Formen christlicher Liturgie eine neue soziale Dynamik, wenn sie mit Orten, Personen und Geschichten in Berührung kommen, die von konkreten Ängsten und Hoffnungen mitten in den gesellschaftlichen Konstellationen der Gegenwart gezeichnet sind. Eine *Liturgie der offenen Türen* kann bedeuten, dass die Offenheit und Gastfreundschaft christlicher Feiergemeinschaften zu einer Neu-Anordnung der personellen Konstellationen führt – stärkere Durchmischung sozialer Schichten; Geschlechter-Gerechtigkeit im Ritual selbst; Einladung und Einbindung von Gästen und „Fremden“ in den Gemeindegottesdienst; Öffnung der kircheneigenen Räume für Personen und Gruppen, die religiös und/oder spirituell auf der Suche sind, auch wenn sie nicht der eigenen Konfession oder Religion angehören usw.[17] Es kann auch be-

15 Vgl. Amtsblatt der Österreichischen Bischofskonferenz, hg. vom Generalsekretariat der Österreichischen Bischofskonferenz, Nr. 68 vom 1. Juni 2016, 30–31.

16 Begleitbrief zum Dekret In Missa in cena Domini über die Fußwaschung, zitiert nach: Amtsblatt der Österreichischen Bischofskonferenz (s. Anm. 15), 31–32.

17 Vgl. Peter EBENBAUER, mitten unter uns. Das gottesdienstliche Ritual und die soziale Provokation des Glaubens, in: Kim DE WILDT – Benedikt KRANEMANN – Andreas ODENTHAL (Hgg.),

deuten, dass Orte und Kontexte zu exemplarischen liturgischen Erfahrungsräumen werden, an denen von vorneherein die soziale Frage und die Frage nach Zukunft und Leben in prekären oder gar lebensbedrohlichen Situationen virulent ist.

Ein kleines Beispiel dafür sind Gottesdienste im Grazer „Vinzidorf", einem Containerdorf für obdachlose Männer, die hier unter möglichst geringen disziplinären Auflagen ein Dach über dem Kopf und körperliche wie seelische Betreuung im Sinn einer letzten Heimstätte erhalten. Eine schlichte Wort-Gottes-Feier mit anschließender Agape, gemeinsam von Bewohnern des Vinzidorfes, Betreuer/innen und einer Gruppe von Studierenden vorbereitet und gefeiert, eröffnet eine tiefgreifende Erfahrung von Nähe, Solidarität und Hoffnung ohne billige Vertröstung oder distanzierte Moralität. Ein im spätmodernen Sinn *heterotopischer* Ort (Michel Foucault), der in der säkularen Eigenlogik der Weltsituation als Peripherie, als ein randständiger Ort abseits des pulsierenden Lebensstromes gilt, gerät plötzlich zu einem ausgezeichneten und symbolkräftigen Erfahrungsraum des Evangeliums, wird zu einer Kathedrale göttlicher und menschlicher Zugewandtheit.

Die sakramentale und eucharistische Dimension des Wortes Gottes und des Gebetes im gemeinsamen Zusammenstehen sowie die im schlichten Ritual erlebte Diakonie Gottes über die Schwachheit der realen Verhältnisse hinaus, erlaubt in dieser Neu-Anordnung eine initiatorische und exemplarische Erfahrung dessen, „was kein Auge gesehen und kein Ohr gehört hat: das Große, das Gott denen bereitet hat, die ihn lieben …" (1 Kor 2,9). Das Erleben von Gottes Wort und Menschen-Antwort in der gemeinsamen Feier von Personen aus ganz unterschiedlichen sozialen Milieus und das gemeinsame Essen und Trinken im Anschluss an die Feier markieren das Potential christlichen Gottesdienstes in dieser Welt-Situation mit ihrer sozialen Dramatik inmitten von „Freude und Hoffnung, Trauer und Angst"[18] auf eine verheißungsvolle Weise.

Spätmoderne Zeit-Konstellationen und das Glaubensritual der Unterbrechung des gnadenlosen Zeitflusses

Die Liturgie eines rhythmisch wiederkehrenden Ruhetags als einer religiös motivierten Unterbrechung des spätmodernen Zeitflusses erfordert gegenwärtig eine Neu-Ansiedelung im Sinn interreligiöser wie auch säkularer Aufmerksamkeit.

Die jüdische *Schabbat*-Kultur, die christliche Sonntagsfeier und das muslimische Freitagsgebet stehen hierfür exemplarisch. Von den biblischen Urspüngen dieser drei Religionen her ist dabei der Ruhetag selbst als heilige Zeit zu verstehen; jeder siebte Tag in der fortlaufenden Reihe der Tage als Gnadenangebot einer Liturgie der Antizipation vollendeter Schöpfung und vollendeten Friedens. Als solche ist er zugleich ein soziales, politisches und gesellschaftliches Statement, das in eine kontrastive Resonanz zu gegenwärtigen (säkularen) Zeitordnungen tritt.

Zwischen-Raum Gottesdienst. Beiträge zu einer multiperspektivischen Liturgiewissenschaft, FS Albert Gerhards zum 65. Geburtstag (Praktische Theologie heute 144), Stuttgart 2016, 68–77.

18 Pastoralkonstitution des Zweiten Vatikanischen Konzils, *Gaudium et Spes*, Art. 1.

Der jüdische Schöpfungs- und *Schabbat*-Friede des *siebten Tages* trifft sich mit der christlichen Friedensgabe des Auferstandenen am *achten Tag* – eine nachhaltige, immer wiederkehrende Unterbrechung des gnadenlosen Zeitflusses modernen Lebens, Sakrament göttlicher Zeit-Gabe, ein Zeit-Friede, den die Welt aus sich heraus nicht zu geben vermag. Eine resonanzfähige Neu-Anordnung liturgischer Sonntagskultur funktioniert unter den Bedingungen der Gegenwart nicht mehr in den Spuren einer konstantinischen Allianz zwischen der *Res publica* und der christlichen *Ekklesia*. Diese Formation ist mittlerweile soweit abgenutzt und verbraucht, dass sie nur noch zu Zerrformen und Verschleierungen des ursprünglichen Sinns einer die Weltverhältnisse in rhythmischen Intervallen transzendierenden Zeit der Heiligung führen kann. Hier sind neue Bündnisse gefragt – mit all jenen, die gegen den mächtigen Trend zur ökonomischen Kalkulation jeder verfügbaren Zeiteinheit auf die Nachhaltigkeit und Anderheit regelmäßiger Zeit-Zäsuren ohne wirtschaftliche Kontroll- und Verrechnungsmechanismen setzen, seien sie nun traditionell religiös motiviert oder nicht.

Spätmoderne Ressourcen- und Klimakrise und das Glaubensritual der Aktualisierung von Gottes guter Schöpfung

Mit den ökologischen Krisen der letzten Jahrzehnte und dem aktuellen Ringen um globale Maßnahmen gegen die Klimaerwärmung ist auch eine gesteigerte religiöse Sensibilität gegenüber der Natur zu beobachten.[19] In Hinblick auf die tiefgreifenden ökologischen Veränderungen mit ihren Auswirkungen auf Gesellschaft, Politik und Wirtschaft lassen sich signifikante Reaktionen bzw. Initiativen seitens der Religionen und Konfessionen feststellen. In den drei monotheistischen Weltreligionen Judentum, Christentum und Islam basieren solche Reaktionen und Initiativen auf der Überzeugung, dass Welt und Natur von ihrem Ursprung und ihrer Bestimmung her Gottes gute Schöpfung sind, und dass es zur ureigensten Aufgabe des Menschen gehört, innerhalb dieser Schöpfung und an ihr seinerseits gut zu handeln und zu wirken. In den christlichen Kirchen hat sich über die Konfessionen hinweg ein breiter Konsens mit vielfältigen Bemühungen um eine ökologische Wende herausgebildet. Beginnend mit dem „Konziliaren Prozess für Gerechtigkeit, Frieden und Bewahrung der Schöpfung“ (seit 1983), über die Erste Europäische Ökumenische Versammlung (1989 in Basel), bis zur Umweltenzyklika *Laudato si'* von Papst Franziskus „Über die Sorge für das gemeinsame Haus“ (2015) ist ein anhaltender und sich intensivierender christlicher Einsatz für die Erhaltung und Bewahrung der natürlichen Ressourcen und der Ökosysteme auf lokaler wie globaler Ebene erkennbar. Damit gehen auch neue oder wieder entdeckte spirituelle, theologische, pastorale und liturgische Bezugnahmen auf die Schöpfung einher. Der Schöpfungs-Feiertag am 1. September bzw. eine jährliche „Schöpfungszeit“ zwischen dem 1. September und dem 4. Oktober sind ökumenisch beschlossene Sache und werden vielerorts mit Leidenschaft praktiziert.

19 Vgl. zu diesem Abschnitt: Peter EBENBAUER, „Segne, Vater, unsre Erde“. Die Schöpfung als Gegenstand jüdischer und christlicher Segens-Praxis, in: Heiliger Dienst 71 (2017) 135–147.

Die gesamte Menschheit befindet sich mit ihren geistigen Kapazitäten, mit ihrer Handlungsmacht sowie mit ihren technischen Möglichkeiten und Errungenschaften heute in der Situation, dass sie in einem großen und folgenreichen Ausmaß Mitgestalterin von Klima, Ökosystemen und globalen Entwicklungen der Natur ist. Der Lobpreis des Schöpfers für seine gute Schöpfung, der Dank für die Gaben der Natur, die Bitte um Fruchtbarkeit, Gesundheit und Schutz vor Gefahren können daher nicht mehr unabhängig von diesen Kapazitäten, Möglichkeiten und Verantwortlichkeiten praktiziert werden. Umweltethik und Ökologie sind heute die Bewährungsproben für die Glaubwürdigkeit religiöser Praktiken, die auf die Schöpfung Bezug nehmen. In dieser Situation gewinnt eine *eucharistische Anthropologie*, die das Üben kreatürlicher Dankbarkeit gegenüber dem Schöpfer als eine Grundhaltung menschlichen Daseins profiliert, neues Gewicht und steht auch für ein neues Potential liturgischer Praxis im Kontext spätmoderner Ressourcenprobleme:

> In der Dankbarkeit (*eucharistía*) erweist sich der Mensch als jenes Geschöpf, das den Gabe-Charakter der ganzen Schöpfung erkennt und anerkennt; als Dankender vollzieht er bewusst den allen Geschöpfen gemeinsamen Grundakt des Empfangens, der Rezeptivität und gibt so – stellvertretend für die ganze Erde – eine angemessene Antwort auf die schöpferische Aktivität Gottes. In seinem dankbaren Ja zur Schöpfung räumt der Mensch Gott den Raum ein, den der Schöpfer ‚braucht', um die Fülle seiner Gaben an das endliche Andere verschenken zu können.[20]

In der liturgischen Praxis der Dankbarkeit gewinnt die Vision der Liebe und des gedeihlichen Friedens zwischen Gott und seinen Geschöpfen sowie unter den Geschöpfen konkrete Gestalt. Zur Natur und zu allen Mitgeschöpfen eine Beziehung in Schönheit, Würde und Nachhaltigkeit zu pflegen, ist gegenwärtig im Programm der Politik, der Wirtschaft, der Wissenschaft und der Kultur noch alles andere als selbstverständlich. Gleichzeitig festigt sich die Erkenntnis, dass sich die Zukunft der Natur und unseres Planeten auf der Ebene menschlicher Haltungen, Kalküle und Praktiken entscheiden wird. Politische, wirtschaftliche, gesellschaftliche, soziale Praktiken wiederum können nur auf der Basis geistig-spiritueller Übung nachhaltig wirksam sein, umso mehr dann, wenn es darum geht, eine so komplexe Krise wie die des Klimas und der Umwelt konstruktiv und nachhaltig zu meistern. Die globale Klima- und Umweltkrise unserer Zeit erfordert globale geistig-spirituelle Arbeit. Gottesdienstliche Rituale zur Aktualisierung einer dankbaren und zärtlichen Beziehung zu allen Mitgeschöpfen und zur göttlichen Quelle allen Seins bilden dazu einen wesentlichen Baustein, nicht jenseits aktueller Zukunftsfragen, sondern mitten darin.

20 Medard KEHL, Und Gott sah, dass es gut war. Eine Theologie der Schöpfung. Freiburg i. Br. ^{2}2008, 336.

RESÜMEE

In der Liturgie geht es um die symbolische Erfahrung und rituelle Praxis des Geheimnisses Gottes als einer heiligen und zum Leben befreienden Kraft, die irdische Kräfte übersteigt und unerwartet transformiert.[21] Unter diesem Vorzeichen erscheinen die Angst- und Hoffnungskomplexe der Spätmoderne in einem neuen Licht: Sie können als Anlässe verstanden werden, jenen gott-menschlichen *Lebensfluss* zu suchen und zu entdecken, in welchem sich Gott als unendlich aus sich Herausfließender und sich Zuneigender erweist und in welchem der Mensch als leiblich-heiliger Ort dieser Zuneigung offenbar wird.

Dies erfordert allerdings eine spürbare Berührung zwischen den Symbolwelten christlicher Tradition und den konkreten leiblichen, sozialen, kulturellen und politischen Lebenswelten von Individuen und Gesellschaften hier und heute. In sich abgeschlossene Feiersysteme können das Lebenspotential der liturgischen und sakramentalen Symbolwelten nicht (mehr) entfalten.

Die in der christlichen Glaubensfigur eröffnete Zukunft kann in spätmodernen Weltverhältnissen nicht mehr durch einen unversehrten, perfekten Ritus transparent werden, im Gegenteil: Erst der durch die je aktuelle Begegnung und Berührung konkreter Menschen versehrte Ritus wird die Liebe des Gottes-Mysteriums glaubhaft bezeugen und realisieren. Die Angst, dass die Tiefe der rituellen Erfahrung dieses Mysteriums darin verloren gehen könnte, ist unbegründet. Sie gehört zu jenen Registern menschlicher Sorge, denen der Weckruf des Evangeliums gilt, der die Räume göttlicher Gnade allererst eröffnet: „Fürchtet euch nicht!"

21 Vgl. Andreas ODENTHAL, Rituelle Erfahrung. Praktisch-theologische Konturen des christlichen Gottesdienstes (Praktische Theologie heute 161), Stuttgart 2018.

Gottesdienstliches Leben und Geschlechter-Vielfalt

Bestandsaufnahme und Zukunftsperspektiven

Teresa Berger

1. Zur Einführung

Ich beginne mit einem kurzen Blick zurück, nämlich in das Wintersemester 2007–2008 an der Katholisch-Theologischen Fakultät der Karl-Franzens-Universität in Graz. Als Teil eines fächerübergreifenden Fakultätsschwerpunktes „theologische Frauen- und Geschlechterforschung" fand damals eine öffentliche Vorlesungsreihe unter dem Titel „männlich und weiblich schuf er sie" statt.[1] Der Untertitel der Vorlesungsreihe gab das Thema genauer an. Er lautete: „Zur Brisanz der Geschlechterfrage in Religion und Gesellschaft." Die Grazer Liturgiewissenschaftler Basilius J. Groen und Peter Ebenbauer sprachen zu dem Thema unter dem Titel „Männerliturgie – Frauenliturgie – und dann?" Ihre Aufmerksamkeit richtete sich vor allem auf Fragen des gottesdienstlichen Lebens und Handelns von Frauen, sowohl in der westlichen als auch in der ostkirchlichen Tradition. Für den vorliegenden Beitrag hingegen ist es vor allem der letzte Teil des damaligen Titels – die Frage „und dann?" –, der die heutige Aufgabe umschreibt. Dies bedeutet natürlich nicht, dass grundlegende theologische Einsichten von damals nicht auch heute tragend sind. So sahen Basilius J. Groen und Peter Ebenbauer sich zum Beispiel vor zehn Jahren auf dem Weg zu einer „geschlechtergerechten" Liturgie. Diese „geschlechtergerechte theologische Option" für gottesdienstliches Leben buchstabierten sie am Ende ihres Beitrags folgendermaßen aus:

> In der eigenen Geschlechtlichkeit und durch sie hindurch mit den anderen so dasein, beten, hören, singen, verkündigen, feiern, dass – überraschend – für Frauen und Männer ein Überschuss an Leben, Sinn und Hoffnung aufleuchten kann, die Spur unantastbarer Würde in jeder/jedem Einzelnen und in der Begegnung untereinander.[2]

Ich möchte im folgenden diesen Ansatz weiterdenken in den Zukunftsraum Liturgie hinein. Konkret möchte ich dies an zwei Punkten tun, die heute als Herausforderungen vor uns stehen. Der erste Punkt betrifft die notwendige Ausweitung der (ja nur scheinbar inklusiven) Kategorie „Männer und Frauen". Hier geht es vor allem um die Reflektion über Geschlechter-Vielfalt, also Geschlechter-

1 Die Beiträge sind veröffentlicht in Sigrid Eder – Irmtraud Fischer (Hgg.), „männlich und weiblich schuf er sie" (Gen 1,27). Zur Brisanz der Geschlechterfrage in Religion und Gesellschaft (Theologie im kulturellen Dialog 16), Innsbruck – Wien 2009.

2 Basilius J. Groen – Peter Ebenbauer, Männerliturgie – Frauenliturgie – und dann? Beobachtungen und Impulse zu einer geschlechtergerechten Liturgie, in: Eder – Fischer, „männlich und weiblich schuf er sie" (s. Anm. 1), 217–256, hier 256.

differenzen über die binäre, heteronormative Zweigeschlechtlichkeit hinaus. Diese Geschlechter-Vielfalt gilt es ja auch gottesdienstlich anzuerkennen und zu leben. Der zweite Punkt betrifft die Anerkennung der tiefen Verunsicherungen – nicht zuletzt im kirchlichen und damit vor allem im gottesdienstlichen Leben –, die mit dem Begriff „Gender" bzw. der Vielfalt von Gender einhergehen. Beide Punkte sind in den letzten Jahren verstärkt in den Vordergrund getreten. Die Zeit ist reif für eine Bestandsaufnahme und einen Versuch, Zukunftsperspektiven zu skizzieren für heutige geschlechtergerechte Aufgaben und Optionen im gottesdienstlichen Leben. Ich beginne mit einem Blick auf den zweiten Punkt, nämlich Gender als nicht nur Analyse-, sondern auch als Verunsicherungskategorie.

2. Die Verunsicherungskategorie Gender als Zeichen der Zeit

Die Einsicht, dass Gender eine Verunsicherungskategorie darstellt, begegnete einem breiteren Publikum zum Beispiel als 2017 ein universitärer Aktionstag „#4genderstudies" im deutschsprachigen Raum stattfand (unter anderem berichtete das theologische Feuilleton „feinschwarz.net" darüber[3]). Der Begriff „Verunsicherungskategorie" war von der Theologin und Direktorin des Zentrums für Gender- und Diversitätsforschung der Universität Tübingen, Regina Ammicht-Quinn, schon vor einigen Jahren ins Spiel gebracht worden.[4] Ihre Einsicht, dass Gender nicht nur als Analysekategorie (vor allem in der Genderforschung) fungiert, sondern eben auch eine Verunsicherungskategorie darstellt, ist hilfreich, um zu verstehen, warum das Thema Gender zur Zeit so hochemotional besetzt ist. Als Verunsicherungskategorie trat Gender nicht zuletzt durch einen Schlüsseltext der Gendertheorie in den Blick, das Buch der US-amerikanischen Philosophin Judith Butler. Butlers Buch mit dem bezeichnenden Titel *Gender Trouble* erschien 1990. Ins Deutsche übersetzt wurde es schon ein Jahr später, unter dem wenig überzeugenden Titel *Das Unbehagen der Geschlechter. Gender Trouble* gilt als entscheidender Markstein in der Genderforschung und feministischen Philosophie.[5] Gleichzeitig trug dieser Text maßgeblich dazu dabei, Gender als eine tiefgreifende Verunsicherungskategorie zu etablieren. Bis heute werden Judith Butlers Kernthesen als Paradebeispiele für die vorgeblichen Gefahren der Ideologie des „Genderismus" herangezogen. So kritisierten zum Beispiel 2014 konservative KatholikInnen offen die Vergabe eines Ehrendoktorats an Judith Butler durch die Philosophische Fakultät der Universität Freiburg in der Schweiz. An-

3 Siehe http://www.feinschwarz.net/gender-forschung-umkaempfte-normalitaet-in-der-katholischen-theologie/ [Abruf: 6.7.2018].

4 So z.B. in Regina AMMICHT-QUINN, Gender – Aufregung um eine Analysekategorie, in: Stimmen der Zeit 9 (2016) 600–610, hier vor allem 608.

5 Für eine theologische Aufarbeitung von Judith Butlers Werk, siehe Gunda WERNER, „Ins Wort fällt mir die Zeit" – Judith Butlers Subjekttheorie als Herausforderung pastoraler Praxis, in: Andreas HENKELMANN – Graciela SONNTAG (Hgg.), Zeiten der pastoralen Wende? Studien zur Rezeption des Zweiten Vatikanums. Deutschland und die USA im Vergleich, Münster 2015, 41–73; und Gunda WERNER, Relational und vulnerabel. Die Subjektphilosophie Judith Butlers im theologischen Diskurs, in: Theologische Revue 114 (2018) 180–202.

dere Beispiele könnten genannt werden, um zu illustrieren, wie Gender im öffentlichen und kirchlichen Diskurs als Verunsicherungskategorie fungiert, aber auch so ist deutlich, dass es zu den Zeichen unserer Zeit gehört, dass Genderfragen nicht nur hochaktuell, sondern auch hochemotional besetzt sind. Gerade im gottesdienstlichen Leben ist dies leicht zu erkennen.

3. „Gender Trouble" im gottesdienstlichen Leben heute

Fragen, die mit Geschlechterdifferenzen zu tun haben, sind über ein breites Spektrum kirchlichen Lebens, jenseits aller konfessionellen Unterschiede, hochaktuell. Dies liegt vor allem daran, dass Genderfragen im gesellschaftlichen Diskurs präsent sind, weil traditionelle Genderrollen und -hierarchien in den letzten Jahrzehnten zerbröckelt sind (zumindest im nordatlantischen Raum) und Umorientierungen vielfältige Spannungen mit sich bringen. Diese Entwicklung hat alle kulturellen Handlungsfelder beeinflusst, gottesdienstliches Leben mit eingeschlossen. Ein kurzer Blick auf einige Facetten der Aktualität von Genderfragen im Handlungsraum Gottesdienst macht dies schnell deutlich.

So haben einige Kirchen – unter ihnen die Anglikaner und Presbyterianer in den USA – inzwischen nicht nur Rituale für die Segnung gleichgeschlechtlicher Partnerschaften geschaffen, sondern ihre Trauungsrituale der wachsenden Akzeptanz dieser Partnerschaften in breiten Gesellschaftsschichten angepasst. In diesen Trauungsritualen wird, meistens durch geringfügige sprachliche Veränderungen, nicht mehr eine Ehe nur von einem Mann und einer Frau anvisiert. Es liegen also neue Trauungsrituale vor für zwei Menschen, die heiraten wollen, egal ob männlich oder weiblich, intersexuell, trans* oder queer. Andere Kirchengemeinschaften spalten sich gerade im Hinblick auf diese Frage, so im Jahr 2017 die Mennoniten in den USA. Einige Kirchen, unter ihnen die Altkatholische Kirche in den USA, ordinieren inzwischen Priester, die sich offen als transident bekennen. Diese Kirchen folgen damit ebenfalls einer kulturellen Entwicklung, die Trans*menschen, also Menschen mit inkongruenter Geschlechteridentität (zwischen Zuweisungsgeschlecht bei der Geburt und erlebt-psychischem Geschlecht, oft mit operativer Angleichung), mehr und mehr sichtbar sein lässt. So fand zum Beispiel in Deutschland im Herbst 2017 ein evangelischer Gottesdienst statt, in dem eine transidente Pfarrerin predigte und der Chor „queerubim" sang. Queerubim versteht sich als „erster überregionaler queerer Chor für Geistliche Musik und mehr".[6] In der Kirche von England wird über liturgische Handreichungen für Trans*menschen nachgedacht, die ihre Taufe erneuern wollen, wenn diese auf einen Namen geschah, der das frühere Geschlecht signalisierte.[7] Im deutschsprachigen Raum wurde von QuiKT, einer unabhängigen, innerhalb der Evangeli-

6 Siehe die Webseite des Chores „Queerubim". URL: https://www.queerubim.de/ [Abruf: 6.7.2018].

7 Siehe hierzu die Nachricht „Church of England to consider transgender naming ceremony" in: *The Guardian* vom 21. Mai 2015. URL: https://www.theguardian.com/society/2015/may/21/proposal-for-transgender-baptism-to-go-before-church-of-england [Abruf: 5.7.2018].

schen Kirche in Deutschland engagierten Gruppe, ein Ritusvorschlag zur Segnung eines transidenten Menschen anlässlich einer Transition vorgelegt.[8] Ein ansprechender Ritus für die Segnung einer transidenten Person, die den Namen ändert, liegt auch aus den USA vor, von der bekannten lutherischen Pfarrerin Nadia Bolz-Weber.[9]

In der römisch-katholischen Kirche hingegen befand die vatikanische Glaubenskongregation im Jahr 2002, dass der im Taufbuch eingetragene geschlechtsspezifische Name nach einer Geschlechtsumwandlung nicht verändert werden darf.[10] Und zumindest zwei Diözesen haben in den letzten Jahren entschieden, Trans*menschen nicht als Taufpaten zuzulassen, nämlich die Diözese Cadiz in Spanien im Jahr 2015 und die kanadische Diözese Quebec im Jahr 2017. Weiterhin machten in den USA zwei römisch-katholische Bischöfe von sich reden, als sie die Priester ihrer Diözesen anwiesen, die gottesdienstliche Teilnahme von gleichgeschlechtlichen Ehepaaren strikt zu begrenzen. Nicht nur solle es keine Segnung der Paare geben, sondern auch keinen Eucharistieempfang und kein kirchliches Begräbnis für diese Gläubigen. Dies sind natürlich nicht die einzigen bischöflichen Stimmen zu dem Thema innerhalb der katholischen Weltkirche. Der Osnabrücker Bischof Franz-Josef Bode zum Beispiel signalisierte 2017 Gesprächsbereitschaft hinsichtlich der Segnung gleichgeschlechtlicher Lebensgemeinschaften. Der Deutsche Bundestag hatte im selben Jahr die sogenannte „Ehe für alle“ beschlossen; die Beschränkung auf eine „eingetragene Lebenspartnerschaft“ für gleichgeschlechtliche Paare war damit aufgehoben. Auch in Österreich können inzwischen gleichgeschlechtliche Paare heiraten, so der Entschluss des österreichischen Verfassungsgerichtshofs. Fragen zur rituellen Gestaltung einer Trauung für alle sind somit hochaktuell, wobei diese Fragen, wie oben schon angedeutet, ausserhalb kirchlicher Räume, aber auch in einigen protestantischen Kirchen inzwischen weitesgehend abgehakt sind.

Für Deutschland wirft inzwischen die Entscheidung des Bundesverfassungsgerichts über den Eintrag des sogenannten „dritten Geschlechts“ im Geburtenregister neue Fragen für die Kirchen auf, nicht zuletzt hinsichtlich des theologischen Um- und Neudenkens von Intersexualität. Zumindest für die katholische Kirche stehen aber auch ganz spezifisch liturgische Fragen im Raum, hinsichtlich geschlechtsspezifischer Bestimmungen bei Weihe, Eheschließung und Ordenseintritt.[11] Auch breitere Fragen gottesdienstlichen Lebens werden in diesem Zusammenhang sichtbar. So schreibt der Darmstädter Theologe Gerhard Schreiber mit Blick auf die evangelische Kirche und ihre Gottesdienste:

8 Veröffentlicht wurde dieser Vorschlag unter dem Titel „Ein Segen für Trans*Menschen. Agende für einen Gottesdienst anlässlich einer Transition“ auf der Webseite von QuiKT: https://www.quikt.de/das-handbuch/ [Abruf: 6.7.2018].

9 Nadia BOLZ-WEBER beschrieb diesen Ritus 2012 unter der Überschrift „Liturgical Naming Rite for a Transgender Church Member“ auf ihrem Blog unter: http://www.patheos.com/blogs/nadiabolzweber/2012/01/liturgical-naming-rite-for-a-transgendered-church-member/#lupIUUL j9yriMvrC.99 [Abruf: 6.7.2018].

10 Mehr dazu bei Stephan GOERTZ, Transsexualität. Ein katholisches Upgrade, in: Herder Korrespondenz 5 (2017) 27–30, hier 28.

11 Wie der Münsteraner Kirchenrechtler Thomas SCHÜLLER wiederholt dargelegt hat. Für die kirchenamtlichen Verlautbarungen bis jetzt, siehe GOERTZ, Transsexualität (s. Anm. 10), 28.

> Zunächst gilt es für die Kirchen wie auch für die Behörden eine angemessene Sprachregelung zu finden. Wie sollen intersexuelle Personen in Briefen oder Gesprächen angeredet werden? Auch im Gottesdienst spielt die Unterscheidung von Mann und Frau eine große Rolle. Wenn Psalmen gesungen werden, geschieht das oft im Wechsel von Frauen und Männern. Da stellt sich die Frage: Können nicht einfach Personen mit tiefen und hohen Stimmen im Wechsel singen?[12]

Ich hoffe, eines ist durch diese bunte Liste an „Gender Troubles“ im gottesdienstlichen Leben heute klar geworden. Es handelt sich hier um *neuere* Fragen zu Gottesdienst und Geschlechterdifferenzen, die sich nicht mehr unter dem Thema „Männerliturgie – Frauenliturgie“ reflektieren lassen. Hier muss neu und anders angesetzt werden, um auszubuchstabieren, was eine geschlechtergerechte Liturgie eigentlich zu bedeuten hat.

Gleichzeitig darf nicht vergessen werden, dass die alten Fragen weiterhin im Raum stehen. Die größten christlichen Kirchen der Welt, die römisch-katholische und die östlich-orthodoxen und altorientalischen Kirchen, halten an der Nichtordination von Frauen zum Priesteramt fest, selbst wenn es inzwischen nicht einfach ist, diese Position im breiteren kulturellen Kontext glaubwürdig zu artikulieren.[13] Auch für viele Gläubige gilt, was ein ökumenischer Kongress in Osnabrück im Dezember 2017 folgendermaßen formulierte: „Nicht der Zugang von Frauen zu den kirchlichen Diensten und Ämtern ist begründungspflichtig, sondern deren Ausschluss.“[14] Anzumerken ist in diesem Zusammenhang, dass in einigen Ostkirchen das Wiederaufleben des Diakonats von Frauen zu beobachten ist, so 2017 sowohl im griechisch-orthodoxen Patriarchat von Alexandrien als auch in der armenischen Erzdiözese von Teheran im Iran. Und es gibt auch in der römisch-katholischen Kirche immer wieder kreative Ideen von Frauen zum Thema des sakramentalen Dienstes. So schlug zum Beispiel die Benediktinerin Irene Gassmann, Priorin des Klosters Fahr in der Schweiz, kürzlich vor:

> Eine Klostergemeinschaft könnte dem Bischof die eine oder andere Schwester zur Weihe empfehlen, von der sie sich vorstellen kann, dass diese für die Gemeinschaft ein Sakrament spendet. Zum Beispiel die Krankensalbung. Vielleicht zeigt es sich nach einigen Jahren, dass eine Schwester innerhalb der Gemeinschaft auch Eucharistie feiern kann. So könnten wir Erfahrungen sammeln mit weiblicher Sakramentalität, auf unspektakuläre Art.[15]

Ganz andere Genderfragen hingegen bewegen manche evangelikale Glaubensgemeinschaften in den USA, die auf der Suche nach „männlicheren“ Gottesdienstformen sind, um so einer gefühlten „Feminisierung“ entgegenzutreten. Eine solche Feminisierung wird nicht zuletzt in der Vorherrschaft von „girly (mädchenhaften) Songs“ in evangelikalen Gottesdiensten zu erkennen geglaubt, die sich

12 Gerhard SCHREIBER, Kirchen müssen Vielfalt der Geschlechter akzeptieren. URL: https://www.evangelisch.de/inhalte/146817/09-11-2017/kirche-vielfalt-geschlechter-gerhard-schreber [Abruf: 12.6.2018].

13 Vgl. hierzu z.B. Christiane FLORIN, Der Weiberaufstand. Warum Frauen in der katholischen Kirche mehr Macht brauchen, München 2017.

14 These 3 der Osnabrücker Thesen, die u.a. auf der Webseite des Zentralkomitees der deutschen Katholiken veröffentlicht wurden. URL: http://www.zdk.de/veroeffentlichungen/reden-und-beitraege/detail/OSNABRUeCKER-THESEN-402x/ [Abruf: 6.7.2018].

15 Irene Gassmann in einem Interview im Pfarrblatt Forum, https://forum-pfarrblatt.ch/ausgaben/2018/06/gemeinsam-mit-christus-im-zentrum/ [Abruf: 6.7.2018].

mit romantisch angehauchten Melodien und Texten an Jesus wenden. Andererseits sind viele hoch-technisierte evangelikale Gottesdienste von einem Phänomen geprägt, das treffend als „boys and their worship toys“ (Jungs und ihre gottesdienstlichen Spielzeuge) beschrieben worden ist, denn das für diese Gottesdienste so wichtige technologische Know-How liegt fast immer in Männerhand.[16]

Für wieder andere kirchliche Kontexte sind Frauen-bewegte und feministische Liturgien bleibend wichtig.[17] Ebenso sind Fragen zu einer gender-sensiblen gottesdienstlichen Sprache weiterhin aktuell. Die evangelisch-lutherische Kirche Schwedens zum Beispiel hat im Herbst 2017 ihren PfarrerInnen nahegelegt, im Gottesdienst künftig geschlechtsneutral von Gott zu sprechen und Begriffe wie „Herr“ sowie das Pronomen „er“ zu vermeiden. Viele Gemeinden arbeiten inzwischen auch daran, ihre Gottesdienste für Menschen zugänglich zu machen, die jenseits einer binären Geschlechter-Identifikation leben. PfarrerInnen wird zum Beispiel geraten, Doppelanreden wie „Schwestern und Brüder“ zu vermeiden. Diese und ähnliche Fragen werden thematisiert in der Handreichung „Transsexualität in der Kirche“ der EKHN, in der ein Abschnitt dem „Umgang mit Transsexualität im gemeindlichen [einschließlich gottesdienstlichen!] Alltag gewidmet ist.“[18] Und selbst dort, wo Genderfragen *prima facie* keine Unruhe stiften im gottesdienstlichen Leben, wirken Geschlechterrollen dennoch prägend im Kirchenraum. So halten manche Kirchen, die ethnisch einem traditionellen Kontext verbunden sind (wie zum Beispiel koptische Gemeinden in Nordamerika), weiterhin an der räumlichen Trennung von Frauen und Männern im Gottesdienst fest.

Die Vielfalt der hier genannten Beispiele zeigt, dass Genderfragen im gottesdienstlichen Leben heute ein breites Spektrum von sehr unterschiedlichen Elementen beinhalten. Im Zentrum steht jedoch eine einzige Realität, nämlich dass der Gottesdienst ein körpergebundenes und deshalb auch von Geschlechterdifferenzen mitgeprägtes Handlungsfeld ist. Allerdings muss betont werden, dass Geschlechterdifferenzen keine stabile Größe, sondern ständigem Wandel unterworfen sind, da sie in unterschiedlichen kulturellen Kontexten und deren spezifischen Gender-Systemen, Gender-Hierarchien und Kodierungen von Geschlechterdifferenzen beheimatet sind und gottesdienstlich gelebt werden.

Eine Bemerkung zum spezifischen Kontext des deutschsprachigen Raumes ist hier angebracht. In den letzten Jahren hat sich im deutschsprachigen Raum, und das nicht nur innerhalb katholischer und rechtskonservativer Gruppen, eine hef-

16 James FENIMORE, Boys and Their Worship Toys. Christian Worship Technology and Gender Politics, in: Journal of Religion, Media and Digital Culture 1 (2012) 1–24.

17 Für den deutschsprachigen Raum, siehe hierzu zuletzt Brigitte ENZNER-PROPST, Frauenliturgien als Avantgarde neuer ritueller Gestaltungsräume und -prozesse im spätmodernen Kontext, in: Hans Gerald HÖDL – Johann POCK – Teresa SCHWEIGHOFER (Hgg.), Christliche Rituale im Wandel. Schlaglichter aus theologischer und religionswissenschaftlicher Sicht (Wiener Forum für Theologie und Religionswissenschaft 14), Göttingen 2017, 159–174. Wichtig in diesem Zusammenhang ist auch weiterhin die Grazer Habilitation von Hildegard WUSTMANS, Balancieren statt ausschließen. Eine Ortsbestimmung von Frauenritualen in der Religions- und Pastoralgemeinschaft der Kirche (Studien zur Theologie und Praxis der Seelsorge 83), Würzburg 2011.

18 Die Handreichung ist im Web zu finden unter: https://unsere.ekhn.de/fileadmin/content/ekhn.de/download/publikationen_broschueren/Transsexualitaet Handreichung EKHN 2018 web. pdf; besonders S. 31–33 [Abruf: 12.6.2018]. Zum Thema siehe auch Ellen CLARK-KING, The Divine Call to Be Myself: Anglican Transgender Women and Prayer, in: Anglican Theological Review 98 (2016) 331–339.

tige Kritik an der vorgeblichen Ideologie des „Genderismus" entwickelt.[19] Die schrille Kritik am „Genderismus" – die grundlegende Elemente der Genderforschung missversteht – hat inzwischen leider auch in kirchenamtlichen Verlautbarungen Aufnahme gefunden.[20] Hier ist nicht der Ort, auf diese Kritik im Detail einzugehen; andere haben sich inzwischen dieser Aufgabe gestellt.[21] Deutlich ist, dass das Thema Gender im deutschsprachigen Raum, gerade auch in der katholischen Kirche, hochemotional besetzt ist. Es bleibt zu hoffen, dass ernsthafte Forschungsarbeiten an Genderfragen durch die laute und streckenweise unqualifizierte Kritik („Gendergaga") nicht noch erschwert werden. Auch wäre es wünschenswert, dass man sich kirchenamtlicherseits vor simplifizierenden Attacken gegen „Genderismus" hütet und nicht auch noch ein Bischofswort (!) von einer prominenten Vertreterin dieser Position schreiben lässt.[22] Stattdessen wäre es wichtig, mit denjenigen das Gespräch zu suchen, die sich seit Jahren theologisch und wissenschaftlich verantwortlich mit dem Thema Gender beschäftigen.

4. DIE LITURGIEWISSENSCHAFT VOR DER GESCHLECHTER-VIELFALT

Die Frage, ob und wie Geschlechterdifferenzen gottesdienstliches Leben mitbestimmen, ist eine zeitgenössische Suchbewegung und damit auch eine relativ neue Forschungsrichtung. Liturgiewissenschaftlich waren bis vor kurzem die meisten Forschungsarbeiten, die sich mit Genderfragen beschäftigen, dem Thema „*Frauen* und Gottesdienst" gewidmet, oder, enger noch, der Frage liturgischer Dienste bzw. Ämter von Frauen. Diese Themen sind weiterhin aktuell. Nicht zuletzt die im Sommer 2016 von Papst Franziskus eingesetzte Kommission zur Untersuchung des Diakonats von Frauen in der frühen Kirche belegt dies.

Inzwischen hat sich die liturgiewissenschaftliche Beschäftigung mit Genderfragen allerdings auch deutlich über die Konzentration auf Frauenfragen hinaus bewegt.[23] Dabei lassen sich zwei liturgiewissenschaftliche Arbeitsbereiche zu Genderfragen unterscheiden, die allerdings eng miteinander verbunden sind. Der erste Arbeitsbereich ist die Suche nach der Prägung gottesdienstlichen Lebens durch Geschlechterdifferenzen in der Vergangenheit. Diese Arbeit an der liturgischen Tradition hat ihre Wurzeln in der zweiten Hälfte des 20. Jahrhunderts, als

19 Diese Kritik wird vorangetrieben u.a. durch die Arbeiten von Gabriele Kuby und Birgit Kelle.

20 Siehe hierzu zuletzt das Gender-Dokument der Bildungskongregation vom Juni 2019; ein Dokument der Glaubenskongregation zum selben Thema soll in Vorbereitung sein.

21 Vgl. z.B. Marianne HEIMBACH-STEINS, Die Gender-Debatte. Herausforderung für Theologie und Kirche, in: Margit ECKHOLT (Hg.), Gender studieren. Lernprozess für Theologie und Kirche, Ostfildern 2017, 39–53; Habemus Gender! The Catholic Church and ‚Gender Ideology', Heft 6:2 (2016) von Religion and Gender.

22 Der Churer Bischof Vitus Huonder ließ im Dezember 2017 sein Bischofswort zum Welttag der Menschenrechte von Birgit KELLE verfassen.

23 Die Untersuchung Frauen-spezifischer Themen ist natürlich bei weitem nicht ausgeschöpft, siehe z.B. die Studie von Katherine Harmon über Frauen in der nordamerikanischen liturgischen Bewegung: Katharine E. HARMON, There Were Also Many Women There. Lay Women in the Liturgical Movement in the United States, 1926–59, Collegeville MN 2012.

Frauen sich langsam den Zugang zur wissenschaftlichen Disziplin der Liturgiewissenschaft erarbeiteten. Die erste liturgiewissenschaftliche Promotion einer Frau an einer römisch-katholischen Fakultät in Europa kam im Jahr 1965, als Irmgard Pahl ihre Dissertation an der Universität München abschloss. Die Bedeutung dieses Momentes reichte weit über den Zugang von Frauen in ein Feld wissenschaftlichen Arbeitens, das traditionell mit Priesterweihe und/oder Ordenszugehörigkeit verbunden war, hinaus. Er bedeutete den Zugang nicht nur zu einem wissenschaftlichen Arbeitsbereich, sondern damit auch zu Bibliotheken und Archiven, wissenschaftlichen Netzwerken, beruflicher Stellung und Mitspracherecht. Die Anfänge eines liturgiewissenschaftlichen Dialogs mit Gendertheorien liegen hier.

Die entscheidende Erweiterung des Blickwinkels von der Frauenforschung zur Genderforschung vollzog sich, als deutlich wurde, dass die Frauenforschung nicht nur fundamentale Unterschiede zwischen Frauen selbst anzuerkennen hatte, sondern dass die Kategorie „Frau" hochgradig instabil war, zum Beispiel aufgrund geschichtlicher Veränderungsprozesse. Darüber hinaus wurde klar, dass die Kategorie „Frau" immer nur relational greifbar ist, da sie konstituiert wird durch das, was jeweils als „Mann-Sein" verstanden wird. Diese Einsichten führten zu neuen Suchbewegungen in Genderfragen, von Männerforschung bis hin zur Queer Theory, so dass die Genderforschung heute eine große Fülle an verschiedenen Forschungsansätzen umfasst. Zusammenfassend kann man sagen, dass Genderforschung eine Weiterentwicklung von der Frauenforschung zu einer umfassenderen Analyse von Geschlechterdifferenzen, Gendersystemen und Genderhierarchien bedeutet. Dabei war vor allem wichtig, dass Geschlechterdifferenzen als sozial konstituiert anerkannt wurden. Hier ist allerdings zu betonen, dass dies – kontra undifferenzierten Kritiken an einer vermeintlichen Gender-„Ideologie" – nicht bedeutet, dass Genderforschung biologische Unterschiede zwischen den Geschlechtern abstreitet oder als beliebig veränderbar interpretiert. Die Anerkennung der sozialen Konstruktion der Kategorie Geschlecht bedeutet stattdessen die Erkenntnis, dass es keine vor-diskursiven Kategorien geschlechtlicher Diffferenz gibt, das heißt keine Kategorien, die ohne kulturelle Deutungsmuster auskommen. Das Beharren auf dieser Tatsache ist vor allem wichtig, weil eine Unterscheidung der Geschlechter komplexer ist, als es die simple Rede von einer glasklaren Trennung von nur zwei biologischen Geschlechtern nahe legt. So konstituieren sich für Judith Butler geschlechtliche Identitäten vor allem durch Performanz – was aber nicht bedeutet, dass es biologische Unterschiede zwischen den Geschlechtern einfach nicht gibt, sondern dass diese nicht als vor-diskursive Gegebenheiten greifbar sind.

Was heißt das alles für das Arbeiten an der Liturgiegeschichtsschreibung? Eine Neuschreibung der Liturgiegeschichte, die gender-sensibel ist, wird sich heutzutage bemühen nicht nur um die gottesdienstlichen Lebenswirklichkeiten von Frauen, sondern zum Beispiel auch um die Präsenz von Eunuchen in frühchristlichen Gottesdiensten oder das gottesdienstliche Leben von Kastraten in der westlichen Kirche (im Chor der Sixtinischen Kapelle sangen Kastraten noch bis ins frühe 20. Jahrhundert hinein). Die Aufmerksamkeit auf alle Geschlechteridentitäten, die das liturgische Leben durchkreuzen, offenbart eine gottesdienstliche

Vergangenheit, die weitaus verwickelter ist als eine, die exklusiv nur von „Männern“ und „Frauen“ bestimmt wurde. Weiterhin wird durch diese Neuschreibung der Liturgiegeschichte sichtbar, dass Geschlechter-Vielfalt keine Erfindung unserer Zeit ist. So gab es zum Beispiel Menschen, die heutzutage als intersexuell beschrieben werden, immer schon. Jesus kannte sie als „Eunuchen von Geburt an“ (Mt 19, 12). Die Wahrnehmung und Anerkennung von Geschlechter-Vielfalt hat dementsprechend eine reiche und äußerst komplexe Genealogie durch die Geschichte christlichen Gottesdienstes hindurch.[24] In der Liturgiewissenschaft haben gender-sensible Forschungsarbeiten das traditionelle Bild der Liturgiegeschichte nicht nur bereichert, sondern auch verändert, sowohl was die historische Entwicklung als auch was grundlegende Elemente gottesdienstlichen Lebens betrifft, so zum Beispiel die Gestaltung von Initiationsritualen, die gottesdienstliche Teilnahme und Fragen liturgischer Leitung. Geschlechterdifferenzen sind in all diesen Bereichen von Bedeutung, und zwar von den frühesten Anfängen an.[25]

Soviel zum liturgiegeschichtlichen Ansatz. Eine zweite liturgiewissenschaftliche Suchbewegung, die vor allem liturgietheologisch und -pastoral ausgerichtet ist, steht mit dem geschichtlichen Interesse in enger Verbindung. Auch im Blick auf heutiges gottesdienstliches Leben heißt es ja, nicht nur Frauen, sondern Menschen in all ihrer Geschlechter-Vielfalt – also auch Intersexuelle, Trans*menschen,[26] sowie alle anderen Menschen, die sich nicht einem traditionellen, binären Geschlecht zuordnen – in den Blick treten zu lassen. Hier liegen große gottesdienstliche Aufgaben weitestgehend noch vor uns. Darüber hinaus gilt es aber auch, Männer und die vielen Spielarten von Maskulinität, die gottesdienstliches Leben immer mitgeprägt haben, als wichtige Themen aufzunehmen. Hierzu gehört der Blick auf die geschichtliche Ausbildung eines spezifischen Bildes priesterlichen Mann-Seins, das es zu untersuchen gilt.

Zusammenfassend kann man zu all diesen Suchbewegungen in der Liturgiewissenschaft folgendes sagen: Eine gender-sensible Analyse gottesdienstlichen Lebens hat sich allen Geschlechteridentitäten und -rollen zu widmen, die im Wandel der Zeit und heute gottesdienstliches Leben geprägt und mitbestimmt haben. Um den Einfluss von Geschlechterdifferenzen auf das Handlungsfeld Gottesdienst in den Blick zu bekommen, ist es hilfreich klarzustellen, warum Gender ein grundlegender Bestandteil gottesdienstlichen Handelns ist. Gender ist ein solch grundlegender Bestandteil, weil christlicher Gottesdienst in der körperli-

24 Teresa Berger, Gender Differences and the Making of Liturgical History. Lifting a Veil on Liturgy's Past (Ashgate Liturgy, Worship and Society Series), Aldershot – Burlington VT 2011.

25 Siehe hierzu zuletzt Teresa Berger, Gottesdienst und Geschlechterdifferenzen im Wandel. Zu einer liturgiewissenschaftlichen Forschungsrichtung im 21. Jahrhundert, in: Albert Gerhards – Benedikt Kranemann (Hgg.), Dynamik und Diversität des Gottesdienstes. Liturgiegeschichte in neuem Licht (Questiones Disputatae 289), Freiburg i. Br. 2018, 126–148.

26 Der Bergriff „Trans*menschen“ bezeichnet Menschen, bei denen „das bei der Geburt aufgrund körperlicher Merkmale zugeschriebene Geschlecht nicht mit der Geschlechtsidentität übereinstimmt. Der Stern steht für alle Varianten des Transseins.“ Die Definition stammt vom Arbeitskreis Regenbogenpastoral im Bistum Basel, siehe die Webseite http://www.bistum-basel.ch/de/Navigation1/Pastoral/Regenbogenpastoral.html [Abruf: 12.6.2018]. Für einen systematisch-theologischen Zugang, vgl. Mathias Wirth, „Der dich erhält, wie es dir selber gefällt.“ Transidentität als Ernstfall Systematischer Theologie, in: Gerhard Schreiber (Hg.), Transsexualität in Theologie und Neurowissenschaften. Ergebnisse, Kontroversen, Perspektiven, Berlin 2016, 483–502.

chen Anwesenheit der Gottesdienstteilnehmenden Gestalt gewinnt. Die Gegenwart derer, die Gottesdienst feiern, ist somit ein „Primär-Text" nicht nur gottesdienstlichen Lebens, sondern auch liturgiewissenschaftlicher Arbeit. Allerdings wurde dieser Primär-Text der körperlichen Präsenz der Gottesdienstfeiernden bisher nur unzureichend geschlechterbewusst interpretiert. Dies gilt selbst für solche Arbeiten, die sich explizit dem Körper im Gottesdienst zuwenden oder sich mit dem Menschen als liturgischem Subjekt beschäftigen.[27]

5. Gottesdienstliches Leben und Geschlechter-Vielfalt – der rasante Wandel der letzten 50 Jahre

Ein kurzer Blick zurück ist instruktiv an diesem Punkt, denn er zeigt, wie schnell und gleichzeitig tiefgreifend Genderfragen sich im gottesdienstlichen Leben in den letzten Jahrzehnten verändert haben. Der Blick zurück ist aber auch wichtig, um einzuordnen, wo wir heute sind. Die tiefgreifenden Veränderungen erlebten Lebens, was Geschlechterdifferenzen betrifft, sind nicht nur Teil der breiteren kulturellen Entwicklung der letzten 50 Jahre, sondern haben Auswirkungen auf das, was als gelingende gottesdienstliche Erfahrung erlebbar wird. Wahrscheinlich kann man sogar sagen, dass die Entwicklung gottesdienstlicher Genderfragen in den letzten 50 Jahren ein Paradebeispiel darstellt für die komplizierten Beziehungen zwischen gesellschaftlich-kulturellen und liturgischen Entwicklungen.

Als Ausgangspunkt für den kurzen Blick zurück dienen hier die Veränderungen, die das Leben von Frauen in den letzten 50 Jahren durchlaufen hat. Diese Veränderungen reichen von erweiterten Möglichkeiten für Bildung, dem Eintritt vieler Frauen in den Arbeitsmarkt, dem Entstehen vielfältiger Reproduktionstechnologien und dem Fall von Geburtsraten bis zu sich vervielfältigenden Modellen von Familie und dem Niedergang geschlechtsspezifischer Ungleichheiten. Mit diesen Veränderungen hat sich das gelebte Leben von Frauen und das Verständnis von „Frau-Sein" tiefgreifend verändert (was sich natürlich auch auf das Leben von Männern auswirkte). Nicht zuletzt im gottesdienstlichen Leben schlugen sich diese Veränderungen nieder. Frauen wurden sichtbarere, aktivere und mündigere Teilnehmerinnen am liturgischen Leben ihrer Kirchen. In den 1970er Jahren entstand, als Teil der Frauenbewegung der damaligen Zeit, eine Welle von theologischen Reflexionen und liturgischen Materialien zum Thema „Frauen und Gottesdienst" bzw. feministische Liturgien.[28] Viele gottesdienstliche Veränderungen folgten, nicht nur sprachlicher Art (die Schwestern traten jetzt an die Seite der Brüder) sondern auch ritueller Art (zum Beispiel der rasante Niedergang des Ritus der Aussegnung). Inzwischen nehmen Frauen in vielen Kirchen Positionen

27 Siehe hierzu z.B. James G. Leachman (Hg.), The Liturgical Subject. Subject, Subjectivity, and the Human Person in Contemporary Liturgical Discussion and Critique, Notre Dame IN 2009.

28 Stellvertretend seien hier nur genannt: Marjorie Procter-Smith – Janet Walton (Hgg.), Women at Worship. Interpretations of North American Diversity, Louisville KY 1993; Teresa Berger (Hg.), Dissident Daughters. Feminist Liturgies in Global Context, Louisville KY 2001.

pastoraler und gottesdienstlicher Leitung ein. In der römisch-katholischen Kirche in den USA machen Frauen heute 80% des Laiendienstes in Gemeinden aus. Überhaupt weist im Vergleich zwischen verschiedenen Religionen gerade das Christentum einen wesentlich aktiveren Frauenanteil auf als zum Beispiel Judentum, Islam, Buddhismus und Hinduismus, so zumindest eine neue Studie aus den USA zu „The Gender Gap in Religion Around the World".[29]

Die rasanten Veränderungen der letzten 50 Jahre im Hinblick auf Gender blieben jedoch nicht bei Frauenfragen stehen. Genderfragen haben sich vervielfältigt. Es geht heute nicht mehr nur darum, Frauen sichtbar werden zu lassen, sondern auch Schwule und Lesben, Trans*menschen, Menschen mit intersexuellen Konditionen, Menschen, die bisexuell oder asexuell sind oder sich nicht einem traditionellen, binären Geschlecht zuordnen. Sie alle erlangten ab den 1990er Jahren größere Sichtbarkeit in der Gesellschaft und damit, wenn auch zögerlich, größere Aufmerksamkeit im kirchlichen Leben. Ein Beispiel für diese Entwicklungen, was den Gottesdienst betrifft, ist das Schicksal des Zusatzes „Schwestern", der zu dem traditionellen Begriff „Brüder" hinzugefügt wurde. Diese hart erkämpfte sprachliche Veränderung wird in einigen Gemeinden inzwischen hinterfragt, da sie Geschlechterdifferenzen exklusiv binär festschreibt und damit zum Beispiel Intersexualität unsichtbar macht. Diese Gemeinden suchen und üben eine Sprache im Gottesdienst, die Offenheit für alle Geschlechterdifferenzen signalisiert. Andere Gemeinden versuchen zumindest, schwule, lesbische, bisexuelle, intersexuelle und Trans*menschen im Gottesdienst explizit willkommen zu heißen. Erste Publikationen zu gottesdienstlichen Formen mit diesen Anliegen erschienen Mitte der 1990 Jahre.[30] Sie wurden getragen durch die schnell wachsende gesellschaftliche Akzeptanz – und den Anstieg der medialen Sichtbarkeit – von Schwulenrechten, Bedürfnissen der LGBTQIA-Gemeinschaft und „queeren" Lebensformen. Innerhalb dieser gesellschaftlichen Entwicklung entstanden neue Rituale, die nicht kirchlich gebunden waren, aber gottesdienstlich rezipiert wurden, zumindest in einigen Gemeinschaften. Ich denke hier an Coming-out Rituale oder auch an die jährliche Feier des Transgender Day of Remembrance am 20. November. In der näheren Vergangenheit folgten dann Reflexionen zu Fragen von Gottesdiensten, die „queere" Anliegen aufnehmen.[31] Nur das Thema Maskulinität und Gottesdienst ist weiterhin unterbelichtet,[32] abgesehen von Gruppen, die ihren Gottesdienstformen einen eher „maskulinen" Ton geben wollen, um der gefühlten Feminisierung gottesdienstlichen Lebens entgegenzuwirken.

29 Siehe den Bericht des Pew Research Center aus dem Jahr 2016 „The Gender Gap in Religion Around the World" des Pew Research Center. URL: http://www.pewforum.org/2016/03/22/the-gender-gap-in-religion-around-the-world/ [Abruf: 5.7.2018].

30 So z.B. der Band von Kittredge CHERRY – Zalmon O. SHERWOOD (Hgg.), Equal Rites. Lesbian and Gay Worship, Ceremonies, and Celebrations, Louisville KY 1995.

31 Siehe z.B. Elizabeth STUART, Making No Sense. Liturgy as Queer Space, in: Lisa ISHERWOOD – Mark D. JORDAN (Hgg.), Dancing Theology in Fetish Boots. Essays in Honour of Marcella Althaus-Reid, London 2010, 113–123; Siobhán GARRIGAN, Queer Worship, in: Theology and Sexuality 15 (2009) 211–230.

32 Eine wichtige Ausnahme ist Johannes POCK, siehe z.B. seinen Beitrag Der Priester als ‚Mann Gottes'. Die Bedeutung des Geschlechts für das katholische Priesterverständnis, in: Maria Elisabeth AIGNER – Johann POCK (Hgg.), Geschlecht queer gedacht. Widerstandspotentiale und Gestaltungsmöglichkeiten in kirchlicher Praxis (Werkstatt Theologie 13), Wien 2009, 227–240.

Allerdings darf bei dieser Beschreibung der rasanten Entwicklung von Genderfragen in den letzten 50 Jahren nicht vergessen werden, dass christliche Gemeinden heute weltweit unter sehr unterschiedlichen Gender-Systemen leben und Gottesdienst feiern. Die oben vorgelegte Beschreibung trifft vor allem auf Nordamerika und Europa zu. Weltweit sind die mehr als zwei Milliarden ChristInnen mit äußerst unterschiedlichen kulturellen und kirchlichen Gendersystemen konfrontiert. Während zum Beispiel die Altkatholische Kirche in den USA im Jahre 2014 ihren ersten trans* Priester ordinierte, kämpfen christliche Kirchen in Teilen von Afrika gegen weibliche Genitalmutilation. In beiden Fällen sind Fragen von Geschlechterdifferenz und -gerechtigkeit im Spiel, aber die Auseinandersetzung mit den kontextuellen Gendercodes verläuft doch auf ganz unterschiedlichen Schienen.

6. „UND DANN?“ – EIN BLICK NACH VORNE

Gerade angesichts der großen kulturellen Unterschiede im Umgang mit Gender scheint es angeraten, die Frage, wie genau Geschlechterdifferenzen und Geschlechter-Vielfalt das gottesdienstliche Leben in Zukunft mitbestimmen und verändern werden, offen zu lassen. Einige Elemente des Themas Gottesdienst und Geschlechter-Vielfalt lassen sich dennoch als Versuche einer Antwort auf die Frage „und dann?“ benennen.

Erstens sollte verstärkt anerkannt werden, dass unterschiedliche Kirchen und ihre Gottesdienste sich sehr darin unterscheiden, wie sie von Genderfragen betroffen sind und mit diesen umgehen. Diese Ungleichzeitigkeit gilt es ernst zu nehmen, denn sie wird auch in den kommenden Jahren weiterbestehen und für Spannungen im kirchlichen und gottesdienstlichen Leben sorgen. Die Ungleichzeitigkeit in Genderfragen verläuft ja nicht nur zwischen verschiedenen Kirchen, sondern mitten durch Kirchen und selbst einzelne Ortsgemeinden hindurch. Auch sind unterschiedliche Gender-Codes durch Globalisierungs- und Migrationsprozesse inzwischen weitaus mehr auf lokaler Ebene – und damit gleich-zeitig – präsent als noch vor einigen Jahren. Um nur ein Beispiel zu nennen: Hier in den USA kann eine altkatholische Gemeinde, die eine transidente Priesterin hat, neben einer koptischen Gemeinde angesiedelt sein, die darauf besteht, Männer und Frauen im Gottesdienstraum streng zu trennen. Angesichts dieser und anderer Ungleichzeitigkeit in Genderfragen gilt es, Wege zu finden, diese Differenzen zu benennen und auszuhalten in der Begegnung mit dem Anderen.

Zweitens, und dies gilt vor allem in der nordatlantischen Welt und ihrem globalisierten Einflussbereich, hat sich die Erfahrung von Gender und von gelebten Geschlechterdifferenzen für viele Menschen signifikant verändert. Gender wird nicht länger als ein unbewegliches und stabiles Charakteristikum von Identität erfahren, sondern eher als ein lebenslanges Projekt. Damit ist Gender eine fluide Kategorie geworden, die es immer wieder performativ zu gestalten gilt und die sich neuen Kategorisierungen zu stellen hat. Ich denke hier zum Beispiel an die

Beschreibung von nicht-Trans*menschen als „cisgender“. Gut ist die fluide Gestaltung der eigenen Geschlechter-Identität zu beobachten bei Menschen, die sich in digitalen Welten Avatare zulegen, die nicht auf die eigene Genderidentität festgelegt sind oder eine Transgender-Identität aufweisen. Virtuelle Trans*menschen sind online ein weit verbreitetes Phänomen. Auch im breiteren kulturellen Umfeld sind Gender-Ambiguitäten und Gender-Fluidität im Aufwind. Diese Entwicklungen werden gottesdienstliches Leben nicht unberührt lassen, sondern in vielfältiger Art und Weise beeinflussen. Wie wird gottesdienstliches Leben, das Menschen in ihren fluiden Gender-Suchbewegungen annimmt, in den kommenden Jahrzehnten aussehen? Wie wird eine Gemeinde zum Beispiel Gottesdienst feiern, wenn ein Gemeindemitglied sich für ein Trans*leben entscheidet und sein oder ihr Taufversprechen, nun unter neuem Namen, erneuern will, oder wenn ein Jugendlicher darauf besteht, das nun auch gesetzlich mögliche dritte Geschlecht offen zu leben?

Der dritte Punkt, den es zu bedenken gilt, geht in eine andere Richtung. Ich bin überzeugt davon, dass die zukünftige Bedeutung von Gender – vor allem als gesellschaftliche und kirchliche Verunsicherungskategorie – auch davon abhängen wird, welche anderen Verunsicherungskategorien am Horizont erscheinen. Einige KandidatInnen lassen sich leicht benennen, so zum Beispiel die Frage nach dem, was eigentlich Menschsein ausmacht im Angesicht von Genmanipulation, hochtechnisiertem Menschsein und Transhumanismus, oder auch das gefährdete Weiterbestehen unseres Planeten angesichts des von Menschen praktizierten Ökozids.

Auf der Suche nach möglichen Elementen, die hinweisen können auf Antworten zur Frage „was dann?“, lässt sich ein viertes Element nennen, das zur Zeit allerdings nicht mehr als einen Hoffnungsschimmer am Horizont darstellt. Immerhin gestattet es einen positiven Ausblick und sei deshalb hier zum Abschluss genannt. Es scheint mir nicht undenkbar (vorsichtig formuliert), dass in der Zukunft Genderfragen und Geschlechterdifferenzen nicht mehr auf dieselbe Art und Weise hyper-markiert und brisant sind, wie es heute der Fall ist. Eine solche Entwicklung könnte dann dazu einladen, neu zu entdecken, dass christlicher Gottesdienst auch eine Einladung sein kann, sich dem Verabsolutieren von Gender zu verweigern. Damit wäre die Chance verbunden, neue Wege zu finden zum glaubhaften Leben der uralten Wortfragmente von Gal 3,28: „Da ist nicht jüdisch noch griechisch, da ist nicht versklavt noch frei, da ist nicht männlich und weiblich [und auch nicht intersexuell, trans* und queer]: denn alle seid ihr einzig-einig im Messias Jesus.“[33]

33 Zitiert nach Bibel in gerechter Sprache, https://www.bibel-in-gerechter-sprache.de/die-bibel/bigs-online/ [Abruf am 23. April 2019].

„Aus einer anderen Welt!“

Verortungen für eine zukünftige Liturgie mit Bildern einer Ausstellung

Johannes Rauchenberger

I. In der Kirche

1. Mehrzeitenraum

Liturgie ist ein Handlungsvollzug, sie ist weder auf Kunst noch auf Bilder angewiesen. Zwei oder drei in seinem Namen, eine Bibel, ein Tischtuch, ein Tisch, zwei Kerzen, ein Becher mit Wein, eine Schale mit Brot: aus diesen „Elementen“ besteht eine katholische Messe. So zumindest hat der Autor dieses Beitrags noch als Schüler in den 1980er Jahren eine solche kennengelernt. Messe – das konnte für Jugendliche damals sehr attraktiv sein. Man sang mit der Gitarre oder mit einer Band rhythmische Lieder. Den Priester konnte man sich in dieser Schule sogar noch aussuchen – es galt irgendwie das Gesetz des Marktes: der attraktivere zog. Wenn es in solchen Feierräumen Bilder gab, waren sie einfach da. Eine Rolle spielten sie nicht. Später erst kamen die Ikonen. Dass Bilder, dass Kunstwerke freilich einmal eine Stellvertreterfunktion mangels fehlenden Feierpersonals einnehmen sollten, stand damals nicht zur Debatte.

Liturgie, der Handlungsvollzug, ist freilich nicht allein die Messe, aber auch und in der katholischen Kirche vor allem! Die katholische Messe hat ja ein besonderes Merkmal: Sie ist ein Gesamtkunstwerk, das sich aus textlichen und kultischen Puzzleteilen aus unterschiedlichsten Zeiträumen zusammensetzt. Sie kann ganz einfach oder eben ein aufwändiges „Hochamt“ sein. Nur hat sie es derzeit immer schwerer: Es kommen in der sprichwörtlichen Spirale nach unten immer weniger von immer wenigeren in Frage, die sie leiten (dürfen/wollen/können/sollen). Liturgie, im Verständnis des Zweiten Vatikanums, die „Quelle und das Ziel“ (vgl. *Sacrosanctum Concilium* 10), bekommt in der Form der Messe allmählich sogar das Etikett einer historischen Sackgasse. Längst beginnt man an liturgischen „Kreativorten“ wegen Leitungsmangels natürlich auch über Alternativen nachzudenken.

Liturgische Praxis entstammt jedenfalls fast immer einem Mehrzeitenraum, sie lebt von Montagen aus Texten, deren Entstehung einen Zeitraum von etwa 3000 Jahren umfasst. Liturgien finden an Orten statt, die sie besonders definieren. In liturgischen Räumen haben sich dafür – wenigstens im katholischen Bereich – Bilder eingeschlichen. Strukturell gilt auch bei ihnen, wenn auch deutlich im Zeitraum verkürzt, das Gesetz des Mehrzeitenraums. Ob es 50 Jahre oder nahezu

1000 Jahre sind, die Spannung zwischen dem früheren und dem jeweiligen Heute ist auch bei Bildern und Statuen da. Liturgische Handlungen, liturgische Sprache haben zwar einen Vergangenheitscharakter, sie sind aber in ihrem Anspruch immer auch auf das Heute hin ausgelegt. Das „Heute" wird an besonderen Festen – Weihnachten, Gründonnerstag, Ostern – in den zentralen liturgischen Texten besonders betont. Betrachtet man auch die Kunstgeschichte in liturgischen Räumen unter diesem Blickwinkel, fällt auf, dass gerade die katholisch-westliche Bildauffassung immer das jeweilige Heute betont hat. Der Kunsthistoriker Ivan Nagel hat in den biblischen Erzählbildern der italienischen Frührenaissance im Quattrocento sogar einmal von einem „Jetztrausch"[1] gesprochen. Eigentlich gilt das für jede Form biblischer Bilderzählung. Man sieht das an den Kleidern der biblischen Figuren, in den Moden oder Architekturversatzstücken der jeweiligen Zeit, in späteren Epochen, aber auch in den „modernen Rahmungen" von alten Kultbildern, wie sie etwa im Barock modern gewesen waren. Nicht selten etwa wurden auch in Österreich romanische oder gotische Marienstatuen ummantelt oder eben mit der neuen Stilsprache umrahmt. Der „Madonna von Mariazell" etwa, einer romanischen Statue aus dem 13. Jahrhundert, die für die „Pietas Austriaca" konstitutiv geworden ist, werden bis heute Kleidchen gestiftet, die ihr sogar angezogen werden. In einem Fernsehportrait zu „800 Jahre Diözese Graz-Seckau", wurde Mariazell zum wohl „einzigen Ort des Landes", an dem die „Umbrüche der katholischen Kirche kaum zu spüren sind"[2].

2. Projektionen, „Aufwecker" und Stellvertreter

Für den Rest aber, und das ist der bei weitem überwiegende Teil der kirchlichen Landschaft nicht nur Österreichs, sondern des westlichen Europas, gelten vielmehr die Signaturen einer religiösen Umbruchszeit. Wenn man nicht nur über die Subjekte, sondern auch über die Räume christlicher Liturgie nachdenkt, kommt jedenfalls auch Kunst ins Spiel. Sie erscheint zunehmend unbestritten, wenn man die Idee eines sakralen Raumes und auch seiner Handlungsträger irgendwie retten will – selbst wenn sie vielleicht nur als Ersatz für eine dem Handlungsvollzug entsprungene Liturgie ist. Kunst, Bilder sind nicht zuletzt auch dafür da, einem Raum, einer Sehnsucht, einer Handlung, einer Intention wie jener des Gottesdienstes eine Dauer zu verleihen. Diese Kunst, d.h. die Bilder und Statuen, ja die Botschaft der Architektur selbst sind aber auch dann noch da, wenn kaum jemand mehr die Liturgie in Anspruch nimmt, sei es, weil die jeweiligen agierenden Liturgen im konkurrierenden Angebot von erfüllenden Sinnstiftungen nicht mehr „marktfähig" sind, dem Geschlechterverhältnis nicht entsprechen, die erforderliche Qualität nicht mehr zu liefern im Stande sind, oder einfach, weil es sie nicht mehr gibt. Es gibt nicht wenige Kirchen, in denen auch gegenwärtige Kunst eine immer größere Rolle spielt und zwar nicht nur in Form von „Kulturkirchen", sondern auch als Teil und Rahmung der täglichen bzw. wöchentlichen Liturgie. Dort,

1 Vgl. Ivan NAGEL, Gemälde und Drama. Giotto, Masaccio, Leonardo, Frankfurt 2009, 124.
2 800 Jahre Diözese Graz-Seckau. Ein Film von Günter SCHILHAN. ORF: Österreich-Bild, Sept. 2018, 15'01'' – 15'07''.

wo es Menschen gibt, die die sakralen Räume als Gemeinschaftsakt auch besuchen, ist sie nicht zuletzt als Störung gut, als „Aufwecker“.[3] Das freilich unterstellt wiederum, dass auch die gewöhnliche Gemeinde eine solche Störung nötig hat. (Abb. 1, S. 73)

Dass Kirche zum „Umschlagplatz aller menschlichen Grundbefindlichkeiten“[4] wird, wünscht sich der jetzige Innsbrucker Bischof Hermann Glettler. Als Pfarrer setzte er in Graz-St. Andrä auf ein radikales Prinzip der Gastfreundschaft in Richtung Andersdenkender, Migrantinnen und Migranten, und eben auf Kunst. Als er 1999 begann, hatte er eine Kirche in einem Zustand vorgefunden, der für viele heutige Kirchen gilt: Sie war überaltert und nur von einem ganz einschlägigen Milieu besucht. Doch das oben erwähnte Konzept der Gastfreundschaft, die Kultivierung von ständiger Anbetung in einer neu gestalteten Sakraments- und Wochentagskapelle und schließlich ein konsequentes Eintreten für Benachteiligte sowie eine in der Gemeinde kultivierte Sonntagskultur hat diesen Raum in seiner Amtszeit zu einem der lebendigsten liturgischen Orte der Stadt werden lassen. Und zu einem Ort der Freiheit, wo eine Transformation des Lebens spürbar wurde. Bilder sind dann nicht einfach ein „Gegenüber“, sondern sie haben die „Funktion“, Menschen zu involvieren – wie etwa im orangen Farbteppich von Otto Zitko, der am Beginn dieser einzigartigen Kunstinterventionen in Graz St. Andrä stand, unmittelbar nach der „Tür im Fenster“ von Markus Wilfling, dem ersten Kirchenfensterprojekt Glettlers, dem noch elf weitere folgen sollten.

> Kirche ist ein Kulturraum, ein sakraler Raum, der mit dem Außenraum korrespondieren muss. Kirche ist nicht Selbstzweck, sondern ist – vermittelt durch das Fenster – wie eine Membran, die die Sorgen, Nöte und Ängste der Gegenwart mithereinnimmt, an ihr Interesse hat. Im besten Fall – hoffentlich! – findet hier eine Transformation dieser Nöte statt, sodass die Menschen wieder hinausgehen können, aufrechter, aufgerichteter.[5]

3. Innovative Bildorte

Mit der Wertschätzung der Bilder und der Kunst – gerade als Teil eines Beziehungsgeflechtes – entscheidet sich also in Wirklichkeit viel. Sie kann auch sehr zeitgenössisch sein. Lange war man sich ohnehin darüber einig, dass die jeweilige Gegenwart das Maß der sakralen Raum- und Bildgestaltung ist. Mit dem Ende des Barock, das sich mit der beginnenden „Aufklärung“ deckt, war diese Idee allerdings vorüber. Erst in der Moderne gab es einzelne Inseln, wo man wieder einen Neuaufbruch wagte. Man kann jedenfalls seit diesem „Abbruch um 1800“

3 So sieht es jedenfalls der Innsbrucker Bischof Hermann Glettler im Gespräch mit dem Autor über Andrä Kunst, Videoportrait, Graz 2018; Komposition, Kamera, Schnitt: Elias Rauchenberger; Dauer: 8’40”, online unter: https://youtu.be/SQkTRtbUU2M, 0’11’’ [Abruf am 23. April 2019].

4 Hermann Glettler im Prolog zur Zusammenfassung einer 15-jährigen Kuratorentätigkeit in Graz-St. Andrä. Vgl. Hermann Glettler (Hg.): Andrä Kunst, Weitra 2014, 1.

5 Vgl. Hermann Glettler im Gespräch mit dem Autor über Andrä Kunst (s. Anm. 3), 2’30’’. Vgl. dazu: Membrane zwischen Welt und Gott. Die Künstlerfenster von St. Andrä in Graz. Johannes Rauchenberger und Alois Kölbl im Gespräch mit Hermann Glettler, Pfarrer und Kurator von ANDRÄ KUNST, in: kunst und kirche 77/2 (2014) 4–21.

auf einige Modelle zurückblicken – das Vertrauen in das Thema, das Setzen auf das Genie, das Aufwärmen bereits abgeschlossener Stile, das Zutrauen in die Atmosphäre, die Störung oder auch die Provokation. Ein relativ neuer Aspekt ist allerdings, dass sich bei den Bildern, Statuen und künstlerischen Ausgestaltungen liturgischer Räume die Frage künstlerischer Qualität stellt, ja „Sakralkunst" wird sogar als dezidierte Abgrenzung zur „Kunst" gesehen. Darf diese Art von Kunst kitschig sein, mittelmäßig sogar? Damit hat sich auch das jüngste Konzil beschäftigt, was wiederum darauf hindeutet, dass dieses Problem konzilswürdig war. Mit der Legitimation eines Konzilstextes kann man dabei eine klare Antwort geben: Sie darf es eigentlich nicht. „Glaube", „Sitte", „Frömmigkeit", ja das „echte religiöse Empfinden" werden nach Konzilsmeinung auch verletzt, wenn die Werke „künstlerisch ungenügend, mittelmäßig und kitschig" (*Sacrosanctum Concilium* 124) sind. Aber die Realität ist bekanntlich anders. Nicht nur! Sie kann, wie gerade die Diözese Graz-Seckau in den letzten Jahrzehnten vorbildlich gezeigt hat, in höchstem Maße innovative Bildorte[6] hervorbringen. Dennoch: Sakrale Kunst, auch die sakrale Sprache, hat im allgemeinen Qualitätsurteil eher die Tendenz zur Mittelmäßigkeit – was nicht zuletzt auch an ihren Auftraggebern liegt –, sondern auch noch jene, sich zu musealisieren. Dahinter stehen natürlich auch Erwartungen, etwa jene, dass es gerade die Aufgabe der Sakralkunst sei, das Unveränderliche, Ewige zu zeigen. In der Wurzel dieser Behauptung steckt die Frage, ob christliche Bilder womöglich unveränderlich zu sein haben – die ostkirchlichen Ikonen stehen beispielsweise für diese Einschätzung. Der Westen ist dieser Einschätzung nicht gefolgt, aber die genannten Tendenzen sind (gerade in der Moderne) schlagend. Das „Einfrieren" der jeweiligen Kunst in den sakralen Räumen ist heute zudem der Denkmalpflege, die kirchliche Kunstwerke und -räume de jure unter Schutz stellt, geschuldet. Dieses Faktum hat eine enorme Konsequenz hinsichtlich des Status von Sakralkunst, die es in vergangenen Epochen nicht gegeben hat, weil man da schonungslos ausräumte, vernichtete, erweiterte. Sakrale Kunst ist schon allein dadurch mit einer Galerie von alten Statuen und Bildern, die unter Denkmalschutz stehen, verbunden. Der Blick auf die Gegenwart ist nicht Gegenstand der Denkmalpflege, sondern mehr noch der Blick in die Zukunft, in dem man das Vergangene gerettet haben will.

4. Topografien des Heiligen oder der Macht?

Die konfessionelle Differenzierung innerhalb der christlichen Kirchen lässt – oder ließ – sich bekanntlich lange vor allem auch an ihren Räumen und Einrichtungen ablesen. Ein katholischer Kirchenraum spannt sich, wie der Autor der elfbändigen „Poetischen Dogmatik", Alex Stock (1937–2016), in seiner Ekklesiologie gezeigt hat, nicht einfach in einer satten Bildkultur, sondern in der Polarität

6 Sakral : Kunst. Innovative Bildorte seit dem II. Vatikanischen Konzil in der Diözese Graz-Seckau. Herausgegeben, ausgewählt und mit Texten erläutert von der Kunstkommission der Diözese Graz-Seckau: Hermann GLETTLER, Heimo KAINDL, Alois KÖLBL, Miriam PORTA, Johannes RAUCHENBERGER und Eva TANGL. Mit einem Einleitungsessay von Johannes Rauchenberger, Regensburg ²2018.

eines „Gefüges von Macht“ und des „Raums des Heiligen“[7] auf: Gestühl (Kathedra, Beicht- und Predigtstuhl etc.) auf der einen Seite und der Altar auf der anderen Seite sind demnach die beiden historischen Einrichtungspole einer katholischen Kirche. Am Bildort „Altar“ verknüpfen sich meist die Bilder. Gemeinhin stellt man die Polarität zwischen „Bild“ und „Wort“ auf: Solche, die aus dem Impuls der Reformation hervorgegangen sind, sind der Idee des Zuhörens als Gemeindeversammlung verpflichtet. Die leergeräumten calvinistischen Kirchenräume, die keinen Ort für Kunst, für Bilder haben, wirken zwar vergeistigt, aber auch irgendwie leer, fremd. Die Geschichte des christlichen Sakralbaus lehrt jedenfalls, dass die Vielfalt von der Überfülle eines „himmlischen Thronsaals“ im Barock bis zur vollkommenen Leere – vielleicht am radikalsten in der Fronleichnamskirche in Aachen etwa – möglich war. Eine heilige Leere, wie es der junge Architekt Rudolf Schwarz gesehen hatte, sollte „die Schwelle ins Jenseits“[8] Gottes ermöglichen. Solche Ansichten von Liturgie hat man in den innovativen Momenten der Gestaltung christlicher Liturgie am Beginn des 20. Jahrhunderts entwickelt, einige Jahre, bevor man auf Burg Rothenfels mit Romano Guardini eine neue Form des Liturgiefeierns ausprobiert hat, zu dessen Kreis auch der genannte innovative Architekt gehört hat. Jahrzehnte später haben diese Versuche die Liturgiereform des Zweiten Vatikanums maßgeblich bestimmt. Verbunden mit der Idee des gemeinschaftlichen Feierns sollte sich aber die oben erwähnte proklamierte Leere von Schwarz auf die Auffassung des katholischen Kirchbaus auswirken. Die Rolle der bildenden Kunst trat jedenfalls zurück zugunsten der Baukunst, der Architektur.

Parallel zu diesem weitgehend innerkirchlichen Prozess hatte sich schließlich das moderne Museum als ein deklarierter Ort für Bilder entwickelt. Dabei steht zusätzlich als zeitdiagnostische Fragestellung für die Moderne die Frage an: Sind die wirklich großen religiösen Werke der Gegenwart vielleicht gar nicht in einer Kirche, sondern vielmehr im Museum zu finden? Stock hat 1991 in seinem Buch „Zwischen Tempel und Museum“[9] die erste große Sammlung theologischer Kunsttheorien der Moderne veröffentlicht und damit diese neue Polarität auch theoretisch aufgeworfen. Hat das Museum nicht nur – wie manche behauptet haben – die Kirche in ihrem Austragungsort des religiösen Fluidums beerbt, sondern ist das Museum auch tatsächlich zu einem legitimen parallelen Ort des liturgischen Handelns geworden?

II. IM MUSEUM

Über eine zukünftige Liturgie „im Museum“ nachzudenken, ist auf den ersten Blick natürlich themenverfehlt. Denn im Museum darf man üblicherweise keine Lieder singen oder Kerzen entzünden, es gelten ganz andere Codes des Beneh-

7 Vgl. Alex STOCK, Poetische Dogmatik – Ekklesiologie, Bd.1: Raum, Paderborn 2014, 17–85.

8 Vgl. Rudolf SCHWARZ, Kirchenbau – Welt vor der Schwelle, Heidelberg 1960 (Nachdruck Regensburg 2007).

9 Vgl. Alex STOCK, Zwischen Tempel und Museum. Theologische Kunstkritik, Positionen der Moderne, Paderborn 1991.

mens. Im Folgenden werden aber gerade in ihm diesbezügliche Fragestellungen zugespitzt, nicht zuletzt auch deshalb, weil Bilder Erfahrungsräume öffnen und Erkenntnisprozesse auslösen, die sich mitunter mit jenen der Religion kreuzen. Das Symposium, das in diesem Buch dokumentiert ist, war auch Teil des Jubiläumsprogrammes von „800 Jahre Diözese Graz-Seckau" (2018): Aus diesem Anlass wurden vor allem fünf große Ausstellungen zusammengebaut und verwirklicht – zentral war die Ausstellung im Kunsthaus Graz und Kulturzentrum bei den Minoriten (KULTUM Graz) mit dem Titel: „Glaube Liebe Hoffnung. Zeitgenössische Kunst reflektiert das Christentum".[10] Ferner wurde auch darüber nachgedacht, wie Geschichte in diesem Jubiläum „erzählt" werden sollte – als „Last & Inspiration"[11] (so lautete der Titel der zweiten Hauptausstellung im Diözesanmuseum/ Priesterseminar/Mausoleum). Und schließlich wurde danach gefragt, wohin sich die christliche Bildsprache in der zeitgenössischen Kunst entwickelt hat.[12] Im zweiten Teil dieses Beitrags über eine zukünftige Liturgie des christlichen Gottesdienstes und ihrer Träger (-innen?) soll Kunst, die zu diesem Anlass gezeigt worden ist, eng mit der Fragestellung von Liturgie verknüpft werden.

5. Eine andere Welt: Parallelaktion der neuen Stellvertreter

Anders als bei anderen Ausstellungen in der „blauen Blase aus dem All" am Rande der Grazer Altstadt, die sich gewöhnlich nicht in die Reihe der Museumstempel einreihen lässt, hatte das Kunsthaus Graz diesmal tatsächlich eine sakrale Atmosphäre. Der Grund waren aber weniger die Bilder als vielmehr die Musik von Videoinstallationen, die jeweils beide Etagen beschallten. Im Space 01 des Kunsthauses, also im Obergeschoß (die Zählung der Geschoße erfolgt dort umgekehrt, wohl deshalb weil der „Alien" dieser Architektur vom Himmel bzw. vom All gekommen sein soll, also eine andere Blickrichtung hat), ertönte die betörende Musik von Henry Purcell aus der Videoarbeit des Künstlerpaars Muntean/Rosenblum. Sie machte den Ort stimmungsmäßig zu einem anderen. Aber das reicht noch nicht, dass man in ihm etwa einen Parallelort liturgischen Erlebens sehen kann. Dennoch verschwanden in dieser Ausstellung die Grenzen zwischen einer rein ästhetischen, kritischen und diskursiven Auseinandersetzung mit Themen der Religion und einer Ahnung für die dem kultischen Handeln und liturgischen Vollzug innewohnende Erlebnisperspektive. Denn die Personen, die in

10 Vgl. Katrin BUCHER TRANTOW – Johannes RAUCHENBERGER – Barbara STEINER (Hgg.), Glaube Liebe Hoffnung. Zeitgenössische Kunst reflektiert das Christentum. Ausst.-Kat. Glaube Liebe Hoffnung, Kunsthaus Graz und KULTUM, 12.4. – 26.8.2018 (IKON. Bild+ Theologie), Paderborn 2018.

11 Vgl. Johannes RAUCHENBERGER – Alois KÖLBL – Heimo KAINDL (Hgg.), Last & Inspiration. 800 Jahre – 8 Fragen (Ausst.-Kat. Diözesanmuseum Graz/Priesterseminar, Mausoleum Kaiser Ferdinands II., Stadtpfarrkirche, QL-Galerie: 12.4. –14.10.2018; Grenze, Öffnung & Heimat, Schloss Seggau: 10.5. – 28.10.2018; Umbruch Geist & Erneuerung, Abtei Seckau: 1.5. – 26.10. 2018), Wien 2018, 100-103.

12 Vgl. Schönheit & Anspruch. Die Sammlungen des Benediktinerstifts Admont und der Diözese Graz-Seckau. Museum für Gegenwartskunst, Benediktinerstift Admont, 23.4. – 5.11.2018: http: //www.kultum.at/?d=schoenheit-anspruch-800-jahre-dioezese-graz-seckau [Abruf am 23. April 2019].

dem genannten Werk „The White Exploit“[13] von Muntean/Rosenblum als Videoprojektion zu sehen waren, waren zwar im Titel als „weiße Ausbeuter“ gebrandmarkt, zugleich aber waren sie auch irgendwie engelgleich, wenngleich sie für deren Status eine kleine Schattenseite aufwiesen: sie rauchten nämlich, alle, und zwar in den heiligen Hallen des opulenten, aus dem Beginn des 17. Jahrhunderts stammenden derzeitigen Refektoriums des Grazer Priesterseminars, wo der Film wenige Wochen vor Ausstellungsbeginn gedreht worden war. (Abb. 2, S. 73)

Zur Entstehungszeit war es das Refektorium der Grazer Jesuiten, die hier ihr großes Kollegium hatten. Noch immer, auch heute noch, speisen hier die Alumnen – das heißt für unsere Fragestellung: die zukünftig zur Feier beinah aller liturgischen Handlungen katholischer Prägung Bevollmächtigten. Doch die strengen Rituale der Separierung von einst sind heute schon verflossen. Man kann sich in der gegenwärtigen Epoche der Öffnung dieses Hauses auch einfach zum Mittagessen anmelden – die gegenwärtige Intendantin des benachbarten Grazer Schauspielhauses macht dies regelmäßig, wie sie dem Autor vor kurzem erzählte. Jede und jeder kann also mittlerweile kommen. Auch diese „Engel“ im Film sind gekommen. Ist es vielleicht das neue letzte Abendmahl? Purcell, seine so traurigen Töne, lassen Musikkundigen die Lamentationen hochleben. (Aber, so sakral sie sich auch anhören, sie sind nicht jenen Klageliedern des Jeremias aus der Liturgie der Karwoche, sondern seiner Semi-Oper „The Fairy Queen“ entnommen.) Am Ende sind es Reste des Essens, die zu sehen sind. Doch in diesem Film wird eine andere Erzählebene eingespielt. Diese weiß gekleideten Menschen sprechen nicht. Sie rauchen nur. Sie sehen zu. Und sie weinen. Ganz offensichtlich. Die Musik Purcells macht sie freilich noch in einer ganz besonderen Weise sakral.

Warum weinen sie nur? Ausgangspunkt dieses Films von Muntean/Rosenblum, der eben nach der ausdrücklichen Auswahl des Künstlerduos im schönen, viel zu großen Speisesaal des Grazer Priesterseminars entstanden ist, ist eine US-amerikanische Fernsehserie mit dem Titel „The Leftovers“ (Die Übriggebliebenen). Die Erzählung beginnt drei Jahre nach dem plötzlichen, unerklärlichen Verschwinden von drei Prozent der Weltbevölkerung. Auf der Suche nach der Ursache wenden sich mehr und mehr Menschen vom Pfarrer der Gemeinde ab und der Sekte „Die Schuldig Verbliebenen“ zu. Diese sieht sich als „lebende Mahnung“ an jene, die versuchen, den Tag des Verschwindens zu vergessen. Die Mitglieder verlassen ihre Familien, kommunizieren nur noch per Schrift, kleiden sich einheitlich in Weiß und fallen durch exzessiven Zigarettenkonsum auf. Weltuntergang, Schuld, Stellvertretung, Mahnung, Buße, Reinheit, Schweigegelübde, Selbstreinigung, Schmerz, weiße Kleider – die TV-Serie und Muntean/Rosenblum schöpfen aus den Motiven, die für die Nachfolgerinnen und Nachfolger Christi gelten. Schon allein deshalb scheint dieser Film eine beeindruckende Parallelaktion zu sein. Die Künstler machen sich dabei zunutze, dass religiöse Motive, Gesten, Posen, Kompositionen schon längst in Werbung, Social Media, Film und TV-Serien Eingang gefunden haben. Ausgehend von diesen populärkulturellen Bezügen und einer zur Schau getragenen Innerlichkeit gelingt es Muntean/

13 MUNTEAN/ROSENBLUM, The White Exploit, 2018, Dauer: 7’ 56”, Edition 1/5+2AP, KULTUMdepot Graz, aus: „Glaube Liebe Hoffnung“ und „Last & Inspiration“ (2018); Abb. in: Last & Inspiration (s. Anm. 11), 353–355.

Rosenblum in ihren Bildern immer wieder, das Psychogramm einer Gemeinschaft zu erzeugen, deren Gefühlsäußerungen retortenhaft und leer anmuten und phantomhafte, verunsicherte Existenzen zeigen.

Eine dieser Varianten befand sich während dieser Ausstellung als neues „Speisesaalbild“[14] im Refektorium des Grazer Priesterseminars. (Abb. 3, S. 74) Unter der Brücke eines urbanen Verkehrsknotenpunktes finden sich Jugendliche mit pathetischen Gesten. Einige reißen ihre Arme empor, ein iPad nimmt die Rolle der einstigen Visionsebene ein. Kommt alles, was wir noch erwarten, aus dem Tablet oder aus dem Smartphone? Ist das alles an kollektiver „Liturgie“? Es sind Künstlerinnen und Künstler, die diese Fragen stellen. Das iPad und das Handy als die neuen liturgischen Erfahrungsräume unserer Kinder – jeder, der Kinder hat, wird davon ein Lied singen können. Im KULTUM, dem zweiten Ausstellungsort von „Glaube Liebe Hoffnung“, baute die in Wien lebende Schweizer Künstlerin Anna Meyer daraus eine umfangreiche Installation. (Abb. 4, S. 74) Sie widmete sich der zunehmend die Gesellschaft prägenden Rolle von Smartphone, iPad und sozialen Netzwerken. Jesus erleidet einen weiteren Kreuzestod – diesmal gekreuzigt auf dem f von facebook; Pokémons bevölkern die apokalyptisch anmutenden urbanen Szenerien. Politik, Investment, wirtschaftliche Spekulation, Religion, Esoterik und Kommerz gehen eine Allianz ein. Alte Kulte wie Juden-, Christentum und Islam, aber auch einfach Sehnsüchte nach Gemeinsamkeit, analoge wie digitale, sowie leere Versprechungen werden unter einem neuen Kult – des Kommerzes – vereint. Realität erweist sich als hybrid und geprägt durch verschiedene Elemente einer globalen Konsumkultur und Kapitalisierung, im Sinne einer Umwertung von materiellen und immateriellen Werten in Kapital. Dies erfasst alle Lebensbereiche und nimmt auch Religion und Glauben nicht aus.[15]

Stehen wir mit diesen Koordinaten vor einer gesellschaftlichen Auflösung? Bei Muntean/Rosenblum ist das wohl so zu denken. In ihr leben *wir*. Das macht die Frage noch ernster als die natürlich auch beabsichtigte Analogie zur kleinen Herde („The Remnants“) der Alumnen des Grazer Priesterseminars und das damit verbundene, doch ganz offensichtliche Problem für eine künftige kirchliche Personalpolitik, wie man den liturgischen Vollzug, der in der Tradition der katholischen Kirche in ihren innersten Riten wie der Messe eng an geweihte Personen (Männer!) gebunden ist, in Zukunft sicher stellen wird. Hier sind jedenfalls längst andere ins Herz der Ausbildungsstätte für einen derartigen Beruf eingedrungen, mit durchaus ähnlichen Motiven.

Aber sind sie dieselben? Kunst und Liturgie – das ist ja das Thema. Ein wenig kommen dabei die barocke Stuckdecke des Grazer Priesterseminars und die Musik von Henry Purcell zu Hilfe. Aber es ist kein Fingerzeigen gegen einen in diesen Hallen durchaus auch einmal kräftig propagierten Klerikalismus – schließlich hat man schon einige Jahrhunderte an diesem Ort gesehen. („Klerikalismus“ ist in der kirchlichen Sprachentwicklung erst durch den gegenwärtigen Papst zur Wurzel des Übels der katholischen Kirche erklärt worden – und im Zuge der

14 MUNTEAN/ROSENBLUM, o. T., (»The Earth is literally ...«), 2018, Öl und Kreide auf Leinwand, temporäre Installation im Speisesaal des Priesterseminars in Graz, KULTUMdepot Graz, aus: Last & Inspiration (s. Anm. 11), 356–359.

15 Vgl. den Beitrag von Rainer BUCHER in diesem Band, S. 117–124.

Missbrauchs- und Machtdebatte erst recht.) Erst Jesuitenkollegium mit einem Elitenbewusstsein, das für den geistigen Umschwung dieses Landes in Richtung „rechter Religion“ verantwortlich zeichnete, später eine kräftige Gegenbewegung, die am Ende sogar zum Verbot des Ordens und zur Auflösung des Ortes führte. Unter Napoleon war es sogar eine Kaserne. Priesterseminar ist dieser Ort seit immerhin 200 Jahren. Und jetzt, zum 800. Geburtstag der Diözese: dieser Film. Er wurde nicht nur im Kunsthaus Graz, sondern auch im Raum vor dem Speisesaal gezeigt. Niemand wurde vorgeführt. Aber es wurde ein Problem der Gesellschaft aufgezeigt, ob man Figuren brauchen könnte, die irgendwie aus einer anderen Welt kommen. Diese Erfahrung ist es doch *auch*, was wir Liturgie nennen. Das lässt jedenfalls eine These formulieren: Liturgie hat dann eine Zukunft, wenn sie von einer anderen Welt handelt. Und von einer anderen Zeit. Mit anderen Tönen, selbst wenn sie so traurig klingen wie jene von Henry Purcell. Liturgische Zeit ist eine andere Zeit als Snapchat oder Selfie-Schießen, aber auch eine andere Zeit als das Aneinanderfügen von Sekunden, Minuten oder Jahren.

6. Eine andere Welt aus liturgischen Zeitrechnungen. Eine Nostalgie

Eine andere Welt, eine andere Zeit aufrufen, auch das ist Liturgie – und das durfte man in einem Jahr, wo man „800 Jahre Diözese Graz-Seckau“ auf diese Weise beging: Szenenwechsel ins obere Ennstal am Fuße des Grimmings, an der Abzweigung ins Ausseerland. Aus der Perspektive heutiger Verkehrswege ist es nur eine ganz kleine Kapelle, die man vom Ennstal von der Straße aus sieht. Aber sie zählt zu den beeindruckendsten sakralen Räumen dieses Landes, was eng mit dem innigen Verhältnis von bildender Kunst und Liturgie zu tun hat: die Johanneskapelle in Pürgg. Einst war Pürgg ein alter Verkehrsknotenpunkt, wo sich zwei wichtige Straßen kreuzten. Hier hat der Traungauer Ottokar III., der Gründer des Herzogtums Steiermark, um 1165 diese Kapelle gestiftet. (Abb. 5, S. 75) Durch ein Wunder ist uns dieser „theologische Kristall in der kleinen Form“[16] erhalten geblieben. Er erlaubt einen direkten Zeitensprung in die Schnittstelle byzantinischer und westlich-mittelalterlicher Bildwelt. Erlaubt sei deshalb dieser Sprung in eine Zeit, als der heilige Thomas von Aquin (1225–1274) noch nicht einmal geboren worden war. Dieser wird rund 100 Jahre später von einer dreifachen Begründung der Bilder für den christlichen Gottesdienstraum gesprochen haben – sie ist bis heute die tragfähigste geblieben.[17] Bilder dienten in einer Kirche

1. *Ad instructionem rudium*
2. *Secundo ut incarnationis mysterium et sanctorum exempla magis in memoria essent, dum quotidie oculis repraesentantur*
3. *Ad excitandum devotionis affectum.*

> Es gab eine dreifache Begründung für die Einführung der Bilder in der Kirche. Zuerst wegen der Unterweisung der Ungebildeten, die durch die Bilder gleichsam wie durch besondere Bücher unterrichtet werden. Zweitens, damit das Geheimnis der Fleischwerdung und die Beispiele der Heiligen stärker im Gedächtnis wären, wenn

16 Vgl. „Große Verheißung in der kleinen Form“, in: Last & Inspiration (s. Anm. 11), 230–235.

17 Vgl. Alex STOCK, Bilderstreit als Kontroverse um das Heilige, in: DERS., Keine Kunst, Aspekte der Bildtheologie, Paderborn 1996, 22–44, hier 33.

sie täglich vor Augen wären. Drittens um die Neigung zur Andacht anzuregen, die durch das Gesehene wirksamer in uns erregt wird als das Gehörte.[18]

Belehrung der Ungebildeten, Gedächtnisbildung der Heilsereignisse und Gefühlsstimulierung: Das sind die drei Koordinaten, weshalb es in einer katholischen Kirche Bilder gibt. Später wird es das Tridentinische Konzil in einer ähnlichen Weise wiederholen – und damit den Dünger für die barocke Bildinszenierung bilden, die bei uns ja noch immer allgegenwärtig ist.

Peter Schleicher, der Pfarrer dieses Ortes, hätte Thomas von Aquin wohl eine Exkursion in die Johanneskapelle nach Pürgg angedichtet, wenn sich die Lebensdaten gedeckt hätten – und auch diese hätte der Autor dieses Beitrags ihm geglaubt, so wie er es ihm geglaubt hat, die Johanneskapelle in seinem Vorhang in der untersten Zone mit der Kathedrale von Chartres, in seiner Ornamentik in den Fensterlaibungen mit der Hagia Sophia im damaligen Konstantinopel oder im Parthenon-Tempel in Athen in Verbindung zu bringen: „Diese Welt holen wir uns herein. Davon leben wir."[19] Diese so bedeutenden romanischen Fresken erzählt Schleicher als „eine farbliche Hoffnungsdarstellung"[20] dieser anderen Welt – als „eine Ahnung auf das Himmlische Jerusalem, das einmal sein wird".[21] Man kann Liturgie auch heute ohne die Hoffnungsperspektive der Vollendung nicht denken. (Abb. 6, S. 75)

„Gott, der ist, Gott, der war, Gott der kommen wird (Offb 1,8)"[22] – das sind für Schleicher die drei Ebenen dieses in seinem theologischen Gehalt als so bedeutend zählenden theologischen Freskenzyklus des Landes. Die drei Zeiten sind die Zeitebenen christlicher Liturgie, die bis heute gelten. Es braucht einen Zugang im Raum – und dieser ist in der Johanneskapelle ein gemalter Vorhang. Schleicher würde allerdings bestreiten, dass dies einfach ein Vorhang ist, „wie später in der ersten Kapelle der Christenheit, der Sixtinischen Kapelle".[23] Hier ist es ein „Zelt".[24] (Abb. 7, S. 76) Und diese Bildebene weise direkt in den Johannesprolog. „Gott hat unter uns gezeltet" (Joh 1,13). Dieses Theologoumenon sei der unmittelbare Zugang, für jeden Besucher dieses kleinen Raums: Er ist da. Er war da. Er wird kommen.

Gott, der ist: Im Brotbrechen. In der Lehre Jesu, wie es die Bibel überliefert. Es wird auf der linken Wand nicht das Abendmahl gezeigt, sondern die „Speisung der 5000". Das Wunder ist eingebettet in die Lehre Jesu. „Wie viel habt ihr?"

18 THOMAS VON AQUIN, Scriptum super libros Sententiarum, Lib. 3, dist. 9, q I art. 2: „Fuit autem triplex ratio institutionis imaginum in Ecclesia. Primo ad instructionem rudium, qui eis quasi quibusdam libris edocentur. Secundo ut incarnationis mysterium et sanctorum exempla magis in memoria essent, dum quotidie oculis repraesentantur. Tertio ad excitandum devotionis affectum, qui ex visis efficacius incitatur quam ex auditis."

19 Peter SCHLEICHER über die Fresken der Johanneskapelle in Pürgg. Videoinstallation in der Ausstellung: Last & Inspiration. 800 Jahre Diözese Graz-Seckau: Priesterseminar/Diözesanmuseum, 12. 4. – 14.10. 2018, Graz 2018, Dauer: 18' 27", Buch/Regie: Johannes Rauchenberger; Komposition/Kamera/Schnitt: Elias Rauchenberger, online unter: https://youtu.be/HFD3Ic TIomY [Abruf am 27.12.2018].

20 Ebd., 2'16''.

21 Ebd., 2'05''–10''.

22 Ebd.

23 Ebd., Schnittmaterial zum Film.

24 Ebd. 2'27''.

fragt Jesus die Jünger. „Fünf Brote, zwei Fische. Doch was ist das für so viele?“ werden die Jünger antworten. Zwölf Körbe werden schließlich nachher noch eingesammelt. „Brotbrechen“ sei auch eine Bezeichnung für die Messe, sein Dasein im Heute, bis heute, markiert in diesem Fresko seit über 850 Jahren.

Gott, der war: Das Weihnachtsbild befindet sich gegenüber, an der rechten Wand. (Abb. 8, S. 76) Maria liegt, wie sie die ostkirchlichen Darstellungen überliefern, im Wochenbett. Das Kind liegt hier wie auf einem Altar. Es ist in Bethlehem geboren, dem „Haus des Brotes“. So hat man damals eine Worttheologie betrieben. „Ochs und Esel – sie erkennen den Herrn, sein eigenes Volk erkennt ihn nicht. Das ist für uns eine harte Kritik. Aber es ist so.“[25] Das sind die lapidaren Worte des so belesenen Interpreten dieses Raums, der sein ganzes Leben lang auf die Macht der schönen Sprache gesetzt hat. Verbunden ist das Weihnachtsbild auf der linken Seite mit der Verkündigung – Maria, auf dem Thron sitzend, „die Miterlöserin, sie ist ja nicht irgendwer, sie ist die Muttergottes“,[26] sie webt den Tempelvorhang. Die Johanneskapelle entsteht genau im Schnittfeld der ostkirchlichen und westkirchlichen Bildwelt. Auf der rechten Seite des Weihnachtsbildes: der angekettete Höllenhund und schließlich der berühmte „Katzen- und Mäusekrieg“, der nach Schleicher kein Kuriosum wie in der bisherigen Interpretation der Kunsthistoriker, sondern eine bildliche Parabel auf die Anastasisikone der Ostkirche ist. Die zwei Balken, die sich vom Turm lösen, werden die Katzen erschlagen, die die Mäuse bis dahin im Reich des Todes gefangen hielten: Peter Schleicher hat mit seinem Hinweis auf die byzantinische Parabel aus dem 12. Jahrhundert eine völlig neue, theologisch schlüssige Interpretation geliefert: „Eine Geschichte erklärte eine andere Geschichte, das ist byzantinisch.“[27] (Abb. 9, S. 77)

Und schließlich: *Gott der kommen wird.* Am Triumphbogen das Bildnis des wiederkommenden Herrn, das leider sehr gelitten hat und stark beschädigt ist. Über dem Triumphbogen befindet sich ein Schriftband mit kufischer Schrift! (Abb. 10, S. 77) Die islamische Kultur des 12. Jahrhunderts hat sogar ihren bildlichen Niederschlag in der Johanneskapelle gefunden. In der obersten Zone des Langhauses auf dem Hintergrund von Jaspis, Chrysolith und Smaragd (Offb 21, 19–21), schließlich auf beiden Seiten die törichten und die klugen Jungfrauen mit ihren Lampen, die einen mit Öl, die anderen ohne. (Abb. 11, S. 78) Sie erwarten den Herrn, wenn er kommt. Die einen, die kein Öl haben, werden abgewiesen. Der interpretatorische Kommentar lautet dazu: „Sie haben vielleicht Glauben, aber keine Werke.“[28] Er klagt freilich gleichzeitig über jene Zeit, die die Werke und vor allem die Bilder so kräftig propagiert hat – als Gegenentwurf zur Gnade, die dem Katholizismus in diesem Land bekanntlich fast das Wasser abgegraben hatte –, die eingebrochene Barockzeit. Seine Kapelle habe durch sie sehr gelitten, weil die Fresken links des Katzen- und Mäusekrieges durch Durchbrüche zerstört worden sind: „Man wollte in der Barockzeit mehr Licht. Und brach die Mauern durch. Der Barock ist von sich eingenommen.“[29]

25 Ebd.
26 Ebd.
27 Ebd.
28 Ebd.
29 Ebd.

7. Aus einer anderen Welt: Neue Stellvertreter statt Vereinsvorsteher?

Vom Raum der Spuren des Von-sich-Eingenommenseins also zurück zu den weißen Jungfrauen und Jünglingen, die zwar kein Öl, aber dafür eine Zigarette bei sich haben. Das ist, nebenbei gesagt, auch ein starker Auftritt in Zeiten der totalen Reglementierung unserer Gesellschaft, die der ehemals kirchlichen schon längst um nichts mehr nachsteht. Und natürlich wäre daran, einzig daran, die Realisierung des Kunstwerks auch fast gescheitert. Die engelhaften Gestalten schauen, schweigen, rauchen – und weinen. Sie weinen zur Musik von Henry Purcell. Es ist schon erstaunlich, welche Gesten in diesem Jubiläumsjahr in unserer Diözese Graz-Seckau möglich waren. Die theologische Frage dahinter stellt sich natürlich auch unmittelbar ein: Braucht eine Gesellschaft, die deutliche Auflösungserscheinungen zeigt, Stellvertreterinnen und Stellvertreter, die sich der offensichtlich begangenen Schuld ebendieser Gesellschaft annehmen, indem sie neue Existenzformen gründen? Braucht eine Gesellschaft, mit der offensichtlich etwas nicht ganz stimmt, nicht solche Menschen, ausgesonderte irgendwie, sonderbare, vielleicht auch verschrobene? Sie wollen etwas erinnern, vielleicht gegen die Stimmung antreten, dass die Zukunft, von der wir selbst noch, mehr aber noch unsere Vorgängergenerationen immer geglaubt haben, dass sie besser wird, eigentlich nicht mehr willkommen ist? Womit wir beim Satz angekommen sind: „Glauben wir eigentlich an unsere Zukunft?" Zukunft wird heute ja nicht mehr erwartet, sondern höchstens berechnet.[30]

An liturgischen Handlungsträgern, wie auch immer sie in Zukunft aussehen werden, müsste etwas an ihrer Existenz spürbar werden, dass sie vielleicht doch von einer „anderen Welt" kommen. Sie sind ja nicht einfach die Führungskräfte, die neuen (aufgeteilten) LeiterInnen, die Gemeinde-VorsteherInnen oder die amtshandelnden Personen – ich erinnere nur daran, wie Alex Stock die vernichtendste Kritik am heutigen Priesterbild in seiner Ekklesiologie, dem 10. Band seiner „Poetischen Dogmatik" formuliert hat, als er das Verhalten der Priester vor den Altären mit dem „Einrichtungsmuster zeitgenössischen Vereinswesens" verglichen hat: „[...] warum sollte der Pfarrer, der wie jeder Vorsitzende oder Präsident im Vereinssaal am Vorstandstisch sitzt oder am Pult steht, sich bei der eucharistischen Versammlung anders verhalten?"[31] Liturgie verrät immer auch etwas über die jeweilige Art, sich zum „Gottesdienst" zu verhalten. Der Priester – ein Vereinsvorsteher ...?

8. Aus einer anderen Welt: Einladung zur Himmlischen Hochzeit

Einer, der mit dieser Idee einmal eine große Ausstellung mit dem Titel „Nicht von hier" realisiert hat, war für viele die wichtigste Position in der genannten Ausstellung im Grazer Kunsthaus. Er ist eng mit der Frage von Liturgie verbunden: Alois Neuhold.[32] Er hat einen extrem schwierigen Ort über dem Travellator

30 Vgl. Rainer BUCHER mit Bezug auf Aleida ASSMANN in diesem Band S. 117.

31 Alex STOCK, Poetische Dogmatik. Ekklesiologie. 1. Raum, Paderborn 2014, 97 mit einem Zitat von Emil Joseph Lengeling (vgl. ebd., Anm. 33, S. 317).

32 Vgl. Glaube Liebe Hoffnung (s. Anm. 10), 135–136, 223.

gemeistert. Becher und Schalen, Gesichter und Blumen von einer extremen Farbigkeit, aufgestreut zu einer „Fülletafel eines reichgedeckten Lebens". (Abb. 12, S. 78) Die Bildwelt von Alois Neuhold lebt vor allem durch kleinteilige Formen und durch eine intensive Farbigkeit. Die Erfahrung von Sakralität stellt sich in der Überforderung der Sinne ein: Alles scheint prall zu leben. Die Arbeiten vermitteln eine Ahnung von einer Bildliturgie, die sich durch eine Materialisierung des Lichts in Farbe zelebriert. Nichts an Neuholds Bildern ist im engeren Sinne „christlich". Und doch führt fast alles auch in diese Religion hinein und wieder heraus: Gesichter, Augen, Paare, Gefäße, Schreine, Blumen. „Alles ist heilig", sagt der Künstler gerne über seine Werke. Sein Anspruch ist, weniges zu wiederholen, um es zu vertiefen. Dutzende von derartigen kleinformatigen, oft ins Körperliche verdichteten Bildern lagerten nun in dieser Ausstellung und führten auf ihre Weise ein Eigenleben. (Abb. 13, S. 79) Das Bild baut er sich aus Farbe, geduldig malt er Farben über grundierte Formen und lässt das Bild organisch wachsen. Sein Sinn für rituelles Wiederholen verlangt ihm eine strenge Maldisziplin ab, was angesichts der vorliegenden Bildserien, an denen er oft Jahre arbeitet, nicht erstaunt: „Ich muss mich zwingen. Man muss dabei bleiben. Reduzieren und Straffen. Das hat auch etwas Spirituelles für mich."[33] Das wiederholte Motiv, das stete Vertiefen, Aufspüren und geduldige Entstehen-Lassen hat durchaus auch etwas Opferbereites, etwas Rituelles und Demütiges an sich, das man aus Neuholds religiöser Prägung erkennen kann.

Es schadet aber nicht zu wissen, wie eine derartige Fülle an liturgischen Anklängen auch entstehen kann: Einmal durch eine extreme Zurückgezogenheit in einer Malkartause in der Südsteiermark in den letzten 25 Jahren und gleichzeitig in der Heranreifung eines Werks, das einmal in einem „Heiligen Zorn" gegen diejenigen, die den gottesdienstlichen Kult mit religiöser Macht verwechseln, begonnen hat. Ihnen hält er entgegen: „Und im Stillen verkündet er: ‚Ich nehme Euch die heiligen Schreine weg. Ihr habt den Auftrag verspielt'."[34] So stand es in seinem II. Manifest aus den Jahren 2011/12. Sein erstes war ein Vierteljahrhundert zuvor entstanden. Da war er aus dem Kultstatus als ausübender Priester gerade hinausgeflogen. Der Grund: Er hatte sich zu einer Frau bekannt, die schwanger geworden war. Die Sätze dokumentieren einen Kampfgeist, wie er offenbar nach dem II. Vatikanischen Konzil in diesem Land möglich war und von dem heutige Generationen nur träumen können. Aus dem Munde des damals 35-Jährigen hieß es über seine Bilder, die sich eng an kultische Formen anschließen:

> Die Leib-Haftigkeit Deiner Bild-Körper hat wenig gemein mit den blutleeren Oblaten-Materialitätsansichten von konfessionellen Büro- und Religionshütern. Deine Osterhasen und Lichtmeßmufflons quatschen und riechen: Sie haben Haut, Haare, Pfützen und eine Reihe von Ohrwascheln, aber auch Hoden und Schamlippen. Sie können Dich auch ganz schön an der Nase herumführen und in die Pfanne hauen. Sie lassen sich nicht in Tabernakel einsperren […] Es ergibt sich eine etwas andere

33 Alois NEUHOLD im Gespräch mit Katrin BUCHER TRANTOW und Johannes RAUCHENBERGER, 02.01.2018.

34 Alois NEUHOLD, Weit hinter den Welthintertüren: Bildgruben gegen die Überschnelle – Gegen Zeitverdünnung und Größenwahn – Leibwärtspfade – Erdwärtsbilder – Narrenkappen für das Heilige. Manifest II, in: Johannes RAUCHENBERGER (Hg.), Alois Neuhold. Rückblenden 1980–2012 / Flashbacks from 1980 to 2012, Wien 2012, 396–416, hier 410.

> Fronleichnamsprozession, wenn Du mit Deinen brennesselnden Andachtsmarterln, wurmstichigen Sakramentshäuschen, reiskörnigen Ostersärgen, mehltruhenen Maul-Trommeln und Narrenflaschen, Deinen religiösen Brezen, Gebetsmühlen und figürlichen Minia-Türen, mit symbolischen Winkeln, Klingeln und holunderbüschigen Monstranzen, buchweizernen Ziborien, kormoranen Minaretten und hirschziegenantilopenen Pagoden und Amphoren ‚ausrückst', um die Flußkrebsigen, Krautigen, Barfüßigen und Vollbusigen im Lande zu segnen, während Du die Unikarierten und Gekrawattelten mit Zornspänen überhäufst [...][35]

Natürlich las man damals auch im Bischöflichen Ordinariat in Graz diese Sätze. Man wusste davon. Man schwieg einfach. Was hätte man sonst tun sollen? Analoges hatte er ja auch in einer Widerstandszeitschrift linksgerichteter Kapläne („SOG"), die nach dem Aufbruch des II. Vatikanischen Konzils entstanden war, auf den Titelseiten publiziert – bis zu deren Auflösung im Jahr 1983, mehr als zehn Jahre also vor dem Kirchenvolksbegehren, das als spezifisch österreichischer Impuls gegen die neokonservative weltkirchliche Wende unter Papst Johannes Paul II. gelten darf.[36] Mittlerweile könnte manches, was Neuhold damals zu Papier gebracht hatte, aus dem Munde des derzeitigen Papstes kommen: das Feiern von „Erdwärtsmessen", das Öffnen der Tabernakel für die Armen, das Anprangern von Prunk, Machtgier und Klerikalismus, der Umgang mit dem Geld, die Warnung vor „geistlichem Alzheimer"[37] usw. Bei Neuhold schlug man damals die Hände über dem Kopf zusammen. Manche grinsten. Sie waren freilich Zyniker und auf alle Fälle fehl am Platz. Der Großteil schwieg. Kirche wie Kunst. Heute ist das nicht nur mehr ein Dokument jener Zeit. Bei der genannten Ausstellung „Glaube Liebe Hoffnung" wurde er am eigentlichen Jubiläumswochenende zu „800 Jahre Diözese Graz-Seckau" in einem Kunstgespräch von mehreren BesucherInnen als die „spirituellste Position"[38] dieser Ausstellung wahrgenommen. *Tempora mutantur!*

9. Aus einer anderen Welt: Vergangene Bilder zur Messe

Man könnte mit dieser Perspektive auch weitere Positionen dieser Ausstellung nach ihrer liturgischen Relevanz abtasten, sie befragen, sie auf heute hin prüfen. Sogar in sogenannter alter Kunst: Das älteste Werk der Ausstellung, ein Tragaltärchen aus dem späten 13. Jahrhundert, war beispielsweise im engsten Sinne kultisch.[39] (Abb. 14, S. 79) Fasste man dieses Objekt als Bild auf, war seine Mitte bloß leer und abstrakt: eine dunkle Steinplatte mit ornamentaler Binnenmuste-

35 Alois NEUHOLD, Adwänd, Adwänd, die Hirschkuh brennt. Manifest I [1986], in: RAUCHENBERGER (Hg.), Alois Neuhold. Rückblenden (s. Anm. 34), 196–202, hier 202.

36 Alois NEUHOLD: Vorwärts Katholiken, zurück ins Mittelalter. SOG-Titelblätter 1986-1992, in: ebd., 485–491.

37 Vgl. etwa die „Gewissenserforschung" von Papst Franziskus beim Weihnachtsempfang 2014 vor den Mitarbeitern der römischen Kurie, die in Form von 15 Krankheiten dargelegt wurde. Vgl. http://religion.orf.at/stories/2685803 [Abruf am 2.5.2018].

38 So ein Besucherkommentar.

39 Portatile mit Wurzel Jesse mit Propheten und Heiligen. Oben Mitte: Thronende Madonna, um 1290/1300. Tempera auf Fichtenholz, eingelassen in Fohnsdorfer Muschelkalk; 31,5×39,5 cm, Leihgabe der Pfarre Predlitz bei Murau, Alte Galerie, Universalmuseum Joanneum. Vgl. Glaube Liebe Hoffnung (s. Anm. 10), 201.

rung. Einzelbilder treten am Rahmen auf. Sie sind durch ein Flechtwerk verbunden, dessen Umrundungen medaillonartige Öffnungen freigeben. Einzelne erhaltene Bezeichnungen – „Abakuk", „Ezechiel", „Ieremias", „Iesaias" – weisen sie als Propheten aus. Aber auch die Madonna und Heilige sind am rechten Rand zu sehen. Die Ranken wachsen aus einer liegenden Figur, die den Stammvater Jesse zeigt: „Aus dem Baumstumpf Isais wächst ein Reis hervor" (Jes 11, 1). Es ist eine sehr kleine Form für einen Altar, jedoch mit hoher Dichte. Dass die Heilige Messe auf einer Steinplatte zu feiern war, galt in der Rechtsordnung der katholischen Kirche über 1000 Jahre lang. Wo kein geweihter Altar vorhanden war, konnte ein tragbarer Altar im Kleinformat seine Dienste tun – sofern der Priester auf Reisen ging.

So klein dieses Portatile aus der Pfarre Predlitz bei Murau, so übermächtig groß war der Hochaltar von Mariazell, dessen Vorzeichnung von Johann Bernhard Fischer von Erlach ebenso in der Ausstellung vertreten war.[40] (Abb. 15, S. 80) Ein Gekreuzigter im Gegenlicht, zu dem sich sein Gott, von dem er sich im Todesschrei verlassen wähnte – von dessen himmlischer Herrlichkeit kommend –, dramatisch hinunterzubeugen scheint, steht im Zentrum eines Triumphbogens. Dieser wird von einer kräftigen, im Gesimse gekröpften doppelten Säulenreihe, die sich halbkreisförmig fügt, gerahmt. Das Drama um den toten Christus wird zum Drama des dreifaltigen Gottes: Über dem Torbogen zeigt sich inmitten eines heftigen kreisförmigen Gewölks, in dem sich zahlreiche Putti tummeln, die Taube des Heiligen Geistes. Bildgeschichtlich ist die Geste Gottvaters ein aufgelöster Gnadenstuhl, wo dieser das „Kreuzesopfer" annimmt. Das Bildmotiv entwickelt sich vor allem an der „Te Igitur"-Initiale des Römischen Messkanons, wo es am Beginn dieses eucharistischen Hochgebets heißt: „Te igitur – Dich aber, gütigster Vater, bitten wir ...". Und nach der „Wandlung" fährt der Opferpriester fort: „Dein Heiliger Engel trage diese Opfergabe zu deinem himmlischen Altar vor deine göttliche Herrlichkeit." Hier ist Gott selbst herabgezogen, um staunend das Kreuz entgegenzunehmen. Zu seinen Füßen liegt eine große Weltkugel, von der das Kreuz längst schon erhoben ist. Um sie schlängelt sich die Schlange. In ihr aber ist – einzigartig in dieser Form als Tabernakel – die Eucharistie aufbewahrt. Man hat schon ziemlich großartige Bilder entwickelt, um dem Mysterium Gottes nahe zu kommen.

Die Unnahbarkeit des Heiligsten hat man im Barock einerseits inszeniert, andererseits aber auch auf kühnste Weise zu durchkreuzen versucht. Die Sakralisierung der Unnahbarkeit hat nicht nur zu Frömmigkeit, sondern gleichzeitig auch zu Missbrauch und Zwang geführt – und auch davon handelte diese Ausstellung, auch in ihrer unmittelbaren Auswirkung auf die Liturgie. Maria Hahnenkamp,[41] deren Werk aus dem Blickwinkel einer dezidiert feministischen Kunstposition zu lesen ist, ließ einen grandios singenden Kirchenchor Gotteslobl ieder singen und dabei Texte von Psychoanalytikern über die menschlichen Befindlichkeiten von

40 Johann Bernhard FISCHER VON ERLACH, Entwurf für den Hochaltar in Mariazell, vor 1704, Feder in Braun, blaugrau laviert; 47,2 x 28,6 cm (gerahmt 65,5 x 50,5 cm), Courtesy Alte Galerie, Universalmuseum Joanneum. Vgl. Glaube Liebe Hoffnung (s. Anm. 10), 228.

41 Vgl. Maria HAHNENKAMP, V9/11 „Kirchenlieder – Psychoanalyse", 2011. Audiovisuelle Installation; Video 13 min 7 s, Kanal-Ton 39 min 49 s. Abb. in: Glaube Liebe Hoffnung (s. Anm. 10), 250. Textauszüge dokumentiert in: ebd., 294–299.

Schuld und Abgrund lesen. In einer nahsichtigen Videoaufnahme filmte sie kostbar bestickte, meist barocke Messkleider, die eben in diesem Moment angezogen werden: So ist die andere Seite des „Mysterium tremendum liturgicum" nachfühlbar, die eine Generation an Künstlerinnen und Künstlern abarbeitet, die Gottesdienst als Zwang, geistlichen Missbrauch und als eine Produktion von Schuldgefühlen erlebt hat. (Abb. 16, S. 81)

10. Reizworte aus der Religionsgeschichte – Urworte der Liturgie

Liturgie soll mit dem Leben zu tun haben, Sakramente sollen die unbedingte Zusage Gottes für die menschliche Existenz feiern – aber Künstlerinnen und Künstler stellen auch andere Begleiterscheinungen in den Scheinwerfer der Aufmerksamkeit. Im liturgischen Raum sollen Grundfragen des Humanums verhandelt und Chancen der Transformation ermöglicht werden. Das war der eingangs erwähnte Wunsch des jetzigen Bischofs von Innsbruck. Die Lebenswenden – Taufe, Hochzeit, Begräbnis – werden noch immer vielfach in dieser Form in Anspruch genommen. Aber die alltäglichen Fragen des Daseins? Sie lösen heute eher Erstaunen aus. Das nimmt vielmehr die Kunst in Anspruch, wie wir über den Umweg einer konzentrierten Ausstellung in wenigen Beispielen umrissen haben. Ein Zukunftsraum Liturgie wird sie aber entdecken müssen, wenn man den Marktmechanismus der Gegenwart auch in diesen Fragen in Anschlag bringen will. Man hätte sie in vielen weiteren Feldern durchführen können; was in dieser Ausstellung jedenfalls strukturierend war, waren dann auch eher Reizworte der Religionsgeschichte denn Weichspüler: Opfer, (Un-)Schuld, Liebe, Gewalt, Ausschluss und Zugehörigkeit, Schmerz und Identifikation, Religion und Kommerz, Wunder und Übertragungen.[42] Nicht alle, aber viele Aspekte berühren auch die Liturgie. Man sah jedenfalls Madonnen mit Kind,[43] Klappaltäre mit der Verkündigung an Maria und auf der Rückseite mit der Vera Icon,[44] man sah verletzliches Fleisch an der Grenze zur Natur im Kontext von „Bildwerdung",[45] eine „Urzelle" im Schnittpunkt von Molekül-Struktur,[46] Kreuz und Gesicht, eine alte Schutzmantelmadonna,[47] die auf einer in der Grazer Notschlafstelle für Frauen entstandenen Zeichnung stand, die von einem Leben aus Vertreibung und Gewalt er-

42 In dieser Form wurde die Ausstellung „Glaube Liebe Hoffnung" im Kunsthaus Graz und KULTUM strukturiert.

43 Iris ANDRASCHEK, Martina J., 2002, Fotografie; 150 × 100 cm, Courtesy der Künstlerin und Galerie Raum mit Licht, Abb. in: Glaube Liebe Hoffnung (s. Anm. 10), 188; Guillaume BRUÈRE, 16./17./18.02.2018 (Alte Galerie, Graz), Ölkreide, Buntstift, Aquarell auf Papier; je 70 x 50 cm, KULTUMdepot Graz, Abb. in: Glaube Liebe Hoffnung (s. Anm. 10), 183.

44 Steirisch/kärntnerisch, Außenflügel: Verkündigung, Rückseite: Vera Icon, Innen: Jesus und die Apostel, um 1490, Tempera auf Fichtenholz; 68 x 72,5 x 6 cm, Courtesy Alte Galerie, Universalmuseum Joanneum, Abb. in: Glaube Liebe Hoffnung (s. Anm. 10), 182.

45 Vgl. Berlinde DE BRUYCKERE, Glass Dome I, 2007, Wachs, Glas, Holz; 77 x 50 cm, Durchmesser 50 cm, Courtesy Olbricht Collection, Abb. in: Glaube Liebe Hoffnung (s. Anm. 10), 184.

46 Vgl. Fritz HARTLAUER, Studie zu einer Urzelle, 1975 (Abguss 2005), Bronze; 25 x 25 x 25 cm, Courtesy Sammlung des Quartiers Leech, Diözese Graz-Seckau; Abb. in: Glaube Liebe Hoffnung (s. Anm. 10), 180.

47 Vgl. Schutzmantelmadonna, um 1350/60, Fichtenholz, geschnitzt, polychrom gefasst: Höhe 84 cm, Courtesy Alte Galerie, Universalmuseum Joanneum, Abb. in: Glaube Liebe Hoffnung (s. Anm. 10), 189.

zählte,[48] man sah Menschen, betagte und kranke, die sich küssten,[49] man hörte Menschen aus der LGBTQ (Lesbian, Gay, Bisexual, Transgender, Queer)-Community zu, die über ihre Glaubensrituale und ihre Ausgrenzungserfahrungen sprachen,[50] Menschen, die an Kraftorten dieser Welt nach Energieübertragung suchen,[51] man sah mühevoll abgeschriebene, zur rechten Nachfolge Christi gemahnende Heiligenlegenden aus dem 19. Jahrhundert[52] und eine Ansammlung leerer Glasreliquiare,[53] Anrufungen an Maria im SOS-Signal – „Maria hülf!", ein altes Schütt-Opferbild von Nitsch, Fotos von Günther Brus, wie er sich als junger hübscher Mann die Seitenwunde Christi zugefügt hat;[54] man sah, wie Kinder in Albanien kollektiv Gräber waschen und so die schreckliche Zeit der Diktatur Enver Hoxhers wegwaschen,[55] man sah viele Christusbilder von Marlene Dumas, die auch unsere Freundinnen und Freunde sein können,[56] verletzte und verbundene Körper, Sandler, die ihren Zufluchtsort im Mailänder Dom gefunden haben,[57] Gehörlose, die in der berühmten Thomas-Kirche in Leipzig Bach-Kantaten singen, man sah die Behauptung GUILT! (Schuld!)[58] und auch ein wehrloses gelbes

48 Vgl. Iris ANDRASCHEK, I am/mein Mund, meine Zunge, 2018, Installation: Fichtenholztisch mit rückseitigen Holzleisten, (80,5/171 x 124 x 60,5 cm), ein Paar Holzfüße (22 x 6 x 7,5 cm), Zeichnung, Grafit auf Vellum (318 × 122 cm), Schutzmantelmadonna, um 1350/60, Fichtenholz, geschnitzt, polychrom gefasst (Höhe 84 cm), Courtesy Alte Galerie, Universalmuseum Joanneum, Courtesy der Künstlerin und Galerie Raum mit Licht, Abb. in: Glaube Liebe Hoffnung (s. Anm. 10), 190–191.

49 Vgl. Artur ŻMIJEWSKI, Sztuka Kochania / The Art of Loving, 2000, Video; Farbe, Ton, 5 min 54 s, Courtesy des Künstlers, Galerie Peter Kilchmann, Zürich; Foksal Gallery, Warschau; Sammlung CNAP, Paris, Abb. in: Glaube Liebe Hoffnung (s. Anm. 10), 212.

50 Vgl. Karol RADZISZEWSKI, The power of secrets, 2018, Video; 45 min, dokumentiert in: Glaube Liebe Hoffnung (s. Anm. 10), 286–293.

51 Vgl. Harun FAROCKI, Übertragung, 2007, Video; Farbe, Ton, 43 min (Loop), Courtesy Sammlung Generali Foundation – Dauerleihgabe am Museum der Moderne, Salzburg, Glaube Liebe Hoffnung (s. Anm. 10), 199.

52 Vgl. Hannes PRIESCH, Simeon (Reliquien: Barthaare, Fingernägel); 88 x 81 cm; Lucian (Reliquien: Blut, Hemdärmel); 100 x 81 cm; Julian und Basilissa (Reliquien: Blut, Blütenblätter); 100 x 81 cm; Veronika (Reliquien: Haare, Seidentuch, Madonnenanhänger); 106 x 81 cm; Sebastian (Reliquien: Blut, Pfeilspitzen, Kordel); 98 x 81 cm; Agnes (Reliquien: Blut, Haare); 106 x 81 cm; Vincentius (Reliquie: Blut); 103 x 81 cm; Blasius und Anscharius (Blut, Kerze); 103 x 81 cm, aus: Göttlicher Humor, alle: 2017, alle: Bleistift, Acrylstifte auf Naturseide, Reliquien, handgefertigter Eichenrahmen, Text von Georg Ott, Courtesy des Künstlers, KULTUMdepot Graz und Galerie Artepari, Abb. in: Glaube Liebe Hoffnung (s. Anm. 10), 232f.

53 Vgl. Kris MARTIN, All Saints, 2007, Installation aus 240 gefundenen Glockengläsern; variable Dimensionen, Courtesy des Künstlers und KÖNIG GALERIE, Berlin – London, Abb. in: Glaube Liebe Hoffnung (s. Anm. 10), 230.

54 Günther BRUS, Der helle Wahnsinn, 1968/2003, Foto: Hennig Wolters, Courtesy BRUSEUM/ Neue Galerie Graz,Universalmuseum Joanneum, Abb. in: Glaube Liebe Hoffnung (s. Anm. 10), 256.

55 Vgl. Adrian PACI, The Guardians, 2015, Video; Farbe, Ton, 6 min 22 s, Courtesy des Künstlers und Galerie Peter Kilchmann, Zürich, Abb. in: Glaube Liebe Hoffnung (s. Anm. 10), 260.

56 Vgl. Marlene DUMAS, Jesus-Serene, 1994, 21-teilig, Tinte, Aquarell und Bleistift auf Papier; 65 x 50 cm (gerahmt 71 x 55,2 cm), Courtesy Collection De Heus-Zomer, Abb. in: Glaube Liebe Hoffnung (s. Anm. 10), 269.

57 Vgl. Anri SALA, Uomoduomo, 2000, Video; Farbe, ohne Ton, 1 min 34 s (Loop), Courtesy Sammlung Goetz, Medienkunst, München, Abb. in: Glaube Liebe Hoffnung (s. Anm. 10), 270.

58 Vgl. Monica BONVICINI, GUILT, 2017, Stahl, Edelstahl, Spiegelfolie; 400 x 330 cm, Animation des Schriftzuges GUILT für die BIX-Medienfassade von 12.04.–26.08.2018; ca. 5 min (Loop), Courtesy die Künstlerin und KÖNIG GALERIE, Berlin – London, Abb. in: Glaube Liebe Hoffnung (s. Anm. 10), 64, 247.

Lamm,[59] das an eine der zentralsten liturgischen Akklamationen gemahnt: „Seht das Lamm Gottes, das hinwegnimmt die Sünde der Welt."

11. Liturgie und Macht – eine Warnung am Ende

Liturgie wird heute glücklicherweise in menschenfreundlicher, warmer Sprache als eine Zusage Gottes an die Menschen verstanden und vermittelt, sie war aber in der Vergangenheit gleichzeitig auch eine Demonstration von Macht – sichtbar in den behäbigen Zeremonien oder Pontifikalämtern, in der Architektur, in der Inszenierung von Kultbildern wie in jenem von Mariazell oder in der Favorisierung von Prozessionen und Wallfahrten. In Polen wurde – erst vor wenigen Jahren – die größte Christusstatue der Welt eingeweiht: Dieser Zeremonie wurde in der genannten Ausstellung auch ein Kunstwerk zuteil, ohne dabei das Objekt selbst je einmal zu zeigen.[60] In Zukunft wird es vermutlich ein neues religiöses Identitätsmarkieren geben, das die rechten Parteien der Kirche abnehmen werden, weil jene selbst dazu zu schwach geworden ist – etwa mit Kreuzen in den staatlichen Dienststuben wie 2018 in Bayern. (An den Theologischen Fakultäten in Wien und Innsbruck musste man die Kreuze in jener Zeit gerade erst abnehmen.) Wir leben in einer unsicheren Zeit, was die religiösen Identitäten betrifft. Davon sind gerade die Kirchen betroffen, denen das Christliche in ihren Reihen zu erodieren scheint.

Gerade der Katholizismus hat lange über ganz spezielle Rituale funktioniert, gerade auch in diesem Land. Nur an einige sei hier erinnert: das Sich-Bekreuzigen, das Angelus-Beten zu Mittag, der sonntägliche Kirchgang, das Fleischfasten am Freitag und zur Fastenzeit, das Teilnehmen an Prozessionen wie bei den Bitttagen vor Pfingsten oder auf den Kalvarienbergen, die Wallfahrten zu jeweiligen Marienwallfahrtsorten, die wenigstens jährliche Beichte sowie die tradierten Riten bei einem Todesfall. Heute werden diese Verhaltensweisen in der Abteilung „Bräuche" fast nur mehr im Volkskundemuseum thematisiert. Die Kirchenhistoriker erklären gerne, wie sich das Wiedererstarken der Kirche in und nach der Gegenreformation über Wallfahrten und Prozessionen (und ihre einschlägigen Fahnen, die man noch heute in den Kirchen dieses Landes sehen kann) oder im 19. Jahrhundert mit der Gründung von katholischen Vereinen mit ihren jeweiligen ästhetischen und rituellen Codes vollzogen hat. Viele davon sind auch heute bei Fronleichnamsprozessionen o. Ä. äußerst präsent. In den Ritualen der Inszenierung war die katholische Kirche wahrlich eine Meisterin. Die Nationalsozialisten haben viel davon abgeschaut. Auf Fahnen hat man die Codes montiert. Vor dem Grazer Kunsthaus erinnerte in der genannten Ausstellung „Glaube Liebe Hoffnung" eine mittlerweile fast 30-jährige Arbeit von Fedo Ertl und Wolfgang Temmel daran.[61] (Abb. 17, S. 81) Die „Fahnenkultur" hat sich aber noch lange

59 Vgl. Guillaume BRUÈRE: Ohne Titel (Agnus Dei), 2007, Verschiedene Materialien, 33 × 67 × 38 cm, Courtesy KULTUMdepot Graz, Abb. in: Glaube Liebe Hoffnung (s. Anm. 10), 248.

60 Vgl. Anna BARANOWSKI – Luise SCHRÖDER, Facing the Scene, 2011, Video; Farbe, Ton, 16 min 49 s, Courtesy der Künstlerinnen, Abb. in: Glaube Liebe Hoffnung (s. Anm. 10), 263.

61 Vgl. TEER, Weiße Fahne,1987/2018, Fahne (150 x 400 cm), Projektion, Courtesy Wolfgang Temmel, Abb. in: Glaube Liebe Hoffnung (s. Anm. 10), 220.

nach dem schrecklichen Übertreiben durch die Nazis erhalten – in der Kirche, den Parteien, den Fußballclubs. Fahnen sind der Liturgie verdächtig nahe Zugehörigkeitssymbole, man kann sagen: Sie definieren Masse und Macht. Rückblickend mag sich deshalb auch ein mulmiges Gefühl einstellen, wenn von der so erstarkten Kirche nach dem Krieg in den 1960er-Jahren die Rede ist. Die Fotos von den überfüllten Plätzen und Menschenmassen mit diesem fahnenartigen Bekenntnischarakter haben auch etwas äußerst Bedrückendes. Deshalb eine Warnung ganz zum Schluss – ein Kunstwerk von Hannes Priesch in der genannten Ausstellung „Glaube Liebe Hoffnung“ im Kunsthaus. Der Künstler hat lange in New York gelebt und die dortige US-Fahnenkultur als sehr bedrängend erlebt. Er stellt Fahnen ins Eck, zerknitterte, aus einem Betttuch bestehende, einfach gebastelte. Von der Siegesvision Kaiser Konstantins – „In hoc signo vinces“ – bis zum Aufruf „Wir alle müssen Opfer bringen“ ist alles dabei.[62] (Abb. 18, S. 82) Der Künstler spiegelt diese Haltungen aus unserem religiös-kulturellen Humus und zeigt die Beklemmung auf.

Gemeinschaftlich vollzogene Rituale geben Auskunft über Zugehörigkeit und Ausschluss. Sie versprechen in bestimmter Hinsicht den Anschluss an etwas Größeres. Möge uns der richtige Anschluss gegeben sein, falls wir dazugehören möchten!

62 Vgl. Hannes Priesch, Fahnen, 2015, 6 Fahnen: 1. Rot-Weiß-Rot, 2. Fahnenspruch, 3. Opferseelen, 4. „Just do it“ arabisch (Nike), 5. In diesem Zeichen siege!, 6. For God and Country / Für Gott und Vaterland, Holz, Draht, Stoffe, Wolle, Stickereien, Aquarellfarben; je ca. 260 x 50 cm, Courtesy des Künstlers und Galerie Artepari, Abb. in: Glaube Liebe Hoffnung (s. Anm. 10), 231.

BILDTEIL

Abbildungen zum Beitrag „*Aus einer anderen Welt!*“ (S. 53–71)

Abb. 1: Gustav Troger, gegen_wart © 2011, Fassadengestaltung, Graz, Pfarrkirche St. Andrä.

Abb. 2: Muntean/Rosenblum: The White Exploit, 2018, Dauer: 7’ 56” Edition 5+2AP. Courtesy der Künstlerin und des Künstlers KULTUMdepot Graz.

Abb. 3: Muntean/Rosenblum: o. T. (»The Earth is literally ...«) 2018, Öl und Kreide auf Leinwand, temporäre Installation im Speisesaal des Priesterseminars in Graz.

Abb. 4: Anna Meyer: Die Übermenschen sprachen, Sein oder Online, Installation im KULTUM Graz in der Ausstellung „Glaube Liebe Hoffnung" (2018).

Abb. 5: Pürgg, Johanneskapelle, um 1165.

Abb. 6: Salzburger Maler (?), Lamm mit Evangelisten, Freskomalerei, Pürgg, Johanneskapelle, um 1165.

Abb. 7: Salzburger Maler (?), Vorhangzone, Freskomalerei, Pürgg, Johanneskapelle, um 1165.

Abb. 8: Salzburger Maler (?), Geburt Christi, Freskomalerei, Pürgg, Johanneskapelle, um 1165.

Abb. 9: Salzburger Maler (?), Katzen- und Mäusekrieg, Freskomalerei, Pürgg, Johanneskapelle, um 1165.

Abb. 10: Salzburger Maler (?), Triumphbogen mit kufischer Schrift, Freskomalerei, Pürgg, Johanneskapelle, um 1165.

Abb. 11: Salzburger Maler (?), Gesamtansicht von oben (Kluge und törichte Jungfrauen), Freskomalerei, Pürgg, Johanneskapelle, um 1165.

Abb. 12: Alois Neuhold, Es ist aufgetischt: Fülletafel und Flugschanze aus der Schöpfungsküche eines reichgedeckten Lebens, 2018. Vielteilige Installation in der Ausstellung „Glaube Liebe Hoffnung" (Kunsthaus Graz) mit Bildern und Objekten aus Spachtelmasse, Acryl, Karton, Pigment, Acryllack, Sägemehl, Holzstäbe, Leinen, Baumwolle, Papier u. a.; 120 x 255 x 583 cm, Courtesy des Künstlers.

Abb. 13: Alois Neuhold, Es ist aufgetischt (wie Abb. 12), Detailansicht.

Abb. 14: Portatile mit Wurzel Jesse mit Propheten und Heiligen. Oben Mitte: Thronende Madonna, um 1290/1300. Tempera auf Fichtenholz, eingelassen in Fohnsdorfer Muschelkalk; 31,5×39,5 cm. Leihgabe der Pfarre Predlitz bei Murau, Alte Galerie, Universalmuseum Joanneum.

Abb. 15: Johann Bernhard Fischer von Erlach: Entwurf für den Hochaltar in Mariazell, vor 1704, Feder in Braun, blaugrau laviert; 47,2 x 28,6 cm (gerahmt 65,5 x 50,5 cm), Courtesy Alte Galerie, Universalmuseum Joanneum.

Abb. 16: Maria Hahnenkamp: V9/11 „Kirchenlieder – Psychoanalyse“, 2011. Audiovisuelle Installation; Video 13 min 7s, Kanal-Ton 39 min 49 s (Videostill).

Abb. 17: TEER, Weiße Fahne, 1987/2018, Fahne (150 x 400 cm) mit Projektionen vor dem Kunsthaus Graz, 2018, Courtesy Wolfgang Temmel.

Abb. 18: Hannes Priesch, Fahnen, 2015, 6 Fahnen (Ausschnitt): 1. Rot-Weiß-Rot, 3. Opferseelen, Holz, Draht, Stoffe, Wolle, Stickereien, Aquarellfarben; je ca. 260 x 50 cm, Courtesy des Künstlers und Galerie Artepari Graz.

Abbildungen zum Beitrag *Sharing Ritual Religious Space* (S. 87–104)

Abb. 19: Modderpoort, Free State, South Africa, Anglican Missionary centre, Sangomas waiting to be the first to enter the cave.

Abb. 20: Modderpoort, Free State, South Africa, Anglican Missionary centre, bishop, priests and altar boys have reached the top and the bishop gives his blessing.

Abb. 21: Scale model of the planned House of One in Berlin.

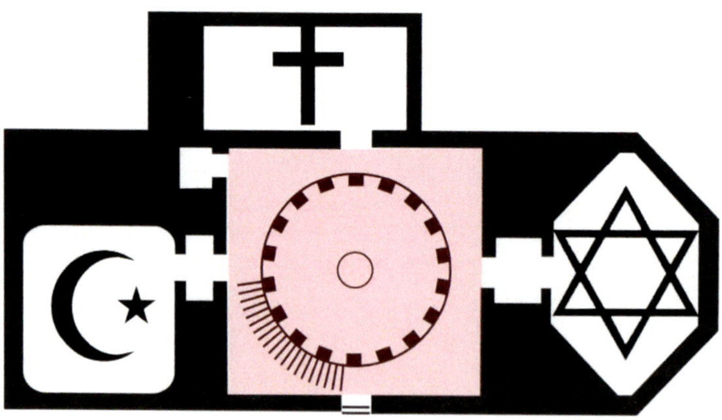

Abb. 22: Plan of House of One in Berlin.

Abb. 23: Haus der Religionen, Bern, exterior.

Abb. 24: Haus der Religionen, Bern, ritual temple space of the Hindus.

Abb. 25: Haus der Religionen, Bern, Christian church.

Abb. 26: Pieter Jansz. Saenredam, interior of the choir of St. Bavo in Haarlem (NL), 1660, Worcester, Mass. Worcester Art Museum.

Abb. 27: Pieter Jansz. Saenredam, St. Anthony's chapel, St. John's church in Utrecht (NL) 1645, Utrecht Centraal Museum.

Sharing Ritual Religious Space

Mapping the Field from a Ritual Studies Perspective[1]

Paul Post

1. Introduction

1.1. Relevance and urgency

We see in recent years, let us say the last decade, an interesting trend in Ritual Studies. After, or perhaps better: in addition to a strong focus on ritual repertoires with a sort of 'canon' (see rites of passage, death rites, pilgrimage etc.),[2] recently attention has been paid to more problem-oriented and analytical categories of ritual. These categories focus more explicitly on ritual as a process of action and reaction, on different contexts and thus on the ritual dynamics. Examples are emerging ritual, re-inventing ritual, re-imagining ritual, transferring ritual,[3] failing ritual,[4] denying ritual,[5] contesting ritual,[6] postponing ritual,[7] negotiating ritual,[8] ritual being absent,[9] and also sharing ritual.[10] This approach to ritual fits into

1 An earlier draft of this paper was presented on the International Expert Symposium 'Crossing ritual borders? Opportunities, limits and obstacles', Vrije Universiteit Amsterdam 13-14 October 2017, in a regular meeting of the Tilburg research group Ritual in Society, Tilburg Nov. 13, 2017, and in a final version at the conference 'Zukunftsraum Liturgie. Gottesdienst vor neuen Herausforderungen', Graz, May, 3-5, 2018.

2 Paul Post, Art. Ritual Studies, in: Oxford Research Encyclopedia of Religion, New York – Oxford, Sept. 2015: http://religion.oxfordre.com/view/10.1093/acrefore/9780199340378.001.0001/acrefore-9780199340378-e-21?print=pdf , 11.

3 Robert Langer – Dorothea Lüddeckens – Kerstin Radde – Jan Snoek, Transfer of ritual, in: Journal of Ritual Studies 20,1 (2006) 1–10.

4 Ute Hüsken (ed.), When rituals go wrong. Mistakes, failure, and the dynamics of ritual (Numen Books. Studies in the History of Religions), Leiden 2007.

5 Ute Hüsken – Donna Lynne Seamone (eds.), in: Journal of Ritual Studies 27,1 (2013) Special issue: The Denial of Ritual and Its Return.

6 Paul Post – Philip Nel – Walter van Beek (eds.), Sacred spaces and contested identities. Space and ritual dynamics in Europe and Africa, Trenton 2014; Yitzhak Reiter, Contested Holy Places in Israel-Palestine. Sharing and conflict resolution, London – New York 2017.

7 Laurie Faro, Postponed monuments in the Netherlands. Manifestation, context, and meaning (PhD study Tilburg University), Tilburg 2015.

8 Ute Hüsken – Frank Neubert (eds.), Negotiating rites, Oxford 2012.

9 Paul Post, Afwezig ritueel. Proeve van een typologie, in: NTT Journal for Theology and the Study of Religion 71,3 (2017) 242–256; together with M. Hoondert I am preparing a book on absent ritual (planned for 2020).

10 Shared ritual is now topical in circles of interreligious studies and dialogue, cf. Marianne Moyaert – Joris Geldhof (eds.), Ritual participation and interreligious dialogue. Boundaries, transgressions and innovations, London etc. 2015; it is also for quite some time a theme in pilgrimage studies: cf. Logan Sparks, Ambiguous spaces. A contextualisation of shared pilgrimage in Ephesus (PhD thesis Tilburg University), Tilburg 2011.

the current phase of Ritual Studies with projects as multidisciplinary thematic clusters.[11] With sharing ritual, we step into this tradition of ritual categories and approaches having a very topical ritual category in hands, a type of ritual that allows us to enter a very prominent field of ritual dynamics.

Within this general context of current ritual and religious dynamics, there is a lot at stake when we take the theme of shared ritual space. I mention here several contexts that come up explicitly and underline the relevance and perhaps even urgency of the topic.

First, there is the emerged and still emerging interest in space and place (I use those concepts without specific differentiation) in many branches of cultural and social studies, including religious and ritual studies. See for that what is called the 'spatial turn'. And, within this general interest in space and place, we see the dominant thematization of sacred place. I refer here to the so-called 'spatial triad', the interference of place/space, ritual acting and the sacred, that is at the heart of many fruitful theoretical and methodological studies and applications in case studies. I only mention Henri Lefebvre, Jonathan Zittel Smith, Kim Knott, Edward Casey and my own work on sacred places and Holy Ground.[12] We will address our central concepts in a separate section, but now I can underline the link between ritual and the sacred. In many ways, 'sharing ritual space' is interchangeable with 'sharing sacred space'.

A second context that presents itself when we bring shared ritual sacred space to the fore is the domain of interreligious studies.[13] Here we enter a delicate field. The theme of inter-religiosity is often theological and normative informed as is witnessed by the dominant terminology of inter-religious *dialogue*. Furthermore, and in direct connection to that, it is often explicitly but also implicitly, related to processes, movements and debates like ecumenism, evangelization and more recently to the paradigm of the multicultural society.

Within the field or podium of Ritual Studies there is already an established special interest in the theme of shared ritual space in the context of pilgrimage. Names are Hasluck, with a focus on Islam - Christianity interaction, Hayden, Couroucli, and I am so bold to mention also the PhD thesis of my student Logan Sparks on Ephesus as a complex place of shared rituals in past and present.[14]

11 POST, Ritual Studies (cf. note 2), 18–20.

12 Paul POST – Arie L. MOLENDIJK – Justin KROESEN (eds.), Holy ground. Re-inventing ritual space in modern Western culture (Liturgia condenda 24), Leuven etc. 2010; Paul POST, Voorbij het kerkgebouw. De speelruimte van een ander sacraal domein, Heeswijk 2010; Paul POST – Arie L. MOLENDIJK – Justin KROESEN (eds.), Sacred places in modern western culture, Leuven – Paris – Walpole MA 2011; Paul POST (composition), Bibliography on the triad Space – Ritual – Religion, in: POST – MOLENDIJK – KROESEN (eds.), Sacred places in modern western culture, 329–348; Paul POST (composition), Selected bibliography on sacred space and place, in: POST – NEL – VAN BEEK (eds.), Sacred spaces and contested identities (cf. note 6), 361–367.

13 MOYAERT - GELDHOF (eds.), Ritual participation and interreligious dialogue (s. note 10).

14 See for an overview of literature: SPARKS, Ambiguous spaces (cf. note 10), 17–52. Cf. Glenn BOWMAN (ed.), Sharing the sacra. The politics and pragmatics of intercommunal relations around Holy Places, New York – Oxford 2012; Dionigi ALBERA – Maria COUROUCLI (eds.), Sharing sacred spaces in the Mediterranean. Christians, Muslims, and Jews at shrines and sanctuaries, Bloomington 2012; Dionigi ALBERA – John EADE (eds.), New pathways in pilgrimage studies. Global perspectives, New York – Abingdon 2016, in that esp. the introduction of the editors: Chapter 1: Pilgrimage studies in global perspective (via https://www.academia.edu/

However, on a closer look all these studies focus immediately on ways of relating and interacting of traditional institutional religious traditions. We see typologies discerning: hospitality, amicable division, chaotic and spontaneous overlap, antagonistic tolerance (the term comes from Hayden who sees outwardly multi-religious harmony but underlying antagonism and contestation), hostile division, and transfer, only to mention the most important concepts and terminology.

A third important context for studying sharing ritual religious space is the complexity and diversity, some people speak of 'superdiversity,' which characterize modern western society due to processes of globalization, migration, and digitalization. These cultural processes define the complexity, diversity, and fluidity of both religion and ritual. Increasingly we see contact, confrontation and sharing in the field of religious and ritual practices and performances.[15]

A last general topical context is that this diversity agenda stimulates new approaches to sacred zones and religious places and architecture in our culture. In this recent track of the 'spatial turn' we started the research project *Holy ground: reinventing ritual space in modern western culture*.[16] An inspiring recent project is the *Iconic Religion* project where (European, urban) religious places for ritual are analyzed in an open and comparative way.[17] The project fits into the interest in material religion and tries to overcome the limited view on ritual space within one religious tradition by looking for common and shared (!) religiosity. In my opinion, these new approaches can give new perspectives in the ongoing debate on what to do with the many redundant church buildings. As we will see in the conclusion of this article, ritual sharing is perhaps an undervalued way of transformation and reuse.

All these settings make exploring sharing of ritual-religious space worthwhile and for that we have to start with an open, descriptive or 'phenomenological' phase, to map the field of these spatial contacts. Here the ritual and ritual studies perspective comes in: it is fruitful to look at cultural and religious diversity and complexity through the lens of ritual acting and ritual-religious space.[18]

Exactly that is the intention of this contribution: to give a tentative mapping the field of the phenomenon of shared ritual religious space by a descriptive ordering of the material, by mapping different forms of sharing by a tentative typology.

30588272/ Pilgrimage_Studies_ in_Global_Perspective, pp. 1–30 [accessed Dec. 2017]) where pluralism, sharing and hybridity is mentioned as one of the central themes in current global pilgrimage studies. Cf. the study by REITER already mentioned in our note 6, Contested Holy Places.

15 Jan BLOMMAERT, Ethnography, superdiversity and linguistic landscapes. Chronicles of complexity, Bristol etc. 2013.

16 Paul POST, Voorbij het kerkgebouw (cf. note 12); POST – MOLENDIJK (eds.), Holy Ground (cf. note 12); POST – MOLENDIJK – KROESEN (eds.), Sacred places in modern western culture (cf. note 12).

17 Cf. Introduction, Kim KNOTT – Volkhard KRECH – Birgit MEYER, Iconic religion in urban space, in: Thematic issue of Material Religion 12,2 (2016) 123–136; Oskar VERKAAIK, with contributions of Daan BEEKERS and Pooyan Tamimi ARAB, Gods huis in de steigers. Religieuze gebouwen in ontwikkeling, Amsterdam 2017.

18 Logan SPARKS – Paul POST (eds.), The study of culture through the lens of ritual (Netherlands Studies in Ritual and Liturgy 15), Groningen 2015.

1.2. Some words on concepts

Before presenting the typology, I give you some notes on central concepts I use: Ritual, Ritual repertoire, Space and Place, the Religious perspective, and Sharing. We have to be precise because all those terms and concepts can be used very broad, diffuse and can bring confusion. Take the central concept of sharing. Who is sharing, where, what and how? Here it is about sharing ritual space and place, more specific, ritual religious space/place. The perspective sharing ritual brings in from a Ritual Studies perspective the set of basic ritual dimensions: place and space, period and time, performance in language and acting, persons and paraphernalia.

Let us now elaborate a little more on the concepts used.

For me, *ritual* is "a more or less repeatable sequence of action units that take on a symbolic dimension through formalization, stylization and their situation in place and time. On the one hand, individuals and groups express their ideas and ideals, their mentalities and identities through these rituals, on the other hand the ritual actions shape, foster, and transform these ideas, mentalities and identities."[19]

By ritual *repertoire* I mean "rituals that are connected to one another through situation, time, place, actors, or occasions, etc."[20]

As said, I use *place and space* without distinction (knowing that the philosopher of place Edward Casey f.i. elaborates on space becoming place[21]). Important is that I see place/space in direct relation to the dynamics of the spatial triad. I insist on using space together with place because of the reference to 'spatial turn,' spatial triad and 'spacing' in theory on space/place. Place/space is produced to repeat the words of Henri Lefebvre.[22] I will use ritual space in a rather open perspective. Mostly it is built place, but not always. I will be, however, reticent to open the place/space perspective radically into cities, countries, landscapes.

Furthermore, in this contribution there is a *religious* focus. This religious perspective can be present in a threefold way: related to the ritual acting, to space and place, and – and that will be mostly the case – to an interference of both ritual and space. I take into account many practices and places, not only the formal clerical and official part of the repertoire of institutional religious traditions, but also the more grassroots ritual, popular culture repertoire and the more individual forms of religiosity. In short, I see a religious domain with on the one end traditional institutional religion and on the other the vaguer religiosity or spirituality.[23]

Regarding *sharing* there is always the perspective of *sharing ritual place in a religious context*. Shared ritual religious place is approached in an open threefold

19 POST, Ritual Studies (cf. note 2), 6.

20 POST, Voorbij het kerkgebouw (cf. note 12), 23.

21 Edward CASEY, The fate of place. A philosophical history, Berkeley – Los Angeles CA – London 1998; IDEM, How to get from space to place in a fairly short stretch of time, in: Steven FELD – Keith H. BASSO (eds.), Senses of place, Santa Fe NM 1996, 13–52.

22 Henri LEFEBVRE, The production of space, Oxford – Cambridge MA 1991 (orig. French ed. 1974).

23 Mathew EVANS, The sacred. Differentiating, clarifying and extending concepts, in: Review of Religious Research 45,1 (2003) 32–47.

way: inter-religious (places with shared religious ritual), intra-religious (places where internal religious groups share ritual space – or not, like the fierce Jewish debate on men and women praying together near the Wailing Wall in Jerusalem), and extra/supra/trans-religious (religious places with shared ritual that is para- or non-religious).

The reasons, motives, incentives for and the atmosphere of the sharing can be very different. Contact and sharing can be forced and performed in hostile confrontation, or can be sought after as an ideal or perspective.

2. A TENTATIVE TYPOLOGY OF SHARED RITUAL RELIGIOUS SPACE

I propose nine types of shared ritual space. As we will see they are not meant as a fixed set with clear boundaries, there is a lot of overlap between the types. 'Types' are seen as different forms with more or less a profile or identity of its own. We trace these types and forms not only in past (with a supposed relevance for the present and the future) and present, but also as a perspective for the future. And, we do that not only in the 'real' world, but also in fictive, virtual and dreamed worlds.

2.1. Type 1: Sacred space as shared ritual religious space

To this first important type of shared ritual religious space I already referred when I mentioned the pilgrimage studies. Places of pilgrimage are sacred for many groups and religious traditions. Jerusalem is really a topos for shared sacred ritual space. The city as a whole, the Temple Mount of course, but also specific sites like the Holy Sepulchre Church. After the restauration of the Sepulchre Church, the Armenian patriarch of Jerusalem, one of three *custodes* of the site, argued in favour of opening the sepulchre chapel for five other Christian churches, the Syrians, Copts, Ethiopians, Lutherans and Anglicans.

However, there are many sacred places with shared ritual practices all over the world. Ephesus is a fine example, striking is the Marian center on Java, Sendangsono, where Muslims and Christians visit and pray together ever since the Colonial era. My colleague Herman Beck studied the history of this place and the present situation.[24]

A research project on sacred caves in the South African Free State and Lesotho, a joined project of Tilburg University and the University of Bloemfontein, was in fact a project on shared ritual sacred places.[25] A very complex but fascinating place we studied in the project is Modderpoort, where many ritual traditions meet.

24 Herman BECK, Sendangsono revisited. Central Java through the lens of a Marian pilgrimage site, in: SPARKS – POST (eds.), The study of culture through the lens of ritual (cf. note 18), 211–225.

25 Paul POST – Philip NEL – Walter VAN BEEK, Introduction. Dynamics of construction of the sacred, in: POST – NEL – VAN BEEK (eds.), Sacred spaces and contested identities (cf. note 6), 1–25.

Regional indigenous cult of sacred caves, veneration of the prophetess Mantsopa, who lived and died in the Modderpoort site, and the cherishing of the place by the Anglicans as historical site in the historical missionary phase of the region: all these groups and rituals meet, sometimes in harmony, mostly in antagonistic tolerance, and often in contestation.[26]

The sacred site is now located at the St. Augustine's Priory, the Anglican Church Mission Station near Ladybrand. The protection and management of the site are formalized through the Anglican Church and access is limited. In 2010, I witnessed an official outdoor Cave Service by the Anglican diocese in St. Augustine's Priory on August 29. I retake an earlier description:[27] "Even for an outsider, the complexity, the plurality of accents and clashing ownerships could be immediately seen and felt. It was a regional celebration of a meeting of the Christian Anglican black community, but many eyes were fixed, even during the celebration of the Eucharist, on the cave as well. The sacred cave was to be opened after the service. Lesotho *Sangomas*, who were recognized by their clothing as belonging to free Christian churches, gathered at the entrance [(fig. 19, p. 83)]. […] The identities and appropriations literally clashed with one another when, at the end of the service, the British (sic) bishop of the diocese of Bloemfontein, went to the hill above the cave to give the benediction. He went past the waiting people at the cave entrance, and the *Sangomas* who had gathered there avoided his gaze. Smiling, he made his way up with the help of a staff and altar boys and stopped above the sacred cave and pronounced – almost triumphantly it seemed – the blessing over the people below [(fig. 20, p. 83)]. The traditional sacred cave, the holy clay, was lying literally under his feet. He stood above it."

2.2. Type 2: Memorial space as shared ritual religious space

A dominant second space of shared religious ritual are places for commemoration of wars, genocides, atrocities, disasters.[28] Thanks to emerging cultural memory studies, the sharing dimension on these sites comes to the fore. Memorial sites are often very complex when the sharing of ritual is concerned. There are many studies on the politics and dynamics of memorial spaces, of course for a large part in the context of World Wars I and II, but not exclusively. Apart from religious traditions there are all kinds of group cultures involved, like national, regional or local identities. In addition, it is important to see that the site itself, the creation of it, is itself a ritual.

26 Stephanie CAWOOD – John MOEPHULI, Site descriptions of the sacred sites of the Eastern Free State, in: POST – NEL – VAN BEEK (eds.), Sacred spaces and contested identities (cf. note 6), 27–38, for Modderpoort: 35–38.

27 I retake the description of the end of the ceremony from the Introduction, in: POST – NEL – VAN BEEK (eds.), Sacred spaces and contested identities (cf. note 6), 8; see the series of 23 photos of the blessing on 8–21.

28 Paul POST – Albertina NUGTEREN – Hessel J. ZONDAG, Rituelen na rampen. Verkenning van een opkomend repertoire, Kampen 2002; Paul POST – Ronald L. GRIMES – Albertina NUGTEREN – Per PETTERSON – Hessel J. ZONDAG, Disaster ritual. Explorations of an emerging ritual repertoire (Liturgia condenda 15), Leuven 2003.

I give you only one impressive example, the memorial site of Douaumont near Verdun.[29] When the Great War ended people started to collect the remains of between 130.000 and 150.000 soldiers, German, French, but also other nationalities, remains of Christians, Catholics, Protestants, Muslims and Jews on the battlefields of Verdun. After a provisory barn in 1919, the bishop of Verdun took the initiative for a monumental memorial place. A team of architects designed an enormous ossuary in an expressionistic style. The idea behind the building is a sword put into the ground with the handle or knob above the ground. Although this kind of national monuments officially should stand in the French tradition of strict separation of state and religion, there are constantly religious, and especially Roman Catholic interventions. The original plans contain three religious places, a Christian chapel in the center and at the edges a Jewish and a Muslim ritual memorial place. After a lot of discussion and debate, there was in the ossuary when it was opened in 1932, only the central and dominant Christian chapel. There was no money available for the other two religions. Six years after the opening of the ossuary there was outside a memorial wall for the Jewish dead and also a special memorial and cemetery for the Muslim soldiers.

2.3. Type 3: Temporal space as shared ritual religious space

This type has a clear link with the previous type. In the context of especially events, feasts and festivals there are momentaneous and temporal ritual spaces where different groups meet each other and interact in rituals. The palette of these temporal sites is very broad. I give some examples to evoke this type. There are ceremonies and rituals planned in the setting of all kinds of festivals and feasts, which are open for all participants whatever their denomination and belief.

A striking recent example in the Netherlands is the ecumenical prayer service in the context of Pink Saturday (*Roze zaterdag*) in Den Bosch, a festival for homosexuals and lesbians and trans-genders, planned on June 24, 2017 in the St. John's cathedral. The prayer ritual would be presided by three vicars and one priest and at the end of the service the bishop of Den Bosch would give his episcopal blessing. There was a lot of debate on the cathedral as temporal place for this shared ritual. And a week before the ritual the bishop withdrew his cooperation and the use of the cathedral. The ritual now was situated in a Protestant church nearby.

Another example are disaster rituals. After disasters we see a kind of international default memorial services with a national twist. After the air crash of a Germanwings Airbus in the French Alps on March 24, 2015 there was a national memorial service in the Dom of Cologne on April 17th. The Dom was a temporal shared space for civil/civic ritual and for interreligious and interdenominational ritual. Also, rites of passage more and more create shared ritual spaces. Birth rites, marriages, funerals but also divorces and retirements are marked as events with

29 Olivier GÉRARD – Jean-Luc KALUZKO, L'ossuaire de Douaumont, Louviers 2011; Daniel J. SHERMAN, The construction of memory in interwar France, Chicago – London 1999, 83–91; Antoine PROST, The military cemeteries of the Great War 1914-1940, in: Le Mouvement Social 4, 237 (2011) 135–151.

shared rituals not only with repertoires from traditional religious traditions, but also from diverse ritual traditions, Asian, neopaganistic etc. Here some scholars and orthodox Christians introduce often-pejorative terminology like syncretism, patchwork, 'Lego ritual.' An interesting element in many temporal memorial rituals is that the sharing dimension not only consists of religious repertoires but also of a combination with what we call civil/civic ritual. In German they invented the terminology 'Zivilreligiös'.[30]

2.4. Type 4: Traditional religious place as shared ritual religious space

There is a long tradition of traditional religious places, foremost churches, and to a lesser extent synagogues and mosques, as podium for shared ritual. In Europe there was in the 17th and 18th centuries the so-called *simultaneum*: one church building was used by Protestants and Catholics.[31] In general, there were two forms: a static and a dynamic *simultaneum*. Dynamic is that one church arranges different time slots for Protestants and Catholics. Static is the dividing of the interior in two parts building a fence and having two separate entrances, like now is still visible in Bautzen, in Sorbia, in the eastern part of Germany. It is obvious that both arrangements led to a lot of trouble.

In current Western Europe we see a remarkable paradox regarding church buildings. On the one hand there is the process of increasing redundant churches and the closing and demolition of many churches. On the other hand, many groups, especially Christians and Muslims, are desperately looking for ritual space. The ongoing migration into Fortress Europe is an important factor in this process. These groups of migrants are responsible for a lot of new church building especially in the cities of Europe, but also in the official and illegal refugee camps they create places for shared ritual. For example, the illegal camp at Calais (peak 2005, dismantled in 2016) called the 'jungle' also has ritual places including a true 'cathedral' (dedicated to Saint Michael) built by Eritrean Orthodox Christians, but a place for all kind of exponents of temporal ritual 'community ecumenism' (in Dutch: 'omgangsoecumene').[32]

A part of the migrants finds a ritual home in existing ritual places like churches. In this way, there are many places all over Europe where different Christian traditions share ritual space with local Christian communities. Thus, there are all kinds of forms of shared ritual space that are scarcely studied. In a lecture, Bert

30 Benedikt KRANEMANN – Barbara BENZ (eds.), Trauerfeiern nach Großkatastrophen. Theologische und sozialwissenschaftliche Zugänge, Würzburg 2016.

31 Paul POST, Space for liturgy. Between dynamic ideal and static reality. An exploration of the development of the Roman Catholic liturgical space in the Netherlands (ca. 1850-present day) with particular focus on the role of liturgical booklets, the microphone and church pews (Netherlands Studies in Ritual and Liturgy 1), Delft 2003, 35.

32 https://www.foam.org/imgtransform/300dpi_calais_eritrees_orthodox_church_july_2015_c_henk_wildschut_RezWT_W1600_H1199_H1199_Q85.jpg [accessed July 2017]; Henk WILDSCHUT, photo project Calais, 2015, in: Volkskrant Magazine 2 April 2016 nr. 778, photos 20s. Now: Henk WILDSCHUT, Calais, from jungle to city (published by the author, 2017).

Groen dived into the ritual interaction in this migrant context *simultaneum*.[33] Everywhere in Europe there are welcoming churches offering hospitality to Christians on the move, existing churches are leased, and adapted. This gives tensions and influences back and forth. In this way, Armenian, Slavic Christians, Christians from Ethiopia, Eritrea, Syria, Egypt etc. share and appropriate existing liturgical space. All kinds of ritual elements are then under discussion, are adapted or not. That ritual interference concerns the language, the music (traditions that do not know the organ and sing only unison use now an organ and sing with several voices), iconography (icons, candles change the space), the role of sensory elements, the calendar, meals after the celebration, liturgical roles.

2.5. Type 5: Multi-religious spaces as shared ritual religious space

Although there is all kind of overlap with other types like the *simultaneum*, a building meant for and explicitly created for different religious traditions is very much a type of its own. In the Netherlands we see the emerging of this type in the long sixties of the last century. It is the period where the traditional or classical church building comes under great pressure. The classic program of the church building was exploded in 1967 in the famous and controversial book by Geert Bekaert: *In een of ander huis* (*In some house*).[34] New forms were proposed and especially the borders between Catholica and Reformation seemed to be fading. In this period there are many ecumenical initiatives. We can present three subtypes of the multi-religious shared ritual space.

First, there is in those long sixties the subtype of so-called *agora* churches. The general idea is that of a square or market where different functions and groups find a place. Different religious denominations find together place and space for their ritual. But also church and world blend in an open large sheltered market. Not only religious rites, but also other non-religious activities (library, theater) and groups. Architect Van Klingeren designed two of these *agora* spaces in Dronten and Lelystad. Interesting is to know that his polycentric basic idea was inspired by a painting by Paul Klee (Insula Dulcamara, 1938, Zentrum Paul Klee, Bern).[35]

A second subtype is the so-called *kerkverzamelgebouw* (perhaps best translated as 'joined or collective church building'). This is an ecumenical space shared by Catholics and Protestants mostly in new suburbs in the sixties and seventies of the last century.

A third subtype emerged rather recently in Germany and Switzerland: the *Haus der Religionen*. Bern and Hannover have such a house for religions, in Berlin there is one planned for 2019 to open its doors (fig. 21, p. 84). In Hannover the House is since 2005 the space for six religions: Christians, Jews, Muslims, Hin-

33 Basilius GROEN (Graz), Oosterse liturgie in het Westen. De uitdaging van inculturatie en herbronning, Tilburg University, unpublished lecture 24 maart 2017. See now: Bert GROEN, Oosterse liturgie in het westen. Behoud van eigen identiteit en de uitdaging van inculturatie, in: Collationes. Tijdschrift voor Theologie en Pastoraat 48,1 (2018) 75–94.

34 Geert BEKAERT, In een of ander huis. Kerkbouw op een keerpunt, Tielt – Den Haag 1967.

35 POST, Space for liturgy (cf. note 31), 17s.

dus, Buddhists and Baha'is. In Bern for five: Alevites, Buddhists, Hindus, Christians and Muslims (Jews, Sikhs and Baha'is support the project but do not have their ritual space in it). In Berlin, the House of One (motto: *Drei Religionen. Ein Haus*) is a planned place of worship for three: Christians, Muslims and Jews (fig. 22, p. 84). I have studied the Bern *Haus der Religionen* (fig. 23, p. 85) somewhat more in detail.[36]

It is good to mention here three observations on the history and the concept. Remarkable is first of all the long trajectory until the final opening in 2014. There was and still is a lot of debate before religious traditions stepped into this joined project (fig. 24, p. 85). These tensions and debates were not only inter-religious but often also internal within religious traditions. These intra-religious factions are represented in the final design of the five religious spaces in the *Haus*. The Christian church for instance has a ceiling evoking the tradition of the Gothic vault, an *iconostasis* in the Ethiopian-Orthodox Tewahedo tradition (with a remarkable picture of the Trinity), and the church hall as a *Herrnhuter* community space (fig. 25, p. 86). Secondly, an important incentive for the project is not only the shared ritual space aspect, but the multi- or intercultural element. It is perhaps not so much about shared ritual but about shared culture. In Bern the *Haus der Religionen* is explicitly called a 'center for interreligious and intercultural *Bildung*'. Like in Hannover the house is a podium for all kinds of multicultural projects, concerts, courses. During the week schools visit the house.

A last observation is that in circles of inter-religious dialogue this phenomenon of a House of Religions is approached with skepticism. They see it as 'domestication' of religion.[37]

So, this type of multi-religious shared space is determined by specific societal and cultural contexts. The *agora* space by the idea of the sixties of blending of church and world, the *kerkverzamelgebouw* by the rethinking of the church building and the ecumenical enthusiasm of that time (now faded away), and the House of Religions by the need for an intercultural contact and dialogue in the multicultural cities in the new millennium. Challenging is the question why the subtype of House of Religions is only found in Germany and Switzerland. I suspect that the answer can be related to the next type.

2.6. Type 6: Religious space open for ritual sharing as an act of hospitality

In essence, this type is a variant of our type 4, traditional religious space becomes a place for sharing ritual. In this case, the ritual religious space, usually the church building, is opened to non- or semi-believers. The forms and the underlying motives can be different and there is also much discussion about this sharing of the church space. Central underlying concept is hospitality.

36 With thanks to my colleague in Bern Johannes STÜCKELBERGER, cf. Hartmut HAAS (ed.), Gegenwärtig, noch nicht fertig. Haus der Religionen – Dialog der Kulturen, Haus der Religionen, Bern 2012.

37 I noticed this skepticism very explicitly on the International Expert Symposium 'Crossing ritual borders? Opportunities, limits and obstacles', Vrije Universiteit Amsterdam 13-14 Oktober 2017.

I give a few examples. For decades, city churches have adopted a policy to keep the doors open, to receive visitors in an attitude of spatial and ritual hospitality. This can be done for the individual visitor, but also through an offer of rituals such as prayer, organ or art services.[38]

In many countries there is a so-called 'Open church movement.'[39] Christian communities are looking for a ritual offer that also appeals to outsiders. The Dom of Erfurt has become a topos for this type of sharing the religious space. Under the reign of Bishop Joachim Wanke and Weihbischof Reinhard Hauke, the Catholic Dom of Erfurt has been functioning since 1989 as a platform for an open ritual offer for non-believers.[40] Remember that in the East German diaspora situation the majority of the population of Erfurt never saw the Dom inside. It started with the Erfurter *Weihnachtslob* and was followed by a *Lebenswendefeier*, blessing of couples on Valentine's Day and a death ritual with the ritual registration of the deceased's name in the death book.

As said before, this sharing of ritual religious space is generally motivated by the notion of hospitality, but also involves missionary, evangelizing and diaconal motifs. For example, in discussing the Erfurt examples one often speaks of *Ritendiakonie* (diacony of rites).

There was and still is a lot of debate about this form of sharing. How unselfish is this form of hospitality? This critical question is often evoked and underlined with reference to a critical essay by Jacques Derrida about hospitality.[41] Is it not a form of recruitment? And seen the other way around from the perspective of the host: does this opening up affect the identity of the religious space and ritual?

2.7. Type 7: Supra/trans-religious or basic-sacred space as shared ritual religious space

An in my opinion often forgotten but currently dominant type of shared ritual space is the emerging of open and general ritual places. Space and place, old, already existing places, but also newly built, are designed and appropriated as open hermeneutical space. This type, this dynamics of space that is open for dif-

38 Henriette CRÜWELL, Geistliche Gasthäuser an den Wegen der Menschen. Citykirchen als Räume unbedingter Gastfreundschaft, in: Albert GERHARDS – Kim DE WILDT (eds.), Der sakrale Ort im Wandel (Studien des Bonner Zentrums für Religion und Gesellschaft 12), Würzburg 2015, 129–133.

39 I only give some Dutch references: Jan HENDRIKS (ed.), Kijken met andere ogen. Een rondreis langs open en gastvrije kerken, Kampen 2004, gives an overview of open and hospitable churches in the Netherlands; Sake STOPPELS, Gastvrijheid. Het inloopcentrum als vorm van kerkelijke presentie, Kampen 1996; Paul POST, Re-inventing liturgical music. Jan en Peter Hendriks en de Open Kerk-beweging, in: Martin HOONDERT – Ike DE LOOS – Paul POST – Louis VAN TONGEREN (eds.), Door mensen gezongen. Liturgische muziek in portretten (Meander 7) Kampen 2005, 302–317.

40 From the rich set of literature I only mention: Benedikt KRANEMANN, Erfahrungsräume des Transzendenten. Liturgiewissenschaftliche Anmerkungen zu neuen kirchlichen Feierformen, in: Christi Spuren im Umbruch der Zeiten. Festschrift für Bischof Dr. Joachim Wanke zum 65. Geburtstag (Erfurter Theologische Studien 88), Leipzig 2006, 201–219.

41 Jacques DERRIDA, Of hospitality, Eng. ed. Stanford 2000: http://users.clas.ufl.edu/burt/shipwreck/derridahospitality.pdf [accessed Dec. 2017].

ferent experiences, religious in the sense of institutional religious traditions, but also of the more individual sacred, are really shared ritual spaces. From this type my typology and many of the presented spaces get a new perspective, the whole typology becomes dynamic. Hence, many churches are for quite some time functioning as such open shared sacred spaces. The historical cathedrals in the cities of Europe are shared ritual spaces. Many of what we call cultural or tourist visitors share experiences with devotees and pilgrims. Sometimes the boundary between church and museum is flexible and can we speak of a cultural-religious *simultaneum* like it is the case in Utrecht (NL) where the Roman Catholic cathedral is part of the routing of the adjacent museum of Christian art.[42]

The emergence of a dominant basic shared sacral regime we can trace also in the tradition of chapels towards silence centers or meditation rooms. After a phase of multi-religious chapels, partly of course an example of our previous type (cf. *Die Kapelle der Religionen* on the Gotthardpass), there is now the network all over Europe of silence centers on airports, hospitals, elderly homes, shopping malls, schools and universities, stadiums with an open general supra- or trans-religious identity. The places are designed for sharing in principle all ritual practices, that can be traditional religious practices, prayer, washing, but also meditating or reading.[43] There is an ongoing discussion on a final typology of rooms of meditation or silence centers. In this context it is important to note that sharing the place from a ritual and religious perspective is here an important parameter. We encounter types like: multifunctional and interreligious (places with a sacral atmosphere acceptable for many religions), multi-religious (places where religious spaces and symbols are situated next to each other), and universal (basic sacrality, transcending religious symbols).[44]

A milestone in the development of this new form of *simultaneum* was the Rothko Chapel, meant as chapel for the Catholic St Thomas University in Houston (consecrated in 1971).[45] But the chapel also shows an interesting double position in our typology. Due to time and context, the sixties and seventies (the project was commissioned to Rothko in 1965) people saw the chapel as a multi-religious space. The official opening was marked by multi-religious ritual in the presence of prominent Roman Catholic, Jewish, Buddhist, Protestant, Greek Orthodox and Muslim leaders. However, the 14 large paintings have no connection with religious traditions, they transcend them. It is all about the experience of the universal human drama, this experience of the viewer was for Rothko a religious experience. Like the famous Matisse chapel in Vence (France) and the Ronchamp chapel by Le Corbusier, the Rothko chapel became a role model for new sacred places. Nowadays the chapel still is appropriated in a double way. It functions on the one hand as a spiritual center, as a place for silence like the mentioned net-

42 Museum Catharijneconvent, see https://www.catharijneconvent.nl/ [accessed Dec. 2017].

43 Jorien HOLSAPPEL-BRONS, Ruimte voor stilte. Stiltecentra in Nederland als speelveld van traditie en vernieuwing (Netherlands Studies in Ritual and Liturgy 10), Groningen – Tilburg 2010.

44 Johnannes STÜCKELBERGER, Multireligiöser Sakralraum, in GERHARDS – DE WILDT (eds.), Der sakrale Ort im Wandel (cf. note 38), 231–242; HOLSAPPEL-BRONS, Ruimte voor stilte (cf. note 43).

45 Paul POST, The Rothko Chapel, Houston, in: POST – MOLENDIJK – KROESEN (eds.), Sacred places in modern western culture (cf. note 12), 175–180.

work of silence centers. On the other hand, there is still a connection with religions. The chapel is the base for the Magdalene Community, a connective community seeking contact and dialogue with other spiritualities and religious traditions.

It is interesting to note that new church buildings sometimes explicitly are also labelled and appropriated in this open basic-sacred way. A striking example is the much-discussed Millennium Church of Tor Tre Teste in Rome by the American Jewish famous architect Richard Meier (consecration in 2003).[46] Many times he underlined the basic sacred dimension of his creation, a white open, transparent place for shared spirituality. On a press conference in occasion of the opening of the church he stated: "Regardless of one's religion, I think most of us acknowledge that there are things in this world outside our real. When I think of a place of worship, I think of a place where one can sit and be reminded of all the things that are important outside our individual lives. [...] The central ideas for creating a sacred space have to do with truth and authenticity, a search for clarity, peace, transparency, a yearning for spirituality, the architect has to think of the original material of architecture, space and light."[47] At the entrance of the church Meier presented his vision in bronze letters: "This structure is a testament to the monumental work of men in the service of spiritual aspirations."[48] Another example is the rebuilt Protestant city church, the Ontmoetingskerk in Enschede.[49] After closing the other Protestant churches in town this 're-new built' (Dutch: 'vernieuwbouwd') and refurnished church is designed as an open space for encounter. That can be religious ritual encountering, an exhibition or concert, but also the use by the funeral business that is in the same street when there is need for a larger place for a funeral service. The well-known Dutch poet and liturgist Huub Oosterhuis has for long been dreaming of a network of spiritual places where people come together with a shared spirituality. In the center of Amsterdam, he opened such a place in 2011: 'the New Love, De Nieuwe Liefde'. It is a "center for study, lectures and debates, a space for life and religion, a space for poetry, music and theater".[50] Recently the Dutch funeral organization DELA bought in 2016 the redundant Augustinian church in the center of Eindhoven to make a 'Ceremonial House' (*Ceremoniehuis*) as a place for celebration of all ceremonies of life: "[...] with respect for tradition and culture, regardless of creed. There is room for a varied program of wedding and mourning ceremonies, but also for concerts, conferences, lectures and other services."[51] A last example of these basic-sacred spaces open for sharing ritual and religion are the modern crematoria and cemeteries. And perhaps we can (or have to) be so bold to leave the central perspective of religious spaces and trace there our forms and types of sharing ritual and religion, and transfer the sharing

46 Paul POST, The Tor Tre Teste Millennium Church by Richard Meier, Rome, in: POST – MOLENDIJK – KROESEN (eds.), Sacred places in modern western culture (cf. note 12), 107–114.

47 POST, Voorbij het kerkgebouw (cf. note 12), 228s.

48 Ibidem, 229.

49 Paul POST, De actuele positie van kerkgebouwen in Nederland. Het perspectief van 'open sacraliteit' nader verkend, in: Jaarboek voor liturgieonderzoek/Yearbook for Ritual and Liturgical Studies 32 (2016) 143–166.

50 http://denieuweliefde.com [accessed Dec. 2017].

51 DELA: Kroniek, Magazine voor DELA-leden, 66, najaar 2016, 17.

place to the so-called 'fields of the sacred', the sacred ritual zones in our culture: memorials and monuments, museums and concert halls, festivals and sport arenas.[52]

2.8. Type 8: Media and cyberspace as shared ritual religious space

In this type we introduce a special form of space and place: media-space. From the emergence of what we call new electronic media, starting with radio, after that from the 1950s television, and from the 1990s digital media, sharing space and religious ritual is a theme of reflection and debate. Especially the first broadcast on TV of a Eucharist celebration in Germany in 1953 has led to a lengthy and often heated debate.

Now the perspective of sharing was seen as a problem and danger. The religious ritual was transferred into the open public space, the public domain. On the one hand, everyone could now share the ritual, and on the other hand the ritual shared a space that many consider an inappropriate environment for religious ritual. Leading theologians advocated a new form of *disciplina arcani*, ritual secrecy.[53]

Since the 1990s we have entered, for a large part also silently, a new era, the development that has turned our society into a true Network Society.[54] Cyberspace as a place for ritual and religion is a theme that receives only recently academic attention in ritual and religious studies.[55] What is clear is that online culture is a challenging new form of space and place that opens fundamentally new theoretical and analytical paradigms. It offers also new settings for sharing ritual space.

Presenting this type only very briefly, I here only retake one aspect that is directly related to sharing and that I recently presented in the last chapter of a book on cyberpilgrimage.[56] James Paul Gee, an expert on online learning and gaming, introduced the concept of 'affinity space', and with that perhaps a new form of shared ritual space.[57] Gee states that, in our reflections on new media, we are too much focused on community, on what a community is precisely and what not. This, after all, involves ideas like *belongingness* and *membership* and boundaries. We are constantly labeling groups (one can think here of belonging to ritual and religious groups and communities with their repertoires of initiation). Gee propo-

52 Paul POST, Fields of the sacred. Reframing identities of sacred places, in: POST – MOLENDIJK – KROESEN (eds.), Sacred places in modern western culture (cf. note 12), 13–59.

53 Paul POST, Disciplina arcani. Modern avatars of Christian ritual secrecy, in: Paul VAN GEEST – Marcel POORTHUIS – Els ROSE (eds.), Sanctifying texts, transforming rituals. Encounters in liturgical studies, Leiden – Boston 2017, Ch. 18: 385–406, on new media sub 3, 393–396.

54 For an overview of studies on cyberritual and cyberreligion, see: Paul POST – Suzanne VAN DER BEEK, Doing Ritual Criticism in a Network Society. Offline and Online Explorations Pilgrimage and Sacred Place (Liturgia condenda 29), Leuven etc. 2016.

55 Cf. POST – VAN DER BEEK, Doing ritual criticism (cf. note 54); Teresa BERGER, @Worship. Liturgical Practices in Digital Worlds (Liturgy, Worship and Society Series), London – New York 2017; EADEM, @Worship. Exploring Liturgical Practices in Cyberspace, in: Questions Liturgiques / Studies in Liturgy 94, 3–4 (2013) 266–286.

56 POST – VAN DER BEEK, Doing ritual criticism (cf. note 54), 114–116.

57 James P. GEE, Situated language and learning. A critique of traditional schooling (Literacies), New York NY – Abingdon 2004, particularly ch. 6, 70–81.

ses that we do not start with groups but with *spaces* where various people interact. These can be *real* and *virtual spaces* or mixtures of both: "[...] creating spaces wherein diverse sorts of people can interact is a leitmotif of the modern World."[58] In particular, however, he then indicates a certain type of *space*, 'affinity space'. In an affinity space people meet each other on the basis of a shared interest, focus or theme.

2.9. Type 9: Fictive or imagined shared ritual religious space

The last type is about shared religious ritual in fictive or imagined, virtual places. In his work on ritual and Ritual Studies, Ronald Grimes repeatedly asked attention for fictive places as a full exponent of ritual space. He refers to literature[59] and in his book on rites of passage also to film.[60] It is therefore right that in inter-religious studies there is recently attention for imagined and fictive forms of inter-religious contact. Literature is dominant here. We see articles and courses on shared ritual places in Scripture, Dante, Shakespeare and Primo Levi, to mention only some examples where the relations of Christianity and Islam, and Christianity and Judaism are thematized.[61]

In addition to literature I would like to present an example of shared ritual space in the visual arts. The church interiors of the 17th century Haarlem painter Pieter Jansz. Saenredam (1597-1665) are a striking example of what is seen as the prototype of a 'de-ritualized' church space.[62] His church interiors are often seen as icons of stilled 'de-liturgized' spaces, typical Calvinist, secular spaces, perhaps even iconoclastic. I refer by way of illustration to one classic example to underscore this interpretation. The chancel of St. Bavo in Haarlem, 1660, which is being seen as a 'hyper-Protestant' church interior[63] (fig. 26, p. 86).

However, when we have a closer look into the 43 church interiors by Saenredam we have, we can trace ritual elements introduced into the Calvinistic space creating shared ritual space. It concerns two tracks. On the one hand, he intro-

58 Ibidem, 71.

59 Ronald L. GRIMES, Reading, writing, and ritualizing. Ritual in fictive, liturgical, and public places, Washington DC 1993.

60 Ronald L. GRIMES, Deeply into the bone. Re-inventing rites of passage, Berkeley – Los Angeles – London 2000.

61 See https://international.nd.edu/about/news/spotlight-on-literature-and-inter-religious-understanding/; Ruth ILLMAN, Curiosity instead of fear. Literature as creative inter-religious dialogue, in: Journal of Inter-religious Dialogue 2009: via http://irdialogue.org/wp-content/uploads/ 2009/04/illman.pdf

62 For references to illustrations and descriptions I use the standard study on Saenredam and his oeuvre: Gary SCHWARTZ – Marten Jan BOK, Pieter Saenredam. De schilder in zijn tijd, Maarssen – Den Haag 1989. I refer to illustration (afb.) and catalogue (cat. no.), Eng. ed.: Pieter Saenredam, the painter and his time, New York NY 1990. Cf. Angela VANHAELEN, The wake of iconoclasm. Painting the church in the Dutch Republic, University Park PA 2012; reviews: Mia M. MOCHIZUKI, in: Oxford Art Journal 37,1 (2014) 99–103; Hilbert LOOTSMA, in: De zeventiende eeuw. Cultuur in de Nederlanden in interdisciplinair perspectief 29,1 (2013) 118–120; Sara BORDEAUX, http://www.hnanews.org/archive/2014/11/nl_iconoclasm0914.html [accessed Dec. 2016].

63 Worcester, Mass. Worcester Art Museum [Fig. 244, cat. 33].

duces so-called 'Catholicizing' elements, and on the other hand, civic ritual elements. These insertions are sometimes fictive, sometimes reflecting reality.

A good example of an added Catholic ritual element is the tomb of a Catholic bishop in the Brewer Chapel of St. Bavo in Haarlem, probably an insert for a Catholic client (there was never a tomb for a bishop in the church).[64] But we see also other Catholic ritual-elements like altars with kneeling and praying figures[65] (fig. 27, p. 86), and a Catholic baptism scene.[66]

The organs in Saenredam's interiors are probably related to a debate on the use of church space in his time. In the interior of the St. Bavo, seen from north we see very likely an organ concert *in actu*.[67] A man with a sword listens and looks up at the image of the risen Christ. Gary Schwartz assumes here a direct relationship with the then fierce debate on organ music in churches. There was a group, especially church authorities, led by the Utrecht theologian Gisbertus Voetius (1589-1676), fiercely opposed to organ music in the church. And there were mainly municipal government representatives, the city council, which organized organ concerts from 1634 on. Constantijn Huygens (1596-1687) was in favor of the organ and Schwartz supposes a consciously planned design in two Maria church paintings and the organ concert in the Bavo.

In this way, even the outspoken a- or mono-religious spaces of Saenredam can be interpreted as shared ritual spaces. Shared by fictive Catholic liturgical ritual, and shared by the city community as a concert hall.

3. Balance and perspective: Sharing ritual religious space as perspective for redundant church buildings

By way of conclusion, I present not another type, but a concluding note that is focused on the future, sharing ritual religious space as perspective and plea.

For some time I have been following the ongoing discussion about the position of church buildings in Europe with surprise and frustration. The debate is focused on redundant church buildings and possibilities for transformation, conversion and reuse, and this in particular focuses on monumental buildings. I took stock of the reflection and discussion several times, participated in several international congresses on the theme, and was involved in some transformation projects.[68] It

64 1630, Paris, Louvre, [fig. 72, cat. 49].

65 Chapel North aisle of St Lawrence Church Alkmaar, 1635, fictional Catholic altar with kneeling man in prayer, Utrecht, Museum Catharijneconvent (Fig. 114, Cat. 4); St. Anthony's Chapel, St. John's Church Utrecht, 1645, kneeling praying people for altar with crucifix (man, woman and child); this is the latest example of a so-called 'Catholicizing' element, after 1646 we see this never again (Utrecht, Centraal Museum, Fig 213, Cat 141; Utrecht Work cat. 61, pp 265–267).

66 South Aisle of St. Bavo in Haarlem, 1633, Glasgow, Glasgow Art Gallery and Museum, fig. 77, cat. 63; we see a Catholic baptism ritual, probably an imaginary 'what if' scene.

67 1636, Amsterdam, Rijksmuseum, fig. 130, cat. 38.

68 POST, Voorbij het kerkgebouw (cf. note 12); IDEM, Complexity and conflict. The contemporary European church building as ambiguous sacred space, in: POST – NEL – VAN BEEK (eds.), Sacred spaces and contested identities (cf. note 6), 241–265; IDEM, De actuele positie van kerkgebouwen

is generally acknowledged that this is an extremely complex subject, especially because several stakeholders are involved. For example, there is layered church ownership (local parish community, but at the same time in the Roman Catholic context, the diocese and national church policy), position as landmark in city or village, status as official monument and heritage, and next to economic, legal ownership, there is symbolic ownership of the ritual religious place. What frustrates me is that the discussion and study remain stuck in those different tracks and discourses of stakeholders. I miss an open, contextual approach, which must necessarily also be interdisciplinary, international and comparative. Most of all I miss an open contextual view: What are actual sacred ritual zones in our culture?, that should be the central starting question. Within that framework, it must be possible to search for ways to give redundant churches a new position in our cities and landscapes. Now, for example, I see an internal ecclesiastical standpoint including even handbooks for church closure[69] or 'a theology of ecclesiastical real estate'.[70] This inner-church vision is centered around specific concepts of identity and sacrality and strongly based on a sometimes rigorous remediation policy regarding church buildings where alternatives for closure and often sale or demolition are barely explored. As a striking example, I have mentioned several times the policy of the Dutch Archdiocese of Utrecht where plans include a closure of about 300 church buildings and keep open only about 20 'Eucharistic centers'.[71] Especially the rural area outside the cities is strongly affected by this. In addition, there are all kinds of initiatives and publications from the heritage and monuments perspective, or architectural, art historical, legal, economic interest groups. And if there is already a broader open approach, as in the aforementioned 'Iconic religion' project,[72] the existing inventories and studies from the other domains mentioned above are mostly completely ignored.

When it comes to exploring and thinking through possibilities for redundant churches, sharing space offers in my opinion the most realistic perspectives. Many of the forms of sharing ritual places outlined here in our typology can in many cases offer a solution. When I overlook the publications of pioneers of an open approach to the reuse of churches, and here I mention the names of Albert Gerhards (Bonn) and Johannes Stückelberger (Bern), then they seem to be permeated by the perspective of sharing.[73] There is always talk of 'Partnerschaft', 'Teilumnutzung', 'Synergien', 'Hybridraum', 'ein weites Dach'. I also see all kinds of fine examples of shared spaces. That sharing can take exactly the various forms that we outlined in our types. Different religious groups share space, diffe-

in Nederland (cf. note 49); IDEM, Die aktuelle Lage der Kirchenbauten in den Niederlanden. Die Perspektive der 'offenen Sakralität', in: Albert GERHARDS – Kim DE WILDT (eds.), Wandel und Wertschätzung. Synergien für die Zukunft von Kirchenräumen (Bild – Raum – Feier, Studien zu Kirche und Kunst), Regensburg 2017, 137–154.

69 Harry BISSELING – Henk DE ROEST – Peet VALSTER (eds.), Meer dan hout en steen. Handboek voor sluiting en herbestemming van kerkgebouwen, Zoetermeer 2011, 2012 (2nd ed.). Cf. Cor SCHAAP, Kerksluiting. Einde of nieuw begin?, Gorinchem 2013.

70 Petra STASSEN (ed.), Levende stenen. Een theologie van kerkelijk vastgoed, Heeswijk 2017.

71 Cf. POST, Die aktuelle Lage (cf. note 68), 143–145.

72 See our note 17.

73 I have in mind esp. two recent publications: GERHARDS – DE WILDT (eds.), Der sakrale Ort im Wandel (cf. note 38); IDEM, Wandel und Wertschätzung (cf. note 68).

rent religious traditions, or a religious group shares space with profane use as a sports space, exhibition space, community center, health center etc. In Amersfoort Vathorst (NL) the church space is part of a community center, in Müncheberg (Brandenburg, Germany) is in the large church space an 'ark' made for religious ritual use, in Dortmund next to regular cult space the Hl. Dreifaltigkeitskirche is a space for various 'event rituals', especially with a sport character, St. Antonius is the center for Portuguese Christians and for all kinds of charity projects, and St. Michael is a guest church for homeless people and for the Vietnamese community in the city.[74]

Recently, Stückelberger presented a set of basic ideas for reusing solutions for redundant or too large and expensive church buildings.[75] They are all forms of sharing. I present them shortly. The general basic idea is to create space that is not reserved for the church community. Open the church space for non-ecclesiastical use as a congregation center, concert hall, meeting location, exhibition space etc.; explore interreligious use, offer subspace to other religions; and create space for forms of *diakonia* and charity, such as space for asylum seekers, homeless people etc.

These are all forms of *simultaneum*, and we have seen the two basic forms, as static, and dynamic (space can be used alternately, or different spaces are arranged side by side). And of course there are also obstacles and problems. Working with multiple partners and also owners is complex, but shared use can significantly reduce the burden of a building. However, while we live in a context of diversity, complexity, and polycentricity, a mono-centric view of ritual space as a massive 'all or nothing' is no longer tenable.[76]

In a manifesto in which Jozef Wissink protested against the aforementioned policy line of the Archdiocese of Utrecht, he explicitly mentioned sharing with others as an option for keeping many village churches open and alive.[77] And with that, our typology also has value and impact for the future!

74 See for the German examples: GERHARDS – DE WILDT, Wandel und Wertschätzung (cf. note 68), 49s, 78s, 88–92.

75 Johannes STÜCKELBERGER, Kirchen als öffentliche Orte. Kriterien für den zukünftigen Umgang mit Kirchenräumen aus einer sakraltopographischen Perspektive, in GERHARDS – DE WILDT, Wandel und Wertschätzung (cf. note 68), 309–318, 316s.

76 See for instance how multifunctional church spaces are dismissed in: Pim VAN DIJK, met een bijdrage van Sible DE BLAAUW, Een kerkgebouw voor de toekomst, in: STASSEN (ed.), Levende stenen (cf. note 70), 13–52, 27s.

77 Cf. http://www.professorenmanifest.nl/files/Trouw 23 jan 2015 Geestelijken aartsbisdom keren zich tegen Eijk.pdf [accessed Dec. 2017].

New Hymnology

Martin J.M. Hoondert

1. Introduction

At the biennial conference of the *Internationale Arbeitsgemeinschaft für Hymnologie* which took place in the summer of 2017 in Løgumkloster, Denmark, the participants jointly and with some self-mockery concluded that hymnologists are very fond of books.[1] Many main lectures and short presentations focused on hymns in hymnals, with special attention to the Lutheran hymns due to the Luther year we celebrated in 2017. The Taiwanese hymnologist Yu-Ring Chiang discussed the reception of Luther hymns in hymnals in her country. After presenting several hymnals, changes in the Luther hymns and the use of the hymns in worship, she concluded that after the year 2000 the Luther hymns disappeared:

> Zuletzt, das heißt nach der Jahrtausendwende, änderten sich die Kirchenlieder durch den Horizontwandel der Gemeinden, die sich durch die Globalisierung und Internationalisierung zum neuen Stil der Lobpreismusik hinwendeten. Somit werden die Lutherlieder in den meisten Kirchen nicht mehr gesungen.[2]

This change of repertoire was not the topic of Chiang's lecture, but for me it evoked questions about development of worship, new ways of performing ritual music and changes in religious experiences. These questions seemed not to fit into my colleague's approach of 'doing hymnology', but according to me these issues should be at the core of it.

This example introduces the topic of my paper, which focuses on opening up hymnology, taking into account cultural dynamics as globalization, de-institutionalization of religion and decentering of truth.[3] The main focus of (traditional) hymnology is on hymns (*Lieder*), hymnals (*Gesangbücher*), repertoires of specific religious groups or denominations and the ritual use of hymns in (Christian) liturgy. Most of the hymnologists do their research within and from a specific institutional-religious context. In the religiously complex situation of the 21st century, however, both the research focus and the contextual limitation seem to be

1 For an overview of this conference, see http://iah-hymnologie.de/tagungen/iah-studientagungen/ 2017-logumkloster/beitraege-an-der-studientagung-2017-in-logumkloster-dk/ [accessed 29.06.2018].

2 Yu-Ring Chiang, Die Rezeption der Lutherlieder in Taiwan, in: I.A.H. Bulletin 45 (2017) [2018] 58–81, here 79.

3 'Decentring' is a term coined by the French philosopher Jacques Derrida. See Marcel Barnard, Bricolageliturgie. Liturgical Studies revisited, in: Verbum et ecclesia 29, no. 1 (2008) 21.

too narrow to keep hymnology a relevant academic discipline. Can we open up hymnology into a broad, cultural and multidisciplinary platform?

To start a conversation about what 'new hymnology' might be (its content and approaches), I have to define it. I define hymnology as a multidisciplinary platform on which scholars study the relationship between music, religion and ritual. This definition determines the structure of my paper. First, I will explore what music is in the context of 'new hymnology'. Second, I will go into religion as a broad concept which is related to the process of globalization and which can be studied through the third concept of the definition: ritual.

It is good to mention that this paper is the third in a kind of series. This series started with a lecture by my colleague from the Theological Protestant University (Amsterdam), Marcel Barnard. In 2013, he opened the conference of the *Internationale Arbeitsgemeinschaft für Hymnologie* in Amsterdam with a lecture, titled 'Sacro-soundscapes beyond hymnology – Liturgical ritual in multicultural contexts'. In that lecture, Barnard redefined hymnology as the study of sacroscapes from the perspective of sound.[4] The suffix 'scape' refers to the publications by the Indian anthropologist Arjun Appadurai, who uses this suffix to point at the complexity, fluidity and mobility of processes of globalization and the importance of the perspective of the viewer.[5] As in a landscape, the view (what you see) depends on the point of view of the observer. Using the concept 'sacroscape' points at the fluidity and mobility of the sacred, which is no longer bound to institutionalized churches. Barnard's definition of sacro-soundscapes as "movements of sacred sound through times and places"[6] immediately evokes the question: What is *sacred sound*? In a publication together with Mirella Klomp, both Barnard and Klomp seem to confine the sacro-soundscape to psalms, hymns, spiritual songs, and large musical forms from the Christian tradition (such as the Requiem, the Passion and the Stabat Mater).[7] In my approach of 'new hymnology' I will take another step: sacred sound as such doesn't exist, but every sound and every piece of music has the possibility to be experienced and interpreted as referring to the sacred.[8] I will elaborate on this issue in the second section of this paper.

In a second lecture in this series about 'new hymnology', by myself at the already mentioned conference at Løgumkloster, I discussed hymnology in the context of globalization.[9] In this (third) paper, I will continue this line of thought and try to offer theoretical profundity for what I have pointed out as 'new hymnology'.

4 Marcel BARNARD, Klanglandschaften des Heiligen jenseits der Hymnologie – Liturgisches Ritual in multikulturellen Kontexten, in: I.A.H. Bulletin 41 (2013) 21–33.

5 Arjun APPADURAI, Modernity at large. Cultural dimensions of globalization, London 1997.

6 Mirella KLOMP – Marcel BARNARD, Sacro-Soundscapes. Interpreting Contemporary Ritual Performances of Sacred Music through the Case of The Passion in the Netherlands, in: International Journal of Practical Theology 21/2 (2017) 240–258, here 254.

7 KLOMP - BARNARD, Sacro-Soundscapes, 254.

8 Martin HOONDERT – Anje DE HEER – Jan D. VAN LAAR (eds), Elke muziek heeft haar hemel. De religieuze betekenis van muziek, Budel 2009.

9 Martin HOONDERT, Hymnology, globalization and performance: a programme, in: I.A.H. Bulletin 45 (2017) [2018] 146–157.

2. From hymns and hymnals to 'musicking'

In a short article in the *Toronto Journal of Theology*, Becca Whitla describes how she is introduced to a song which is popular in Cuba, Guatemala, Argentina and elsewhere.[10] Whitla is music director in an Anglican church which neighbours an Anglican Latino congregation. The song stems from this Latino congregation and is titled *El Espíritu de Dios*.[11] Whitla describes her experience with this song as follows:

> Everyone loved singing and *moving* to it – young and old, Spanish- and English-speaking. […] When sung, it displays an intensely physical, sensual, emotive, and relational liturgical activity that has great potential to usher in a deeply embodied experience of the divine, especially by involving movements in the singing – praising (hands in the air), praying (hands held together), jumping, dancing and laughing. It entails a holistic inclusion of the entire being! Our voices vibrate in our bodies, and our bodies reverberate with the shared task of sounding the Body of Christ, explicitly animated in this song by the Spirit of God, which moves in me (us), *el espíritu de Dios (que) se mueve en mí*.[12]

2.1 *Sentipensar*

Hymnologists are used to study lyrics, music and ritual functions of hymns. In his book *Hermeneutics of Hymnody: A comprehensive and integrated approach to understanding hymns* Scotty Gray presents a comprehensive and integrated hermeneutics of hymnody:

> Hymns are a beautifully rich and complex polyphony of thoughts and feelings and sounds. There are biblical, theological, liturgical, literary, musical, historical, biographical, sociocultural, and practical voices in this polyphony.[13]

Although I am very sympathetic to his project, we have to be aware that much of the knowledge hymnologists collect, does not count for those who sing hymns. Studying hymns leads to another kind of knowledge compared to singing hymns. While we sing a hymn much of the content might disappear in the act of singing. Or perhaps only part of the content is consciously digested. While we sing a hymn, we are not busy interpreting the lyrics, but we experience the sounds with our body, taste some remarkable words and hear the choir or people surrounding us participating in the singing. We experience that the hymn acts upon us. Singing is not an expression of our thoughts, but becoming part of a sound environment, which is first and foremost a physical and sensual experience.[14]

10 Becca WHITLA, Singing as Un Saber del Sur, or another way of knowing, in: Toronto Journal of Theology 32/2 (2017) 289–294.

11 The song is available through YouTube: https://www.youtube.com/watch?v=S6ASGAwn3Tc.

12 WHITLA, Singing (cf. note 10), 289–290.

13 Scotty GRAY, Hermeneutics of hymnody. A comprehensive and integrated approach to understanding hymns, in: I.A.H. Bulletin 44 (2016) 71.

14 Martin J.M. HOONDERT, Musical Religiosity, in: Temenos. Studies in comparative religion 51, no. 1 (2015) 123–136; Erika FISCHER-LICHTE, The transformative power of performance. A new aesthetics, London – New York 2008.

To understand how the performance of hymns is experienced by participants, we need "an epistemological break from dominant Enlightenment values that privilege Eurocentric individual, rational, intellectual approaches"[15] and affirm another way of knowing, which is embodied, emotive and communal. In the words of Arturo Escobar, we have to acknowledge the singing of hymns as a *sentipensar*, a thinking that is felt.[16] In the 'new hymnology', we have to move on from hymns as object of our study to the singing of hymns. I have been inspired to this move by, among others, the cultural musicologist Christopher Small (1927–2011).[17] Small does not speak of 'music', but of musical performances, which he refers to with the verb 'to music' and the participle 'musicking' that goes with it. Meanings are created during and by the performance, in the network of all those involved in the act of 'musicking'. It is hard to verbalize and interpret this musical knowledge, but it is there, in our bodies, it is embodied and experienced knowledge.

2.2 Musical experiences as religious experiences

To understand how music acts upon the participants, we have to understand the format of (western) music. To explore this, I will make use of a book by Kathleen Harmon, who is music director for the programmes of the Institute for Liturgical Ministry in Dayton, Ohio (USA). In 2008 she published a theology of liturgical music titled *The mystery we celebrate, the song we sing*.[18] In her book she attempts to understand music from within, making use of theories by various authors. I confine my exploration to three elements of her argument.

First, music consists of sounding tones. These tones are not detached, but form a system of relations. The relations between the tones give the individual tones a dynamic quality, so the tones are constantly in motion, always on their way to the next tone. A tone becomes a musical fact through this dynamic quality. When we listen to music, we participate in this dynamism. Thus, we become part of a world that goes beyond actual perception. After all, while the tones can be measured as vibrations in the air, the inner dynamism is not measurable, but that does not make it less real. Harmon writes: "What we learn from musical hearing, is that there is more to the world than what meets the eye".[19] Musical experience teaches us that the material and the immaterial worlds are connected: they permeate each other, or rather, they are two aspects of one and the same world.

Second, the dynamic quality of the tones gives us a new relationship with time. Music takes place in time, but through the relations between the tones, the expected and realized ascents and descents, we experience the past, the present and the future at the same time. In the 'now' of the music we hear the tones that have

15 WHITLA, Singing (cf. note 10), 291.
16 WHITLA, Singing (cf. note 10), 291.
17 Christopher SMALL, Musicking. The meanings of performing and listening, Middletown CT 1998. Cf. Marcel COBUSSEN, Thresholds. Rethinking spirituality through music, Hampshire 2008, 127–139.
18 Kathleen HARMON, The mystery we celebrate, the song we sing. A theology of liturgical music, Collegeville MN 2008.
19 HARMON, The mystery we celebrate (cf. note 18), 27.

already sounded and anticipate the tones still to come. We hear the tone in the relations-network of tones, although what we actually hear is always a 'now' in which the past and the future resound. In other words, in the 'now' of the music we experience time to its full extent. Harmon writes: "Musical hearing is [...] presence to and participation in the completeness of time in every present moment".[20] This anamnetic quality of music connects it with the religious, and in particular with the ritual expression of the religious. Indeed, many rituals, e.g. the celebration of the Eucharist or Last Supper, commemorate the past in the present for the sake of the future.

Third, the working of music we experience while we are listening, the musical experience, is meaningful in itself. In this respect music differs fundamentally from language. Words refer to reality, while this reality in no way depends on words. Such a distinction can't be made for music: the meaning of music does not lie in what it refers to, but in the presence, in the sounding of the tones. In language there is a distinction between 'signifier' and 'signified'. Music focuses the listeners (and also the musicians, who are the first listeners!) on itself, it has a centripetal working. Thus, music reveals the fundamental unity that lies under or behind the diversity of our reality. We experience this in an intense way when we sing together: we are invited to participate, to join in with the sound and the 'now' of the music; we become partners in the musicking. This focused attention takes away the barriers between the participants. Harmon: "The sense of other as oppositional dissipates as we enter together into a shared new world".[21]

The description of the working of music offered by Kathleen Harmon provides us with keywords like the *connection between the material and the immaterial*, *anamnesis*, and *unity* or *totality*. We also find these keywords in the definition of the religious.[22] Referring to 'the religious', I go along with the Canadian pragmatic philosopher John Dewey (1859–1952). He distinguishes a *religion* (with its specific content and recognizable religious experiences) from *the religious*, which is an attitude that can characterize any human experience, including the experience of music.[23] Dewey describes the religious as seeing one's own position as part of a comprehensive whole, which makes life meaningful, despite its complexity.[24] Both the musical experience and the religious experience in the meaning given by Dewey are experiences of unity, experiences of totality. From the perspective offered by Dewey, there is an analogy between the musical and the religious experience, without reducing the one to the other. From a performative perspective, i.e. studying music as performance, musical experiences can be interpreted as religious experiences.

20 HARMON, The mystery we celebrate (cf. note 18), 33.

21 HARMON, The mystery we celebrate (cf. note 18), 39.

22 Koji MATSUNOBU, Spirituality as a Universal Experience of Music. A Case Study of North Americans' Approaches to Japanese Music, in: Journal of Research in Music Education 59/3 (2011) 273–289.

23 For DEWEY, see Joop BERDING, De participatiepedagogiek van John Dewey. Opvoeding, ervaring en curriculum, Leiden 1999.

24 Ina TER AVEST, 'Dat geloof ik wel'. Over de ervaarbare praktijk van verborgen religiositeit, in: Leo VAN DER TUIN – Peter VAN ZILFHOUT (eds.), De nieuwe kleren van religie, Eindhoven 2011, 47–57, here 49.

3. FROM INSTITUTIONAL RELIGION TO CULTURALLY SACRED VALUES

By exploring the analogy between musical and religious experiences, we have touched upon the second concept of the definition of 'new hymnology': religion. The example mentioned in the introduction of this paper, already pointed at the process of globalization which influences the position and expression of religion. And using Dewey's conceptualization of 'the religious' as distinct from the concept 'religion', we enter a broad area that Marcel Barnard has indicated as 'sacroscape'.

3.1 Global religions

To explore both the conceptualization and the reality of religion in the 21st century, I will make use of Bryan Turner's book *Religion and modern society*. In this book, Turner distinguishes between global religion and global religions. Let us first elaborate on the latter. Global religions refer to the transformation of existing religions by globalising processes.[25] As examples, Turner mentions the emergence of religions as worldwide systems of leadership and institutional apparatus on the one hand and the competing of these world religions on a worldwide spiritual or religious market on the other. Also the growth of diasporic communities, primarily in global cities, is an example of the globalization process.

The emergence of a worldwide spiritual or religious market in combination with the dominance of individual self-development in the Western world, has led to religious experimentation. Sociologists have identified the emergence of a quest culture ('the quest is the best')[26] that attempts to find meaning experimentally from different religious, spiritual and non-religious traditions. "The result is growing religious hybridity. [...] Spiritual markets, religious individualism and hybridisation create problems for traditional forms of authority, and their individualism is often incompatible with the collective organisation of traditional religiosity."[27] Applying these dynamics to hymnology (and the same counts for theology in general), I conclude that hymnologists cannot continue to act as if the denominational organization structures nowadays are still the same as in the 1950s. Hymnologists have to respond to these actual, religious situations in which hymns are used and produced.

3.2 Global religion or religious globalization

Turner mentions a second approach to globalization and religion: global religion (singular) or religious globalization. In this approach Turner follows the theory

25 Bryan S. TURNER, Religion and modern society. Citizenship, secularisation, and the state, Cambridge 2011, xiii.
26 C. Daniel BATSON – Patricia SCHOENRADE – W. Larry VENTIS, Religion and the individual. A social-psychological perspective, New York 1993.
27 TURNER, Religion and modern society (cf. note 25), xvi.

on religion by Emile Durkheim and an essay written by the French philosopher Jacques Derrida, *On Cosmopolitanism and Forgiveness* (2001). To explain what he means to be religious globalization, Turner refers to the link between globalization and law, especially the human-rights agenda which came up after the Second World War, resulting in the Universal Declaration of Human Rights by the United Nations in 1948. Turner states that "[r]eligious assumptions about suffering and healing have played an important role in shaping human-rights institutions".[28] Truth, forgiveness and reconciliation have turned out to be of great importance in the aftermath of civil wars and genocides and "Judaeo-Christian religious assumptions have been globalised in the reparations culture."[29] We only have to re-imagine bishop Tutu as a member of the Truth and Reconciliation Commission in South Africa to see the religious content of these concepts, although in a legal context.

If we look back at the consequences of the dynamics of globalization in the context of religion, we might become a bit pessimistic about the position of religion in our society. Indeed, the influence and importance of institutionalized religions have declined and (religious) truth has turned out to be fragmented and convertible. At the same time, we have seen that religious values have become part of a global religion. We do not live in a 'secular age'[30], but in post-secular societies in which religion has not disappeared but changed. The decline of institutional religion goes along with complex and confusing developments such as the growth of Secular Sunday Assemblies, the promotion of religious, ascetic lifestyles such as body management (sports, wellness cults) and dieting, and the growth of youth cultures that blend secular music with religious themes.[31] The institutional form of religion is being replaced by more individualistic forms. We experience the sacred (I use this abstract concept to avoid a specific religious or denominational interpretation of the sacred) in for example the performance of Bach's *Matthäuspassion*,[32] in concert-like performances of Anglican evensong (very popular in the Netherlands),[33] during a performance of Simeon ten Holt's *Canto Ostinato*. The philosopher Charles Taylor – well-known from his book *A secular age* – considers these performances as vicarious rituals: they offer what people elsewhere can't find anymore. These performances are a response to:

> [...] a deep desire to recover a sense that we live in a meaningful cosmos. But this is answered now by poetry (and also music and visual arts ...) which makes us sense

28 TURNER, Religion and modern society (cf. note 25), xix.
29 TURNER, Religion and modern society (cf. note 25), xxi.
30 Charles TAYLOR, A secular age, Cambridge MA 2007.
31 TURNER, Religion and modern society (cf. note 25), 279.
32 Jan LUTH, 'Naar de Mattheus'. Over de populariteit van een Nederlands ritueel, in: Justin KROESEN – Yme KUIPER – Pieter NANNINGA (eds.), Religie en cultuur in hedendaags Nederland. Observaties en interpretaties, Assen 2010, 22–27; Wolfgang FUHRMANN, Die Heiligsprechung Johann Sebastian Bachs, in: Musik und Ästhetik 18, vol. 64 (January 2014) 12–33.
33 Hanna RIJKEN – Martin J.M. HOONDERT – Marcel BARNARD, The 'Anglican Virus'. The Emergence of Anglican Music in the Netherlands, in: Jahrbuch für Liturgik und Hymnologie 54 (2015) 131–154.

> our belonging to something greater, but it leaves the nature of this whole uncharted, largely hinted at, grasped only in fragmentary fashion.[34]

3.3 Religious and civil rituals

In the previous paragraph I already shifted the focus from religion or the sacred as an abstract concept to rituals as expression and performatives of religion/the sacred. We cannot study 'religion' as such, but we can study behaviour of people which they themselves or we as scholars interpret as religious behaviour. Singing and musicking might be interpreted as religious behaviour, as we have seen in reference to Kathleen Harmon's book. My approach of religion and ritual is not new, but is strongly influenced by Emile Durkheim's sociology of religion, as published in his famous 1912 book *The elementary forms of religious life*.[35] Durkheim looked at rituals as means to give places, moments or objects a special status. Through rituals, we set apart a moment in time, a place or an object. This 'set apart' quality is, according to Durkheim, the sacrality of the ritualized moment, place or object. So, through ritualizing we distinguish between the sacred and the profane. From this perspective, we might say that musicking is a way of ritualizing. For example, when we sing the national anthem, we ritualize the occasion. This happens at national remembrance days, sacred days on the nation's calendar. When a mother or a father sings a lullaby, he or she is ritualizing the child's moment of going to bed and it becomes a sacred moment. The 'set apart' quality that characterizes the sacred makes it possible to incorporate both supernatural and natural references.[36] The sacred, as set apart category, can refer to the supernatural (God, transcendence) and to the natural (the immanent, unnegotiable values of a society etc.). Why should theologians, liturgists and hymnologists confine their expertise to the institutional sacred, the sacred which seems to be monopolized by the churches? Due to the dynamics of globalization, hybridization, mixing and blending, there is much more sacrality in our societies, sacrality which is, at least partly, produced by musicking as a ritual activity. So, as a hymnologist, I am interested in the hymns used in churches, in the hymns used in soccer stadiums, in national anthems used at the occasion of commemorations, in songs made for festive days, in music (including pop music) used as part of cremation rituals as strong indicators of attitudes towards death. Religious rituals and civil rituals belong to the same category of 'ritual', they do the same, i.e. expressing and producing sacred values. And music is an important part of rituals and I, as a hymnologist, have the tools to study music as part of rituals. So, why should I confine myself to studying hymns in the context of institutionalized religion?

34 https://www.eborakon.com/2016/08/04/our-subtler-languages-an-interview-with-charles-taylor/ [accessed 26 January 2018].

35 Emile DURKHEIM, The elementary forms of religious life, translated by Joseph Ward Swain, London 1971. Original French edition from 1912.

36 M. EVANS, The sacred. Differentiating, clarifying and extending concepts, in: Review of Religious Research 45/1 (2003) 32–47.

4. TOWARDS A 'NEW HYMNOLOGY': EXAMPLES, THEORIES AND CONCEPTS

By describing the main concepts of the definition of 'new hymnology', I have described the theoretical framework which is at the background of 'new hymnology'. I also touched upon some topics which might be studied in 'new hymnology'. Of course, I am not the first one to open up hymnology into the more open and broad study of music, religion and ritual. In the last part of my paper, I will discuss some promising examples of 'new hymnology', and, referring to these examples, I will present some more concepts and approaches which might be useful in 'new hymnology'.

4.1 Congregational music

One field which tries to open up hymnology is 'Christian congregational music studies'.[37] In the 2013 book *Christian Congregational Music. Performance, Identity and Experience*, Monique Ingalls, Carolyn Landau and Tom Wagner go beyond the traditionally used concepts of hymns and hymnody and use the term 'congregational music' to avoid the binary of 'traditional hymns' versus 'contemporary songs', often in popular music styles, a binary that the term 'hymnody' brings with it.[38] Although the context in which the research takes place is ecclesio-centric and lacks reflection on what 'congregation' is in the contemporary complex religious landscape or sacroscape, I am sympathetic to this project because of the open and broad approach of music as part of Christian rituals in all kinds of contexts.

4.2 Soft identity of hymns

The Swiss hymnologist Andreas Marti applies the concept of 'soft identity' to hymns. In his lecture at the 2017 conference of the *Internationale Arbeitsgemeinschaft für Hymnologie* he referred to the aim of classical hymnology to find the original version of a hymn. I quote:

> Classical hymnology, an inheritance of the 19th century, was for a long time centred principally on the historical verification of normative hymn versions. [...] In this process, an inherent methodological difficulty arose, for such original versions often could not be determined beyond doubt; this was certainly not just in the case of pre-Reformation hymns sourced from oral and manuscript traditions, but also with more recent hymns. [...] One speaks here of a 'soft identity' of hymns, which very often

37 See congregrationalmusic.org and the Routledge series 'Congregational Music Studies', see https://www.routledge.com/Congregational-Music-Studies-Series/book-series/ACONGMUS [accessed 29.06.2018].

38 Monique INGALLS – Carolyn LANDAU – Tom WAGNER, Christian Congregational Music. Performance, Identity and Experience, Surrey 2013, 2–3.

> wander through history and through hymnals as a sort of text cloud with commonalities and differences.[39]

To acknowledge the soft identities of hymns is more than just a methodological correction. It takes reception and the cultural context of performance into account as a serious source of knowledge. Hymnology as reception research takes linguistic, musical, societal, and theological developments into account and transforms hymnology into a cultural research area of broad scope.[40]

An excellent example of this kind of reception research was given by Michael Fischer at the same 2017 conference of the IAH. Fischer started his lecture by referring to Hermann Kurzke, who made an effort for hymnology as an academic, interdisciplinary and cultural research area. Fischer considers himself as follower of Kurzke's approach of hymnology as culture studies and shows how reception research can be performed by studying Luther's hymn *Ein feste Burg ist unser Gott*. Although Fischer does not use Marti's concept of 'soft identity', his approach fits the methodological transformation of hymnology Marti proposes. Quoting Kurzke, Fischer writes "die Wirkungsgeschichte eines Textes" sei "nicht nur als Folge von unzureichenden und falschen Interpretationen des Urtextes zu sehen", sondern als "sukzessive Entfaltung eines Sinnpotentials".[41]

Although Kurzke and Fischer stay close to classical hymnology by sticking to Christian hymns, their approach can be widely used in other contexts in which music, (civil) ritual and religion or sacred values intersect. From my own research I mention the reconciliation songs that have been written in relation to the 1994 genocide in Rwanda, Africa. These songs, written by local singer songwriters, were commissioned by the national government as a way of dealing with the past, to shape cultural memory and to reach reconciliation between perpetrators and victims in Rwandese society.

Fischer, in the last section of his lecture, gives some indications to transform hymnology into culture studies. An important condition is to get rid of some '-ismes' which characterize classical hymnology:

> Die traditionelle Hymnologie müsste dementsprechend verschiedene ‚Ismen' [...] vollständig ablegen, insbesondere den Historismus, Positivismus, Dogmatismus, Konfessionalismus, Traditionalismus und Ästhetizismus.[42]

The main point in transforming hymnology into culture studies is Fischer's indication to perform hymnology as a secular, academic study. Fischer proposes to link hymnology to religious studies (Religionswissenschaft instead of theology) and then takes the radical step that I propose in designing 'new hymnology':

> Auf inhaltlicher Ebene würde eine säkulare Ausrichtung der Hymnologie dazu führen, dass ihr Gegenstand auf alle Formen der Musik ausgeweitet werden kann, die

39 Andreas MARTI, The Reception of the spiritual song (geistliches Lied) as an object of hymnology, in: I.A.H. Bulletin 45 (2017) [2018] 114–129, here 114.

40 MARTI, The Reception (cf. note 39), 127–128.

41 Michael FISCHER, Hymnologie als Kulturwissenschaft. Eine rezeptions- und diskursgeschichtliche Studie zum Lutherlied Ein feste Burg ist unser Gott, in: I.A.H. Bulletin 45 (2017) [2018] 97–113, here 99–100, referring to Hermann KURZKE, Hymnen und Lieder der Deutschen, Mainz 1990, 229.

42 FISCHER, Hymnologie als Kulturwissenschaft (cf. note 41), 108.

> implizit oder explizit Religiöses zum Ausdruck bringen, auch außerhalb christlicher Denominationen bzw. Institutionen sowie in popularreligiösen Kontexten (etwa in den performativen und medialen Darbietungen populärer Musik).[43]

In the last sentences of his lecture he proposes to abandon 'hymnology' as term and to look for a new name of a multidisciplinary platform that gathers scholars who research 'religiöse Liedkulturen'. Unfortunately, Fischer here once again narrows the topic of 'new hymnology' to repertoires which are culturally recognized as religious. In my approach, 'new hymnology' focuses on music and musicking *as ritual* which expresses and produces sacred values. These values might fit into the framework of institutionalized religions and theologies, but also culturally sacred values, such as freedom, humanity, paying respect to victims of war etc., can be studied through 'new hymnology'.

4.3 Music and cultural views of death and afterlife

In the last section of my paper, I will shortly refer to the research performed at Tilburg University regarding death rituals and music. The research team consists of Janieke Bruin (PhD student), Menno van Zaanen (specialized in computational research of music databases) and myself, and the main focus of our research are musical repertoires of cremations and funerals.[44] We link these repertoires to cultural views of death (and afterlife). As Venbrux, Peelen and Altena have stated, there is "considerable mortuary variation in the modern West" and the Netherlands is, comparatively speaking, "one of the most secularized countries of the world."[45] Our western culture is fragmented and individualized, also regarding the way we understand and deal with death. These characteristics become increasingly traceable in the way we ritually deal with death, with music as a strong indicator of this process.

A great deal of the music that sounds in the crematorium is linked to the deceased's identity. It is music that reminds of important episodes in life, or music that was favorite to the deceased. In listening to music that was important for the deceased, the community of mourners pays respect and pays tribute to the deceased. The focus in listening is not on the content or lyrics of the music (in case there are lyrics), but on what it recalls: the deceased's identity. By using this kind of 'memory music' the community of mourners celebrates the deceased's life. The use of memory music during cremations and funerals in general points at the importance of the remembrance of each individual deceased. Moreover, it reveals how in the secularized and individualized Dutch society next of kin don't let have death the last word. Instead, they keep the memory of the deceased alive by re-

43 FISCHER, Hymnologie als Kulturwissenschaft (cf. note 41), 111.

44 Janieke MOLLENHORST – Martin HOONDERT – Menno VAN ZAANEN, Musical parameters in the playlist of a Dutch crematorium, in: Mortality 21/4 (2016) 322–339; Martin J.M. HOONDERT, Geruststellende klanken. Muziek en crematierituelen, in: Nederlands theologisch tijdschrift 68/1 (2014) 120–131. Martin HOONDERT – Janieke BRUIN-MOLLENHORST, Music as a lens to study Death Rituals, in: Jaarboek voor liturgie-onderzoek / Yearbook for Ritual and Liturgical Studies 32 (2016) 87–104.

45 Eric VENBRUX – Janneke PEELEN – Marga ALTENA, Going Dutch. Individualisation, secularisation and changes in death rites, in: Mortality 14/2 (2009) 97–101, here 97.

calling the deceased's life in a respectful and positive way. The sacred value here is the urge to remember. A great part of the music in cremations and funerals does not tell about heaven, afterlife or any other kind of literal immortality, but is a reflection of the social immortality, i.e. immortality which depends on the social environment of the deceased. It is the duty of the community of mourners to remember the name of the deceased, his or her music and lifestyle. To study the relation between musical repertoires, death rituals and the way we deal with death as a culturally sacred value is a way of doing new hymnology.

Der katholische Gottesdienst in postmodernen Zeiten

Eine pastoraltheologische Kontextanalyse[1]

Rainer Bucher

Die Pastoraltheologie nimmt klassisch eine Erfahrungs-, Gegenwarts- und Basisperspektive ein. Das unterscheidet sie vom dogmatischen Diskurs mit seiner Traditions- und Normativitätsperspektive – und wirft sofort zwei Probleme auf.

Zum einen ist die Gegenwart weder intellektuell, noch sozial, noch kulturell so einfachhin überschaubar. Das macht sie geradezu aus. Zum anderen kann die Pastoraltheologie dem dogmatischen Diskurs mit seiner Traditions- und Normativitätsperspektive nicht einfach ausweichen, allein schon wegen des konziliaren Pastoralbegriffs, der beide Perspektiven bekanntlich integriert. Dass umgekehrt der dogmatische Diskurs freilich auch nicht der prekären, fluiden und unüberschaubaren Situation der Gegenwart ausweichen kann, will er Sinn und Bedeutung der Tradition nicht nur museal verwalten, sondern wirklich präsentieren, ist auch unbestreitbar.

Mein Statement und jenes meines verehrten Lehrers Ottmar Fuchs (vgl. den folgenden Beitrag in diesem Buch, S. 125–144) sind in dieser Spannung situiert und umspielen sie von beiden Polen her.

1. Postmoderne Zeiten: eine kleine Skizze

Mit Harmut Rosa und Aleida Assmann möchte ich unsere Gegenwart als Postmoderne bestimmen und von der in ihr herrschenden Temporalstruktur her definieren. „Die Postmoderne", so Assmann, „ist die Epoche, für die die Zukunft nicht mehr eine Dimension des Wünschens, Hoffens und Versprechens, sondern vornehmlich eine Dimension der Risikoberechnung und Kostenkalkulation geworden ist."[2] Für Rosa liegt denn auch die „kulturelle Krisenerfahrung" der Gegenwart „in dem gleichzeitigen Verlust einer referenzstiftenden Vergangenheit und einer sinnstiftenden Zukunft".[3] Wir erlebten nichts weniger als „das Ende der verzeitlichten Geschichte der Moderne, d.h. das Ende einer Zeiterfahrung, in der

1 Überarbeitete und gekürzte Fassung von: Rainer Bucher, Der katholische Gottesdienst in postmodernen Zeiten. Pastoraltheologische Perspektiven, in: Liturgisches Jahrbuch 64 (2014) 143–157.

2 Aleida Assmann, Abendländische Zeit-Konstruktionen. Versuch einer Übersicht, in: Ars Semeiotica 20 (1997) 5–23, hier 6.

3 Hartmut Rosa, Beschleunigung. Die Veränderung der Zeitstrukturen in der Moderne, Frankfurt/M. 2005, 424.

die historische Entwicklung ebenso wie die lebensgeschichtliche Entfaltung als gerichtet und kontrollierbar […] erscheinen".[4]

Die Postmoderne, das wäre dann jene Zeit, in der weder wie in vormodernen Zeiten die Gegenwart von der Vergangenheit normativ dominiert wird – real natürlich von den Vorstellungen, die jeweilige Gegenwarten von spezifischen Vergangenheiten sich machten –, noch die Gegenwart auf Utopien ausgerichtet wird, die man für eine – vermeintlich bessere – Zukunft entwickelte, wie es in der klassischen Moderne geschah.

Heute geht es individuell wie gesellschaftlich zuallererst darum, die eigene Gegenwart überhaupt zu begreifen, weil sie weder als die defizitäre Nachgeschichte einer glorreichen Vergangenheit noch als die unvollkommene Vorgeschichte einer herrlichen Zukunft begriffen werden kann, insofern sie ein einziger Überraschungsgenerator ist und in ihr permanent Phänomene auftauchen, die so neu sind, dass noch gar nicht begriffen werden kann, wie neu sie sind, und eben dieses Nichtbegreifen, genauer: die Einsicht in die Unvermeidlichkeit des Nichtbegreifens das Neue darstellt.

Was bedeutet das für die Aufgabe der Kirche? Es bedeutet, in der schönen Formulierung von Michael Schüßler, dass „die Inkulturation des Evangeliums hierzulande aus ihren modernen Festkörpern hinaus aufs offene Meer [driftet]: […] Nicht die Dialektik von Kontinuität und Unterbrechung, sondern das Ereignis, der jeweils nächste Schritt in einem unsicheren Gelände wird zum neuen Inkulturationsort des Evangeliums."[5]

2. DIE RELIGIÖSE LAGE

Was ergibt sich daraus für die Formatierung religiöser Praktiken, Weltwahrnehmungskonzepte und Handlungsnormierungen?

Ich möchte hier die These vertreten, dass der dominierende Horizont aller kirchlichen Praktiken – und übrigens wohl auch der Grund für die oben beschriebene postmoderne Konstellation – etwas ist, was ich den *kulturell hegemonialen Kapitalismus* nenne. Er nimmt heute die Stelle der höchsten Souveränität ein als jene Größe, die niemanden zu fragen hat, die aber alle fragen müssen. Sein Erfolgsrezept: Er steuert nicht über Gehorsam, wie vor ihm Religion und Staat, sondern über Sehnsuchtsproduktion und Wunscherfüllung, nicht extrinsisch, sondern intrinsisch.

Kulturell hegemonialer Kapitalismus meint nicht nur, dass sich die Logik und die Mechanismen des Marktes in immer mehr gesellschaftliche Teilsysteme ausbreiten und deren Eigenlogiken unterwandern und überformen. Nein, klassisch kapitalistische Prinzipien wie Wettbewerb, Verdinglichung, Quantifizierung,

4 ROSA, Beschleunigung (s. Anm. 3), 451.

5 Michael SCHÜSSLER, Auf dem Sprung in die Gegenwart. „Unsere Hoffnung" als Inspiration für das Zeugnis vom Gott Jesu in unserer Zeit, in: Pastoraltheologische Informationen 31 (2011) 53–80, hier 70.

Monetarisierung, extrinsische Motivationsanreize und intrinsische Motivationssteuerung, dichte Rückkopplungsnetze, all diese ungeheuer erfolgreichen Dynamisierungsprozesse, die ja auch Befreiungsprozesse aus den ständischen Schalen des Geschlechts, der Nation, der Religion, der Geburtsfamilie sind, all diese großen Versprechen, die der Kapitalismus gibt, all dies schreibt sich uns tief in Schichten ein, die man so gerne davor geschützt gesehen hätte, die es aber nicht sind, will man kein unkorrumpierbares, dekontextualisiertes Selbst ganz im eigenen Inneren annehmen – das es aber nicht gibt.

Der kulturell hegemoniale Kapitalismus ist souverän, nicht zuerst, weil er sich, wie der Staat, des äußeren Machtapparates bemächtigt, sondern weil er sich der Menschen auf einer viel wirksameren Ebene bemächtigt, jener, die sie zu dem macht, was sie sind: Er bemächtigt sich ihrer Sehnsüchte und Hoffnungen, ihrer Ängste und Nöte. Er formt bereits Freude und Hoffnung, Trauer und Angst der Menschen von heute und dann befriedigt er sie, er gibt all dem Sprachen, Bilder und – Erfüllung: konkret und fassbar.

Der kulturell hegemoniale Kapitalismus drängt die alten Angsterzeuger und Angstbewältiger, Sehnsuchtsproduzenten und Sehnsuchtserfüller damit ins zweite Glied. Oder noch weiter zurück. Die einschlägigen Untersuchungen zeigen: Unter der Herrschaft des Kapitalismus verschwindet Religion nicht, aber sie wird extrem relevanzgemindert.

Für die Religionen bedeutet dies ihrerseits zum einen manifeste *Epigonalität*. Denn der Kapitalismus macht, was alle Souveräne ausmacht, er macht sich die anderen untertan, auch die Religionen. Sie müssen sich in seinem Machtfeld situieren. Und sie tun es auch, weltweit. Man kann ein Spektrum aufmachen: Vom „Kapitalismus als Religion“ (W. Benjamin) zu kapitalismusaffinen Aufsteigerreligionen, etwa den Pfingstkirchen, über das christdemokratische Arrangement zu kapitalismuskritischen religiösen Ansätzen wie der Theologie der Befreiung oder auch Positionen von Papst Franziskus, bis zum gewaltsamen Kapitalismuswiderstand, der sich aktuell vor allem gegen seine kulturellen Befreiungseffekte richtet, lässt sich diese Positionierung der Religionen gegenüber dem Kapitalismus dann reihen.

Die Herrschaft des Kapitalismus bedeutet für die Religionen aber auch *Polarisierung* als Ausdünnung der religiösen Mitte. Gestärkt werden die Ränder des religiösen Partizipationsspektrums, also völlige Religionsdistanz und religiöser Fundamentalismus, wie es zum Beispiel in den USA, aber nicht nur dort, zu beobachten ist.

Drittens aber bedeutet Herrschaft des Kapitalismus für die Religionen deren *Spiritualisierung*. Die zentrale Schwäche des Kapitalismus ist die radikale Privatisierung der mit ihm verbundenen Risiken. Es baut sich so ein enormer Druck auf die Individuen auf, trotz des „rasenden Stillstandes“ (Paul Virilio) des modernen Kapitalismus nicht zu verzweifeln. Die gar nicht mehr verborgene Nützlichkeit der Religion besteht dann genau darin, in Zeiten nicht mehr wirklich steuerbarer Beschleunigung und enormen individuellen Optimierungsdrucks nicht „durchzudrehen“.

3. Die Dekonstruktion von Kirche

Von diesem Befund her lassen sich viele aktuelle und irritierende Phänomene im Kontext kirchlicher Praktiken als umfassende Dekonstruktion der Kirche(n) beschreiben.

An Stelle normativer Integration tritt die situative, temporäre, erlebnis- und intensitätsorientierte Partizipation auch im religiösen Feld. Um es in ökonomischen Termini zu fassen: Die Kirche wird aktuell von ihrer Konsumentenseite her umformatiert, insofern die klassischen kirchlichen Produktionsbedingungen von Religion und Pastoral und deren Konsumbedingungen nicht mehr selbstverständlich zueinander passen, schon allein, weil sich die Institutionen der Religion nicht unter den Kategorien von Produktion und Konsum verstehen, aber genauso heute genutzt werden und zwar ganz unabhängig davon, wie sie sich dazu stellen, ihr Protest dagegen also ins Leere läuft.

Niemand kann die Partizipationsmotive der Abnehmerinnen und Abnehmer kirchlicher Praktiken, kognitiver Welterklärungsangebote oder religiöser Handlungsnormierungen mehr kontrollieren. Alle kirchlichen Handlungsorte geraten damit unter den permanenten Zustimmungsvorbehalt und individuellen Sinnzuschreibungshorizont ihrer eigenen Mitglieder.

Damit wandeln sich ihre internen Kommunikationsverhältnisse von Herrschaftsbeziehungen zwischen Anweisenden und Ausführenden in Tauschbeziehungen zwischen Anbietern und Nachfragenden: überall – außer im Hauptamtlichensektor, der damit im Übrigen in eine wirkliche kategoriale Differenz zum übrigen Volk Gottes gerät.

Die neue Lage trifft die katholische Kirche an einem wunden Punkt gerade ihrer neuzeitlichen Geschichte: ihrer institutionellen Lebensform. Diese institutionelle Lebensform ist gerade im katholischen Bereich mächtig und eindrucksvoll. Gegenwärtig aber muss die Kirche damit umgehen, dass mit ihr umgegangen wird und dass auch ihre stolze Institutionalität dies nicht verhindert. Im Gegenteil: Aus den Resten dieser alten stolzen Institutionalität, etwa ihrer religionspolitischen Privilegierung, ihrem enormen Reichtum, der Sakralisierung ihres Priestertums, der lange unumschränkten Pastoralmacht gerade im Erziehungsbereich und dem Fehlen menschenrechtlicher Mindeststandards in ihrem Rechtssystem, fliegen ihr gegenwärtig in regelmäßigen Abständen delegitimierende Trümmer um die Ohren.

Religion und damit eben auch alle kirchlichen Praktiken, Weltwahrnehmungskonzepte und Handlungsnormierungen werden unter ein individuelles Nutzenkalkül gestellt – und das gilt nach allen Daten, die wir haben, auch für Katholiken und Katholikinnen. Die Mehrheit bilden jene Ritualnutzer, *user*, die, für relativ viel Geld übrigens, nur noch Lebenswendenriten von der Kirche abfragen und die ansonsten wahrscheinlich ein versicherungsartiges Kalkül („Man kann es vielleicht mal brauchen.") in der Kirchenmitgliedschaft hält.

Tobias Kläden fasst in einer Auswertung der neuesten SINUS-Studie das, was jene, die noch etwas von der Kirche erwarten, überhaupt von der Kirche möchten, in folgende Wünsche zusammen: spirituelle Orientierung, Sicherheit und Sinn, seelsorgerliche Begleitung in schwierigen Lebenslagen, Gemeinschaft von Gleichgesinnten in Fröhlichkeit und Lebendigkeit und ein tröstliches Ende in Sterben und Tod.[6] Konkret gefüllt werden diese generellen Erwartungen dann in den differenten Lebensstilmilieus natürlich äußerst unterschiedlich.

In dieser Lage bilden sich zudem neue, hierarchieunabhängige kirchliche Sozialformen an den Rändern und jenseits der Grenzen klassischer Kirchlichkeit, in denen die geltenden kirchenrechtlichen Formatierungen mehr oder weniger clandestin überspielt werden.

4. FOLGEN FÜR DEN GOTTESDIENST

Was bedeutet dies alles für den Gottesdienst? Dass auch kirchliche Gottesdienste nicht mehr verpflichtende Veranstaltungen einer mehr oder weniger feststehenden „Gemeinde", sondern zunehmend situative Zusammenkünfte von Menschen sind, die kurz vorher beschlossen haben, sich diese Stunde gerade hier und gerade heute „zu geben", das dürfte sich mittlerweile herumgesprochen und jeder halbwegs sensible Vorsteher eines Gottesdienstes auch bemerkt haben.

Alle Gottesdienste nähern sich damit übrigens dem „event"-Begriff, insofern Events dadurch charakterisiert sind, dass sie die Gemeinschaft erst schaffen, die sich auf ihnen versammelt. Klassisch sind Events freilich auch als mehr oder weniger singuläre Ereignisse definiert,[7] weshalb Weltjugendtagsgottesdienste sicher Events sind, Kasualliturgien in hohem Maße auch und der normale Sonntagsgottesdienst so etwas wie ein Partialevent, insofern er für viele doch mit einer gewissen Regelmäßigkeit besucht wird, andererseits für viele der einzige Bezug zu kirchlichen Handlungsorten bleibt und unter dem permanenten situativen Zustimmungsvorbehalt steht, welcher in seiner konkreten Auflösung wiederum von den individuellen Sinnzuschreibungen dieser TeilnehmerInnen abhängig ist. Anders gesagt: Wenn man nicht erlebt, was man sich erwartet, geht man schon lange nicht mehr hin, das sind bekanntlich was den Sonntagsgottesdienst betrifft in Deutschland und Österreich über 80 Prozent der Kirchenmitglieder.

Nun kann man aus den erwähnten SINUS-Milieustudien auch rekonstruieren, welche teilweise extrem divergierenden Erwartungen die unterschiedlichen sozio-kulturellen Milieus unserer Gesellschaft an die kirchlichen Räume, die Priester und auch den Gottesdienst stellen. Wenn der Priester Glaubenshüter bei den Konservativen, Mystiker bei den Experimentalisten und Animateur im Milieu der bürgerlichen Mitte sein soll, dann muss gerade der Gottesdienst dies widerspiegeln – und kann es als flächenbezogener Pfarrgottesdienst natürlich nicht.

Angesichts der völlig freien Marktlage kirchlicher Handlungsorte und des Verlustes jedes transzendenten und/oder sozialmoralischen Drohpotentials kann man

6 Vgl. Tobias KLÄDEN, Ein knapper Überblick zum MDG-Milieuhandbuch „Religiöse und kirchliche Orientierungen in den Sinus-Milieus 2013", in: Kath. Arbeitsstelle für missionarische Pastoral (Hg.), Milieus fordern heraus, Erfurt 2013, 6–13, hier 11.

7 Vgl. Winfried GEBHARDT u.a. (Hgg.), events. Soziologie des Außergewöhnlichen, Opladen 2000.

freilich auch umgekehrt die Frage stellen, was den Gottesdienst überhaupt noch am Markt hält, was ihn in postmodernen Zeiten zumindest relativ marktattraktiv macht.

Ich kann hier nur einige Hinweise geben, denn wie etwa die mittlerweile berühmte Studie von Först und Kügler zu den „Kasualienfrommen" und die wenigen anderen einschlägigen empirischen Studien zu Erleben und Sinnzuschreibungen gottesdienstlicher Praxis etwa von Uta Pohl-Patalong gezeigt haben, kennen wir die Partizipationsmotive und individuellen Kalküle der GottesdienstteilnehmerInnen noch kaum. Man brauchte sie ja auch bisher nicht zu kennen, da man die Kontrolle über die Rückkopplungskanäle hatte und gerade *nicht* veröffentlicht sehen wollte, was die Gläubigen wirklich im Gottesdienst erleben, von ihm denken, wie sie ihn verstehen und welchen Sinn sie ihm zuschreiben. Denn das war entweder sowieso das, was die wissenschaftlichen und hierarchischen Autoritäten zu denken vorgaben – oder sanktionsbewehrte Abweichung.

Was ist nun aber das Attraktive am christlichen Gottesdienst heute? Ich kann hier nur vermutend resümieren:

Man muss nichts verstehen, man muss nicht dazugehören, er kostet nichts, weil er in der Kirchensteuerflatrate inkludiert ist (und selbst wenn man die nicht zahlt, kann man teilnehmen) – und man kann doch etwas erleben und bekommt unter Umständen, was man am meisten ersehnt und braucht: Trost und Segen in Ritus und Wort.

Was ist das Unattraktive: Wenn man etwas versteht, dem man nicht zustimmt, wenn man dazugehören muss, obwohl man es nicht will oder kann, und wenn man in ihm nichts erlebt und sein eigenes Leben nicht getröstet und gesegnet erfährt.

Anders gesagt: Liturgie scheint auf dem religiösen Markt eines der marktgängigeren Angebote der Kirchen zu sein: Sie ist niederschwellig, interpretationsoffen, nicht-zustimmungspflichtig, wohl-eingeführt, kostet nichts, ist dabei sinnlich, erlebnisdicht, tröstet und verspricht transzendenten Schutz und Segen.

Da sich im Gottesdienst zudem die hochreligiösen Traditionen eines seit Jahrtausenden eingeführten Qualitätsanbieters und die populare Religiosität auf eigenartige und relativ unkomplizierte Weise mischen, viel einfacher etwa als im kognitiven Bereich, wird der Gottesdienst ein ungewöhnlich dehnbarer, flexibler, postmodern geradezu idealer kirchlicher Handlungssektor. Was freilich nicht bedeutet, dass das alte Monopol auf religiöse Riten aufrechterhalten bliebe, die Entwicklungen der Bestattungskultur oder von nach-christlichen Heiratsriten sind hierfür ein schönes Beispiel.

Es heißt nur, dass der christliche Gottesdienst eine relativ große Überlebenschance auf dem religiösen Markt besitzt, heißt theologisch freilich auch, dass man in eine ganz neue kriteriologische Lage kommt, nämlich entscheiden zu müssen, wie man auf dem Markt Erfolg hat, ohne das zu verraten, was man als Zentrum des Eigenen definiert, wobei man dann – kommt es zum kriteriologischen Schwur – schnell realisiert, dass dieses Zentrum in den eigenen Reihen ganz unterschiedlich definiert wird.

Wie nun reagiert die katholische Kirche in ihrem gottesdienstlichen Sektor auf diese neue Lage?

Die Römischen Instruktionen der Ära Benedikt XVI. und Johannes Paul II. fuhren auch in der Postmoderne jene klassische Reaktionsstrategie, die man bis zum II. Vatikanum auf alle modernen Verflüssigungs- und also Relativierungsprozesse gefahren hat: Inklusion durch Exklusion, Qualitätskontrolle durch Recht, Habitusnormierung, Distanzkontrolle und normative Interpretationen der Sinngehalte gottesdienstlicher Feiern. Das besitzt ein typisch modernes sozialtechnologisches Format und geschieht nicht ohne einen Schuss Maoismus, wenn das Volk aufgefordert wird, die eventuell unbotmäßige mittlere Funktionärsschicht bei der Zentrale anzuzeigen.

Wie aber reagiert die professionelle Basis? Wenn ich recht sehe, durch einen dreifachen Auffächerungsprozess:

- durch die Akzeptanz der Auffächerung der von den Teilnehmerinnen und Teilnehmern den gottesdienstlichen Feiern zugeschriebenen Sinngehalte bei herkömmlichen gottesdienstlichen Feiern,
- durch die Auffächerung des gottesdienstlichen Spektrums (innerhalb und außerhalb des legitimen Spektrums) und
- durch die Auffächerung der deutschsprachigen Diözesen entlang der Frage, ob die notwendige Positionierung der weniger werdenden Priester auf einer höheren Ebene des kirchlichen Stellenkegels zur Eröffnung gottesdienstlicher Handlungsspielräume für Laien und speziell Frauen genutzt wird, oder zur demonstrativen Schließung dieser Räume im Interesse eines gewissen priesterlichen Gottesdienstmonopols.

5. Die Rolle der Liturgiewissenschaft

Bleibt ein letzter Punkt: Wie reagiert die Liturgiewissenschaft auf diese Lage? Die erste und entscheidende Frage ist dabei, ob die Liturgiewissenschaft der neuen Lage des katholischen Gottesdienstes in spätmodernen Zeiten überhaupt eine strukturbildende Relevanz für das Fach zuschreibt. Im strikten Sinne notwendig wäre es gerade im hoch selbstreferentiellen Wissenschaftsbetrieb ja nicht.

Falls aber doch, wäre die zweite Frage: Wie wirkt sich diese neue Lage des Gottesdienstes auf ihren Diskurs aus? Auf ihre Themen und Methodiken, ihre Optionen und auch schon auf das Spektrum der Lebens- und Persönlichkeitsentwürfe derer, die ihre Wissenschaft betreiben, und das Spektrum der Orte, an denen sie betrieben wird, denn schließlich beeinflussen die sozialen Produktionsbedingungen von Wissenschaft diese nicht unerheblich?

Wenn man in postmodernen Zeiten weder einfach auf die Vergangenheit zurückgreifen kann, noch auf eine utopische Zukunft, um zu entdecken, wo man ist und was man sein will, dann wäre die Frage: Wo sind die Räume, wie schauen die Settings aus, was sind die Möglichkeitsbedingungen, in und bei denen man eine Chance hat, das zu entdecken: den eigenen Ort, die eigene Aufgabe und damit sich selbst.

Im Fall der Liturgiewissenschaft heißt das dann wohl: Wo wären die Zonen, an denen der Kontrast zwischen den Riten der Väter und Mütter unseres Glaubens und der Liturgieproduktivität und Liturgiekreativität des Volkes Gottes heute weder in banaler Harmonie noch in Destruktivität verkommt, sondern produktiv wird, und welches Format müsste eine Liturgiewissenschaft haben, die dabei dem Volk Gottes hilft?

Die Liturgiewissenschaft wird an dieser Frage nicht vorbeikommen. Vielleicht wird es ihr ja weiterhelfen, sich als praktisch-theologisches Fach im Sinne des II. Vatikanums zu verstehen.

Liturgie: eine geheimnisvolle Einheit in der Vielfalt der Erlebnisse[1]

Ottmar Fuchs

Mein Koreferat setzt die Einsichten von Rainer Bucher im voranstehenden Beitrag „Der katholische Gottesdienst in postmodernen Zeiten" voraus und kann sich stellenweise direkt darauf beziehen. Es ist ein pastoraltheologischer Versuch, der Antwort auf die Frage nahezukommen, die Bucher folgendermaßen formuliert hat: „Wo wären die Zonen, an denen der Kontrast zwischen den Riten der Väter und Mütter unseres Glaubens und der Liturgieproduktivität und Liturgiekreativität des Volkes Gottes heute weder in banaler Harmonie noch in Destruktivität verkommt, sondern produktiv wird [...]?"[2]

Was mich ökumenisch besonders fasziniert, ist die Einsicht, dass die Kernidentitäten der protestantischen und der katholischen Kirche, die jahrhundertelang Ausgangsdynamiken für kontroverstheologische Bearbeitungen waren, denkt man sie beide gnadentheologisch radikal genug, ineinandergreifen, sich gegenseitig erschließen und benötigen: die evangelische Rechtfertigungstheologie und die katholische Sakramententheologie. Die bisherige kontroverstheologische Wucht, die mit diesem Diskurs verbunden war, kommt nun ihrer gnadentheologischen Vereinigung und gegenseitigen Steigerung und Entgrenzung zugute.

In der Rechtfertigungstheologie sind alle Menschen in der unendlichen Gnade Gottes „vereinigt", kommen darin zu einer geheimnisvollen Einheit, die nicht hergestellt werden kann und muss, sondern im Geheimnis der unendlichen Liebe Gottes selber verwurzelt ist. Mit diesem Einheitsbegriff kann man nicht degradierende Verhältnisse und Ausgrenzungen legitimieren. Denn in dieser Einheit sind alle Gegensätze vereinigt, ohne ihre Gegensätzlichkeit auch nur im geringsten Maße zu schmälern. Die alles umfassende Liebe selber führt zu jener abgrundtiefen Differenzerfahrung dem gegenüber, was Nicht-Liebe ist.

1 Im Anklang an Jürgen Habermas, Die Einheit der Vernunft in der Vielheit ihrer Stimmen, in: Merkur 42 (1988) 1, 1–14. Vgl. Ottmar Fuchs, Aspekte einer ‚negativen' Praktischen Theologie, in: Reinhold Boschki u.a. (Hgg.), Religionspädagogische Grundoptionen. Elemente einer gelingenden Glaubenskommunikation, Freiburg i. Br. 2008, 59–77.

2 S. 124 in diesem Band. Zur Hermeneutik kultursoziologischer Einsichten für die je gegenwärtige Erfahrungsform des Evangeliums wäre die Theologie der Zeichen der Zeit zu bemühen, in der sich Botschaft und Situation gegenseitig erschließen und ausschmelzen. Es geht also nicht um eine Marktorientierung der Religion in neuen Zusammenhängen, sondern um den Verkündigungswert der Situation für eine neue Explikation des Evangeliums und umgekehrt. Davon lebt der Pastoralbegriff des Zweiten Vatikanums. So erschließt die freie Erlebnisorientierung in einer neuen Weise in der Rechtfertigungstheologie bzw. im sakramentalen Geschehen deren grenzenlose Reichweite der Gnade.

Die sakramentale Liturgie spiegelt diese Einheit als unverzweckbare und darin erlebnisplurale Gabe nicht nur nach innen, sondern auch nach außen.[3] Es ist die Feier einer unverfügbaren „mystischen“ Kontinuität und Stabilität, deshalb nicht machtförmig oder vereinnahmend, offen für die immense Vielfalt der erlebten Diskontinuitäten. Dabei spielt auch der Aspekt der Stellvertretung eine wichtige Rolle.

Deshalb zu Beginn ein kurzer Blick nicht nur auf die Rechtfertigungstheologie, sondern auf die Erfahrung, auf das spirituelle Erlebnis, auf die mystische Tiefe, in der diese Theologie verwurzelt ist.

1. Im Horizont der Rechtfertigungserfahrung

1.1 Bedingungslos geliebt

In der „Gemeinsamen Erklärung zur Rechtfertigungslehre“, dieser epochalen Einigung zwischen dem Lutherischen Weltbund, der römisch-katholischen Kirche und dem Weltrat methodistischer Kirchen am 31. Oktober 1999, am Reformationstag also, ist zu lesen: Rechtfertigung geschieht allein aus Gnade. Grundlage dieser Einsicht[4] ist jener biblische Theologe, dessen Briefe für den Glauben aller Kirchen höchst bedeutsam sind – der Apostel Paulus, der Urheber der Rechtfertigungstheologie. Darin versucht er dem Glauben auf seinen tiefsten Grund zu kommen, sein allumfassendes Geheimnis ins Wort zu bringen. Für Luther lag darin *die* Entdeckung seines Glaubens und seines Lebens.

Luther hat in vieler Hinsicht Glaube und Kirche als etwas erlebt, das ständig fordert, Lasten auferlegt, und das alles mit Gott als Legitimationsgrundlage: dass es Gott so will (vgl. Lk 11,43–52). Für den jungen Luther ist es gerade diese Seite der Frömmigkeit, die er nicht nur erlebt, sondern die er selber in sich bestätigt und verschärft. Gegen sein marterndes Sündenbewusstsein kämpft er durch häufige Bußübungen und Beichten an. Gnadenlos will er Gottes Gnade durch seine spirituellen Leistungen erwerben und erzwingen.

„Luthers theologische Entwicklung hin zu einem neuen Verständnis der Gerechtigkeit Gottes und der Rechtfertigung des Menschen hatte sich an der quälenden Erfahrung des Sünder-Seins entzündet, umso mehr je stärker er sich als Augustiner-Eremit um ein regelstrenges und spirituell verdichtetes Mönchsleben bemüht hatte.“ Diese „Radikalität seiner Anfechtungsängste“ bestimmte die „existenzielle Wucht der religiösen Erfahrung […] in ihrer die ganze Richtung des theologischen Nachdenkens neuordnenden und strukturierenden Dynamik“.[5]

3 Zur heute strukturell bedeutsamen Kategorie erlebnisorientierter Partizipation vgl. auch die Ausführungen bei BUCHER, mit Bezug auf Entsprechendes bei Michael SCHÜSSLER.

4 Vgl. Bernd Jochen HILBERATH – Wolfhart PANNENBERG (Hgg.), Zukunft der Ökumene. Die „Gemeinsame Erklärung zur Rechtfertigungslehre“, Regensburg 1999.

5 Andreas HOLZEM, Christentum in Deutschland 1550-1850. Konfessionalisierung, Aufklärung, Pluralisierung, Bd.1, Paderborn 2015, 167 und 168.

Luther kann seiner Sündigkeit und seiner Unzulänglichkeit nicht entfliehen. Je weniger dies gelingt, desto mehr schiebt sich die Schraube tiefer mit der immer wieder einbrechenden, quälenden Frage, ob denn die religiösen Übungen genug waren. Immer wieder stößt seine Heilsangst die Tür zum Zweifel auf: wieder nicht genug? Hinter allem steht die Grundfrage: Wie gewinne ich einen gnädigen Gott? Aber je mehr er in dieser Wenn-Dann-Struktur mit Gott umgeht, desto deutlicher wird ihm auch, dass dies alles nicht gelingen kann. Die Liebe des unendlichen Gottes kann nicht mit endlichen Mitteln erworben werden.

Gibt es einen Ausweg aus diesem Dilemma? Dreht sich diese Spirale nämlich immer weiter nach unten, dann bleibt am Schluss nur noch der zwanghaft-paranoide Wahnsinn, oder aber man muss sich der Magie ergeben, indem man Gott selber mit dieser Wenn-Dann-Technik austrickst: Wenn ich das und das tue, dann kann Gott gar nicht anders, als so und so mit mir zu verfahren. Mit jedem Wenn-Dann, das ein Gott dem Menschen auferlegt, gewinnt letzterer seinerseits gerade mit der Erfüllung dieses Wenn-Dann einen Zugriff auf Gott selbst. Ein solches Verhalten Gott gegenüber nennt Paulus Hybris und Selbstruhm des Menschen (vgl. Gal 6,3 und 14), zwar mit dem schönen Gefühl des Menschen, Gott gegenüber eine Leistung zu erbringen, aber im Sinne eines Verrechnungszusammenhanges und nicht einer lebendigen Beziehung der Freundschaft und des Vertrauens. Ähnliches kann es hinsichtlich der Sakramente geben: Wenn ich sie regelmäßig empfange, dann liebt mich Gott mehr als die anderen, die er womöglich gar nicht liebt. Glaube wie Sakramente werden dann zur Verhinderung der Gnade, der Erfahrung, von Gott ohne Bedingung geliebt zu sein.

Genau das ist das Problem des Petrus, nicht zuerst dass er den anderen nicht die Füße wäscht, sondern dass er sich von Jesus nicht die Füße waschen lässt. Jesus antwortet: „Werde ich dich nicht waschen, so hast du keinen Teil mit mir." (Joh 13,8), wobei sich diese Bedingung nicht auf die Liebe, sondern auf die *Erfahrung* der Liebe in diesem Dienst und auf die von daher mögliche Gestaltung des eigenen Dienstes bezieht. Sich bedingungslos lieben zu lassen ist nicht einfach.[6]

Luther kann noch rechtzeitig aus dieser letztlich alles zerstörenden Dynamik aussteigen. Es kommt zur Wende. Beim Studium der Paulusbriefe fällt es wie Schuppen von seinen Augen: Man kann sich die Liebe Gottes nicht verdienen, und man braucht dies auch gar nicht, weil sie längst durch Jesus Christus „verdient" ist. Hier bringt Luther den Kern der christlichen Botschaft zum Vorschein. Er entdeckt auf schmerzlichem Weg und darum um so erlösender etwas, was leicht vergessen werden kann und was alle angeht. Luther erfährt die beglückende Einsicht: Nichts, gar nichts muss ich tun, damit mich Gott liebt. Er liebt mich unbedingt, ohne Bedingungen, und zwar als Sünder, noch bevor ich mich verändert habe. Nicht ein Wenn-Dann, sondern ein Ohne-Wenn-und-Aber bestimmt diese Beziehung. Was für eine Befreiung: Gott ist nicht eine Belastung, sondern eine Entlastung im Leben, er fordert nicht erst, sondern er schenkt. Seine Gnade

6 Betrachtet man diese Geschichte aus sakramententheologischer Perspektive, dann handelt es sich buchstäblich um die Einsetzung eines Sakramentes. Denn alle Bedingungen dafür sind gegeben: die Einsetzung durch Jesus Christus, das äußere Zeichen (die Fußwaschung) und die innere Gnade (der Anteil an Christus).

ist voraussetzungslos. Diese Anerkennung und Liebe umfasst die Menschen nicht ausschließlich, sondern einschließlich ihrer dunkelsten Seiten. Denn was nicht angenommen ist, ist auch nicht erlöst. Luther erkennt: Es ist ein Wahn, sich Gottes Liebe erwirtschaften zu wollen. Gott liebt bedingungslos, jeden Augenblick neu und hört niemals auf. Von Gott bekommt man nicht nichts, sondern alles geschenkt.

Luther thematisiert hier theologisch, was überhaupt ein menschliches Existenzproblem ist, nämlich die Erfahrung, erwünscht zu sein, und zwar erwünscht zu sein mit all den Begrenzungen, Mängeln und Zufälligkeiten des eigenen Schicksals.

1.2 Gnade als Rechtfertigung

Gnade ist ein ziemlich heikles Wort. Kommt es doch aus der feudalen Welt, wo der König Gnade *vor* Recht ergehen lässt. Ein Verurteilter müsste eigentlich von Rechts wegen bestraft werden. Der König aber setzt die Strafe aus und begnadigt ihn. Allerdings kann der König auch Ungnade vor Recht ergehen lassen. Dies macht deutlich, wie sehr die Gnade in diesem Zusammenhang ein Willkürakt des Herrschers ist. Dieses Missverständnis kann sich aber nicht einstellen, wenn man den Gedanken des Apostels Paulus genauer nachgeht. Denn er formuliert diese Gnade weniger im Bereich der Barmherzigkeit Gottes als im Bereich seiner Gerechtigkeit. Es ist nicht so, als ob Gott eigentlich gerecht wäre und bestrafen müsste, aber dann doch mit seiner Barmherzigkeit Kompromisse eingeht und Gnade walten lässt. Vielmehr ist die Gnade selbst ein Vollzug seiner Gerechtigkeit, also kein Willkür-, sondern ein Rechtsakt. Die Gnade ist nicht die Ausnahme, sondern die Regel, von der es keine Ausnahmen gibt.

So kann Paulus sagen: Gott rechtfertigt die Menschen *als* Sünder und Sünderinnen, er *spricht* sie gerecht, obwohl sie unrecht tun, oder besser: weil sie von sich aus nicht gerecht sind. Luther bringt dies auf die faszinierende Formel: gerechtfertigt und Sünder*in zugleich! Übertragen auf die Gerichtswelt würde dies bedeuten: Da wird jemand verurteilt und nicht etwa begnadigt, sondern im Urteil selber und gleichzeitig damit gerecht gesprochen. Hier ergeht nicht Gnade vor Recht, sondern göttliches vor menschlichem Recht.

Die Menschen sind *mit* ihrer sündigen Seite gerecht gesprochen. *Als* Sünder und Sünderinnen werden sie in ihrem Lebens- und Überlebensrecht rehabilitiert, und Gott kann die Sünde der Menschen nie zum Anlass nehmen, ihr Leben zu schädigen oder zu beseitigen. Die Sintflut kann nicht mehr geschehen. Der Bogen des neuen Bundes läuft nicht mehr über das Gericht der Vernichtung, sondern über Gericht und Freisprechung, über die Rechtfertigung des Lebensrechtes der Welt und der Menschen (vgl. Gen 8,21–22; 9,11 und 15). Der Verfluchte ist Gottes Augapfel.

Mit dem Gerichtsakt der Rechtfertigung ist von Gott her garantiert: Gottes Liebe ist weder Laune noch Herablassung, sondern ein Rechtstitel. Gott setzt sein Geschöpf ins Recht, auch sich selbst gegenüber. Was Menschen gegenüber anderen nicht haben könnten, haben sie Gott gegenüber: ein von ihm selbst verbrieftes Recht darauf, von ihm geliebt zu werden. Und seine Liebe ist Leben, auch über den Tod hinaus. Die Menschen haben ein Recht auf die Schöpfung und ein Recht auf die neue Schöpfung. Nicht weil sie sich dieses Recht genommen hätten, sondern weil Gott es zugesprochen hat, dürfen sie es beanspruchen. Hier geschieht so etwas wie eine nachträgliche Wurzelheilung, wie ein „Ausgleich" für diese auch zerstörende Schöpfung, in der die Menschen nicht ohne Sünde leben können, für die schlimmen Verhältnisse der Ungerechtigkeit, der Gewalt und des Todes, in denen sie nicht ohne Leid leben können. Weder als Sündige noch als Leidende werden die Menschen vor Gott rechtlos oder würdelos. Wenn sie sündig werden, verlieren sie nicht das Recht, von Gott geschützt zu werden. Und die Bedrängten bekommen auch dann das Recht, Gott im Leid anzurufen und anzuklagen, wenn sie selbst sündig sind. Denn niemals mehr können Sünde oder Aufbegehren zur Rechtfertigung dafür dienen, den Menschen Leid oder gar den Tod zuzufügen. Gnade Gottes *erfahren* bedeutet, dass die Menschen ihm diese Unbedingtheit seiner Liebe sich gegenüber zutrauen und dass sie diesbezügliche Blockaden, die sie durch ihre Missgunst und Kleinkrämerei zwischen sich und Gott aufrichten, abbauen.

1.3 Realistisches Menschenbild

Wenn weder Umkehr noch gute Werke „eine Bedingung der Gerechtigkeit des Menschen vor Gott" sind,[7] wenn Gott also die sündigen Menschen als solche rechtfertigt, dann rechtfertigt Gott nicht die Sünde, weil sie immer Zerstörung und Tod um sich verbreitet. Gerade deshalb will Gott aber auch die Zerstörung und die Vernichtung der Sünder und Sünderinnen nicht. Jede lebenseinschränkende oder lebenszerstörende Strafe verschärft immer nur das Problem, sowohl des Leidens und des Todes wie auch der darin gesteigerten Unmöglichkeit der Menschen, sich für die Liebe und für die Gerechtigkeit zu öffnen. Rechtfertigende Gnade Gottes bedeutet also nicht, dass Gott sagte: Du bist eigentlich kein Sünder bzw. keine Sünderin. Die Täter werden nicht verharmlost und auch nicht therapeutisiert. Es wäre die schlimmste Missachtung der Opfererfahrungen. Die Sünde wird offengelegt in all ihren verschleierten Verästelungen und in ihrer offensichtlichen Monströsität. So erkennt Luther: Sünder sind wir alle, das ist wahr! Aber dieser Schuldspruch wird nicht zum Straf- oder gar Todesurteil. Auf Dauer ist gegen das Schlimme kein anderes „Kraut" gewachsen als die niemals zurückgezogene Liebe.[8]

7 Vgl. Wolfhart PANNENBERG, Die Gemeinsame Erklärung, in: Zur Debatte 28 (1998) 4, 4.

8 Dies gilt auch eschatologisch: Die Werke haben die Macht, das allen geschenkte Heil unterschiedlich zu erfahren. Dafür zeugen Texte wie die Weltgerichtsrede Mt 25. Denn gerade weil die Liebe Gottes universal allen Menschen gilt, gewinnen darin die guten bzw. schlechten Werke ihr geradezu maßloses Gewicht, weil sie im Horizont der maßlosen Liebe Gottes ihre radikal gegensätzliche Bedeutung gewinnen. Vom Jüngsten Gericht her formuliert: Weil die Täter der zerstörerischen Werke sich mit der dann unblockiert erfahrenen Liebe Gottes gerettet und zugleich konfrontiert sehen, erfahren sie einen Schmerz, der bis in die Ewigkeit der göttlichen Liebe hineinreicht. Dies ist eine Rechtfertigungsgnade, die nichts Böses ungeahndet rechtfertigt, weil sie den Gegensatz zwischen Gut und Böse unendlich vertieft, was sich in den gegensätzlichen Reaktionsweisen zwischen Schmerz und Freude (auch in einer Person) auf diese Gnade widerspiegelt. So gilt: verurteilt und gerettet zugleich, mit den entsprechenden Auswirkungen bei den Menschen. Letztere sind keine Bedingungen der Gnade, sondern die von ihr ermög-

Liebe bestätigt nicht die Geliebten, Liebe ist keine Belohnung für Gutsein, sondern allem vorgängig. Sie bleibt in ihrer Unerschöpflichkeit auch dann geschenkt, wenn der Mensch Schlimmstes tut. Gott straft also niemals mit Liebesentzug! Die Intensität dieser Liebe bleibt in Ewigkeit erhalten, ihre Erlebnisweise verändert sich: von der Freude über gute Menschen wird sie zum Schmerz über böse. Eltern können das in analoger Weise wohl nachempfinden, wenn ihr Sohn oder ihre Tochter schlimm geworden ist. Sie ziehen auch dann meist ihre Liebe nicht zurück, aber sie wird zum Schmerz. Das Kreuz des Gottessohnes kann als die Offenbarung dieses Schmerzes Gottes über das Böse und das Leid in der Welt angesehen werden.

Nicht also, dass man sich vor Gott selbstherrlich, als ob man keine Sünde hätte, hinstellen könne wie jener Pharisäer im Tempel, sondern dass man sich vor Gott hinstellt wie jener Zöllner, der sich seiner Sündhaftigkeit bewusst ist und sich gerade deshalb nicht vor Gott zu verstecken braucht (vgl. Lk 18,11 bzw. 13). Dahinter steht kein pessimistisches, sondern ein realistisches Menschenbild. Wer das furchtbare Elend sieht, das sich Menschen antun, in Vergangenheit und Gegenwart, kann nicht mehr davon sprechen, dass die Menschen doch eigentlich nicht so schlimm seien. Sie sind schlimm genug, und können überall schlimm werden, wenn sich die Verhältnisse entsprechend verändern und die Lizenz zur Schädigung und zur Vernichtung von Menschen oder Menschengruppen ausgegeben wird.

Genau dies gibt den Menschen die Möglichkeit, sich vor Gott und vor sich selbst nicht mehr verstecken zu müssen wie Adam und Eva nach dem Sündenfall (vgl. Gen 3,8). Gott kennt die Menschen und erkennt sie als sündig, aber nicht nur verurteilend, sondern auch frei- und gerechtsprechend. Ihr Gutsein ist nicht die Bedingung seiner Gnade, sondern die Gnade ist der Raum für ihr Gutwerden. Wer dagegen immer gut dastehen muss, um Achtung und Selbstwert zu erfahren, wer die abgrundtiefe Anfälligkeit für Missgunst nicht „wahr" haben darf, bei dem und bei der wachsen unter der Decke um so größere Aggressionen heran, die dann in bestimmten kritischen Augenblicken umso unkontrollierter und zerstörerischer hervorbrechen. Und dies alles gilt von einzelnen Menschen (und ihrem Egoismus) genauso wie von Gruppen (und ihren Ausgrenzungen) und Völkern (und ihren Chauvinismen). Wer die eigenen dunklen Seiten verdrängen muss, muss sie in die anderen hineinverlegen und dort zerstören. Wer groß dastehen will, muss die anderen klein machen. Wer die eigenen Grenzen und Schwächen verheimlichen muss, muss dies meist auf Kosten der anderen tun, und er tut dies mit entsprechenden Selbstrechtfertigungen. Und so steigert man sich in die Hölle der Selbstrechtfertigungen hinein, immer auf Kosten derer, denen dabei Recht entzo-

lichten beseligenden Erfahrungen. Angesichts der unendlichen Versöhnungsmacht Gottes wird wohl kein Mensch sich gegen Gott richten, zumal er sich in Gott selbst am tiefsten Grund von Liebe und Freiheit einfindet. Hier wird deutlich, dass der christliche Glaube weder auf Dualismus noch auf Monismus festlegbar ist, sondern dass es mit Gott eine Einheit aller Gegensätze gibt, die eschatologisch unvorstellbar ist, die aber nicht dadurch erkauft ist, dass die schlimmsten Gegensätze zwischen Leidzufügung und Leiderfahrung, zwischen Opfer und Täter entschärft werden. Die alles umfassende Liebe Gottes selbst ist die Basis der schärfsten und leidvollsten Differenzerfahrung zwischen Gut und Böse. Vgl. dazu Ottmar FUCHS, Das Jüngste Gericht. Hoffnung über den Tod hinaus, Regensburg 2018.

gen wird. Selbstrechtfertigung und Entsolidarisierung sind die zwei Seiten der gleichen Medaille.

1.4 Auch der Glaube ist keine Bedingung

Die Menschen müssen sich aber nicht rechtfertigen, sie können es gar nicht: Gott hat dies längst getan. Und er tut dies in jeder Sekunde neu. Mögen sie noch so sehr fallen, mögen sie sich noch so unwürdig erweisen, mögen wir noch so nichtgläubig sein, Gott macht seine Liebe davon nicht abhängig.

Über Luther hinaus gilt diese Gnade also nicht nur den Werken gegenüber, sondern auch hinsichtlich des Glaubens selbst. Wird die „Rechtfertigung der Gottlosen" radikal verstanden, dann gilt sie auch dann, wenn Menschen nicht nur sündig, sondern auch „gottlos" *bleiben*. Für Gottes Liebe gibt es kein Wenn-Dann, auch kein religiöses, etwa nach dem Motto: Wenn ich an Gott glaube und viel bete, dann liebt mich Gott mehr als die anderen. Gott hat dann mehr Freude an mir, und andere schmerzen Gott mehr, aber die Liebe verliert nichts an Intensität. Dass jemand geboren wird, ist allein schon der Tatsache zu verdanken, dass Gott ihn oder sie aus Liebe ins Dasein gerufen hat, dass sie in „Ewigkeit" erwünscht und ersehnt sind.

Der über Luther hinausgehende Ansatz läge also in einer Gnadentheologie, in der die Rechtfertigung des sündigen und nichtgläubigen Menschen die Unendlichkeitsqualität Gottes annimmt und für alle Menschen gilt. Weder Kirche (die katholische Versuchung) noch Glaube (die evangelische Versuchung) sind Bedingung und damit Ausgrenzungsräume des Erlösungsgeschehens.

Was „bringen" dann aber Glaube und Gebet „zusätzlich"? Sie vermitteln das Angebot Gottes, diese Beziehung zu ihm ausdrücklich zu erleben und bereits hier und jetzt aus ihr das Leben zu gestalten. Denn dass Gott alle Menschen liebt, *bevor* sie davon wissen und diese Liebe auf ihr Leben beziehen, das ist eines. Ein anderes aber ist es, davon zu wissen, diese Beziehung tatsächlich zu erleben, in den Symbolen der Kirche auf sich selber zu beziehen und von dieser Bereicherung her das eigene Leben bereichern zu lassen.

Im Glauben an Gottes rechtfertigende Gnade erlebt man diese bereits jetzt bewusst als Kraft, die das Leben trägt und der Hoffnung Gestalt gibt. Es macht einen elementaren Unterschied, ob ich weiß, dass mich jemand liebt, oder ob ich nichts davon weiß. Wenn auch alle Menschen in die rechtfertigende Liebe Gottes aufgenommen sind, so dürfen Christen und Christinnen dennoch die besondere Erwählung auf sich beziehen, dass sie in der Offenbarung von diesem Gott *wissen*, ihn *benennen* und *ansprechen* dürfen und von einem solchen Glauben vor den Menschen Rechenschaft ablegen, gegen alle anderen Glaubenspraktiken in und außerhalb der Kirchen, in denen die Menschen unterdrückt, verkleinert und in die Zwangsjacke gesteckt werden. Die rechtfertigende Gnade gilt allen Menschen, aber *allein durch den Glauben* (*sola fide!*) erfahren wir, dass wir (und die anderen) gerechtfertigt sind.

Aus dieser erlebbaren Gnade heraus *können* die Gläubigen ihr Leben verändern, nicht nur weil es gefordert ist, sondern weil es aus dieser Beziehung heraus das eigene Anliegen wird. Wie es schon Menschen erfahren, wenn sie in Freundschaft und Liebe einander zugetan sind und zueinander sagen: Für dich tue ich alles, wenn sie also füreinander Verantwortung übernehmen, weil diese Verantwortung unmittelbar aus dem Geschenk der Liebe und Freundschaft herauswächst.

In einem solchen Glauben ist die Liebe Gottes nicht an die Bedingung des Glaubens gebunden (dies wäre der Anfang einer Erzwingung, die in der Religionsgeschichte Millionen von Menschen schlimmster Gewalt ausgesetzt hat), sondern der Glaube ist die frohe Botschaft darüber, und so die Bedingung dafür, etwas von dieser allen Menschen längst geschenkten Liebe Gottes zu wissen und aus diesem Glaubenswissen heraus das Leben zu gestalten.

Dieser Glaubensinhalt ist exklusiv gegen alle religiösen Anteile zu behaupten, die Glaube und Gott als Ausgrenzungsvokabel und als Legitimation für die soziale Degradierung, am Ende für die Vernichtung Anderer benutzen. Es gibt also so etwas wie eine Exklusivität des Inklusiven in und zwischen den Religionen. Die christliche Religion vertieft diese Aspekte.

Denn vom Kreuz her und von dieser stellvertretenden Sühne des Gottessohnes her sind alle in den erlösenden Heilsradius Gottes aufgenommen. Obgleich Jesus die Absicht hat, dass alle das Reich Gottes annehmen und gerettet werden, muss er das Scheitern dieser Verkündigung erleben. Am Kreuz hält die Welt den Atem an: Wird Gott die Welt, da sie seine Barmherzigkeit nicht angenommen hat, nun endgültig in den Abgrund stürzen lassen, oder ist seine Solidarität so groß, dass sie auch diesen Abgrund des menschlichen Neins zu Gott überwindet? Hierin liegt die entgrenzende Heilsbedeutsamkeit des Kreuzes, denn vom Kreuz her spricht Jesus das Wort: „Vater vergib ihnen, denn sie wissen nicht was sie tun!" (vgl. Lk 23,34). Nun gilt die Liebe Gottes nicht nur denen, die sie annehmen, sondern auch denen, die sie ablehnen, für die Täter, für die Sünder und Sünderinnen, und das sind immer wieder die Gläubigen selbst. Gott beantwortet die Gewalt mit einer diese nochmals umfassenden Liebe. Vom Kreuz her ist Gottes versöhnende Liebe allumfassend, in unendlicher „Inklusion". Die Ablehnung macht nicht das Erlösungswerk zunichte, sondern hebt es in die Vollzugsform der Stellvertretung für die, die ablehnen. Darin verehren die Gläubigen das Paschamysterium, die Quelle und Gestalt jedes Sakraments. Ihre umfassende Macht wird diese Gnade erst im Jüngsten Gericht entfalten, wo sie für alle Menschen unverhüllt offenbar wird und wo die Menschen im Angesicht dieser Gnade ihr vergangenes Leben mit Freude oder Schmerz erleben, meist mit beidem. Es ist eine große zusätzliche Gnade, jetzt schon das Leben im Ausblick auf diese Zukunft feiern zu dürfen.

In einer Gesellschaft, wo fast alles von Bedingungen und Leistungen abhängig ist,[9] ist es im Glauben selber eine große Befreiung, zu nichts, auch nicht subkutan, gezwungen zu werden. Dem Christentum ist der Glaube geschenkt, dass alle Menschen von Gott unbedingt geliebt sind, noch bevor sie etwas dafür getan haben, als Schuldig-Gewordene, als religiös Gleichgültige, als Nichtchristen und Nichtchristinnen, als Atheisten und Atheistinnen. Die Pastoral besteht darin, den Menschen genau diese

9 Rainer BUCHER verweist in diesem Zusammenhang auf die Eigenlogiken des kulturell hegemonialen Kapitalismus, in: Der katholische Gottesdienst in postmodernen Zeiten (in diesem Band, S. 118–119).

frohe Botschaft im Wort zu verkünden und im eigenen Leben erlebbar werden zu lassen: dass sie von Gott geliebt sind, und immer zuerst einmal ohne Wenn-Dann und ohne Wenn und Aber. Dafür steht eine konsequente Auslegung der Rechtfertigungstheologie des Apostels Paulus, der in Röm 9–11 damit beginnt, das Heil über den Kreis der Getauften hinaus, nämlich für die jüdischen Gläubigen zu denken. Diese Dynamik ist bis zum „Anschlag" weiterzutreiben, wobei es allerdings in Gottes Unerschöpflichkeit nie ein „Zum Halt kommen" gibt.

Wie weit die Menschen dann auf diesen Glauben aufmerksam werden, sich in ihn hineinbegeben und von diesem Bewusstwerden, von Gott in dieser Weise geliebt zu sein, ihr Leben gestalten, liegt nicht in unserer Macht, sondern in der Kraft des Geistes Gottes selbst, biblisch gesprochen in Gottes Erwählung, aber nicht gegen die Anderen, sondern für sie, auch in Stellvertretung für sie.[10] Dieses Nicht-im-Griff-haben-Können und -Müssen dessen, was die pastorale Mission bewirkt, entlastet von Gotteskomplexen und bewahrt die Anderen vor Zwangsstrategien jeder noch so kaschierten Art.

Dies ist auch eine Auseinandersetzung innerhalb des Christentums selbst, wo weltweit insbesondere dessen fundamentalistischen Anteile mit wieder verschärften Ausgrenzungen zahlenmäßig explodieren. Um die Ungläubigen vor der Hölle zu bewahren, versucht man sie mit psychischem Terror zu gewinnen. Es ist zu verführerisch, eine immer komplexere und pluralere Welt wenigstens religiös derart in ein Schwarz-weiß-Korsett zu bringen und diese auch noch mit einem dafür zurechtgestutzten ungöttlichen Gott, also einem Götzen zu begründen. In der Heckscheibe eines Autos las ich: „Christus ist unser Retter. Glaube an ihn, damit du nicht in die Hölle kommst!" Hätte es nicht heißen dürfen: „Glaube daran, dass du von Gott geliebt bist, was immer du glaubst und tust!"?

2. SZENENWECHSEL: GLAUBENSVERLUST UND SAKRAMENTENTREUE[11]

Die folgende Erinnerung an Reinhold Schneider mag als Scharnier gelten zwischen den von mir betonten Anteilen der Rechtfertigungstheologie und der Sakramententheologie. Denn im Sakrament erlebt Schneider die Gegenwart des Heils, kontrafaktisch zu seiner Unfähigkeit, daran zu glauben. Die sakramentale Vergegenwärtigung der Liebe Gottes ist nicht von ihrer Erfahrbarkeit abhängig, und genau dies ist eine Erfahrung eigener Art: nämlich Gottes Liebe immer auch größer sein zu lassen als die eigene Erfahrung.

Es geht heute vielen, vor allem auch älter werdenden Menschen ähnlich, wie der „Nachkriegsdichter" Reinhold Scheider es hinsichtlich seines Hinausgleitens aus dem Glaubensbereich wahrnimmt. In seinem Buch „Winter in Wien" formuliert er:

10 Zur Erwählung vgl. Ottmar FUCHS, „Ihr aber seid ein priesterliches Volk". Ein pastoraltheologischer Zwischenruf zu Firmung und Ordination, Ostfildern 2017, 15–30.

11 Subjekt der Treue in bzw. zu den Sakramenten sind korrespondierend Gott bzw. der Mensch.

> Ich fühle mich aus dieser Wirklichkeit, diesem Wahrheitsbereich gleiten, ohne Einwand, immer in Verehrung und Dankbarkeit, ohne jegliche Rebellion, aber eben doch für mich, gezogen von meinem Daseinsgewicht, mit geschlossenen Augen, verschlossenem Mund.[12]

> [Und:] Fest überzeugt von der göttlichen Stiftung und ihrer bis zum Ende der Geschichte währenden Dauer, ziehe ich mich doch lieber in die Krypta zurück; ich höre den fernen Gesang. Ich weiß, dass er auferstanden ist; aber meine Lebenskraft ist so sehr gesunken, dass sie über das Grab nicht hinauszugreifen, sich über den Tod hinweg nicht zu sehnen und zu fürchten vermag![13]

Und so schreibt er:

> Beten über den Glauben hinaus, gegen den Glauben, gegen den Unglauben, gegen sich selbst, einen jeden Tag den verstohlenen Gang des schlechten Gewissens zur Kirche – wider sich selbst und wider eigenen Wissens –: solange dieses Muss empfunden wird, ist Gnade da: es gibt einen Unglauben, der in der Gnadenordnung steht. Es ist der Eingang in Jesu Christi kosmische und geschichtliche Verlassenheit, vielleicht sogar ein Anteil an ihr; der Ort vor dem Unüberwindlichen in der unüberwindlichen Nacht. Ist diese Erfahrung aus der Verzweiflung an Kosmos und Geschichte, die Verzweiflung vor dem Kreuz, das Christentum heute?[14]

Kontrafaktisch zu seinem Glaubensverlust betet Schneider; kontrafaktisch zu seiner Depression und Verzweiflung bleibt er Kirchgänger. Das Ritual rettet die darin symbolisierte Wirklichkeit auch gegen die diesbezügliche Erfahrungslosigkeit und Erfahrungsmüdigkeit des Menschen. So kann Schneider schreiben:

> Nicht mit unserm Glauben ergreifen wir das Sakrament, das Sakrament ist vielmehr so stark, dass es unsern Glauben immer aufs Neue schafft. Vielleicht bedürfen wir nicht einmal der Überlieferung vom Leben des Herrn und seiner heiligen Worte; wir wissen: ER ist da; ER ist in dieser Welt und bleibt in ihr, und seine ganze heilige Macht will mit dem Sakrament in unser Leben treten.[15]

Es ist dies eine Haltung, die den eigenen Nichtglauben nicht zum Maßstab dessen macht, was von Gott her „gegeben" ist, auch was von ihm an Hoffnungsspur über den Tod hinaus gegeben ist. Verstanden werden kann von diesem sich verbergenden Gott nichts mehr. Übrig bleibt ein Trotzdem, sich trotzdem in die vorgegebenen Formen der Gottesbeziehungen hineinzubegeben. Auch dies ist eine Erfahrung, eine Erfahrung allerdings, die auch das Un-Erfahrene an Gottes Anwesenheit nicht ausgrenzt.

Hier zeigt sich eine Spiritualität, die die Beziehung zu Gott in der Schwebe zwischen radikaler Infragestellung und Anbetung lässt und Letztere in der Treue zum Ritual vollzieht auch in der Treue zur Kirche: Die Treue zur sonntäglichen Eucharistie kann dann auch Ausdruck zu den (vor allem weltweit verfolgten) Mitchristen und Mitchristinnen sein (die unter Gefahr am Sonntag zum Gottesdienst gehen). Es ist bedauerlich, dass diese Erfahrungsdimension bezüglich der sakramentalen Solidarität ziemlich verloren gegangen ist. Es würde sich dabei auch um das Motiv handeln, dass getaufte Menschen auch in langen Phasen existenzi-

12 Reinhold SCHNEIDER, Winter in Wien. Aus meinen Notizbüchern 1957/58, Freiburg i. Br. [14]1984, 113.
13 Ebd. 79.
14 Ebd. 261.
15 Reinhold SCHNEIDER, Gelebtes Wort, Freiburg i. Br. 1961, 117.

eller Hilflosigkeit im Glauben dennoch das innere Fernstehen nicht zum Anlass nehmen, auch äußerlich fernzustehen, sondern gerade als einen Anlass, in der weitergehenden Teilnahme an den Sakramenten der Kirche auszuhalten, in der Hoffnung, dass diese Überbrückung auch einmal wieder erlebt werden kann.

3. SAKRAMENTE HABEN „GABE"-CHARAKTER[16]

3.1 Paradoxie der Doxologie

Kommen wir zur katholischen Sakramententheologie: Auch sie befindet sich in der Gefahr pastoraler Herrschaft durch Ausgrenzung der Nicht-Dazugehörigen oder Nicht-Einverstandenen mit Hilfe der Zulassungsblockaden zu den Sakramenten. Parallel zum Glauben, der als Bedingung aufgestellt wird, um letztlich nicht in die Hölle zu kommen, funktionieren dann auch die Sakramente als Instrumente der Exkommunikation und entsprechender Heilsentzüge. Doch sind diese Verengungen gerade auf dem Hintergrund der katholischen Sakramententheologie in keiner Weise legitimierbar.

Das Ritual ist einerseits verdichteter Ausdruck menschlicher Erfahrung. Es ist immer erst mal gut, möglichst viele Korrelationen in der Katechese erlebbar werden zu lassen und Plausibilisierungswege zu suchen und zu finden. Dabei gibt es die Gefahr, dass sich mit jeder Korrelation auch ein leises oder auch starkes „Wenn-Dann" einschleichen kann, als wäre die analoge Erfahrung die Bedingung für die Erfahrung des Sakraments, auch für die Teilnahme.

Mit der Erfahrung der Differenz und des mannigfachen Unheils ist deshalb, andererseits, eine ganz andere Hermeneutik in den Blick zu nehmen, nämlich jene, die Paulus die Hoffnung wider alle Hoffnung nennt (vgl. Röm 8, 24). Dann repräsentiert das Sakrament eine Wirklichkeit, die zur Erfahrung gegenläufig ist. Die Liturgie hat in solchen Zusammenhängen eine Stellvertretungsaufgabe, indem sie in der Sicherung des Rituals jene Wirklichkeit vergegenwärtigt, die auch gegen den Augenschein gilt und Wirklichkeit ist. „Es betet" weiter, obwohl der Mensch aus seiner Situation heraus nicht mehr beten kann.[17]

Diese Verobjektivierung des Kontrafaktischen im Symbolhandeln der Sakramente feiert die Vorgegebenheit der Liebe Gottes als Wirklichkeit, wenn nötig auch gegen alle Wirklichkeit.[18] Schneider geht zur Hl. Messe, begeht sie gegenläufig zu seinen Erfahrungen. Eine eigenartige Paradoxie, die im Vollzug Doxologie ist: Anerkennung Gottes jenseits eigener Befindlichkeit und immer größer

16 Zum radikal „unmöglichen" Gabebegriff vgl. Jacques DERRIDA, Falschgeld. Zeit geben I, München 1993, und darin das erste Kapitel: Die Zeit des Königs (9–48). Vgl auch Ottmar FUCHS, Gott(esglaube) als Gabe, in: Jahrbuch für Biblische Theologie, Bd. 27 (2012) Geben und Nehmen, Neukirchen-Vluyn 2013, 369–399.

17 Vgl. Ansgar FRANZ, Klage als Ernstfall des Betens, in: Ulrich WILLERS (Hg.), Beten: Sprache des Glaubens. Seele des Gottesdienstes, Tübingen 2000, 435–475.

18 Vgl. Ottmar FUCHS, Sakramente – immer gratis, nie umsonst, Würzburg 2015, 11–48.

als das eigene Vermögen. Die Menschen müssen nicht daran glauben, damit die Verheißung wirksam wird, sie ist jenseits von Glaube und Nichtglaube wirksam. Der Glaubende in der Oberkirche glaubt stellvertretend – völlig frei von Zugriffsphantasien – für die Nichtglaubenden in der Krypta.

Derart macht das Ritual jene Stellvertretung erfahrbar, die christologisch durch die Stellvertretung des Geistes Christi „für uns" (vgl. Röm 8,26) ermöglicht ist. Das Ritual realisiert das Gotteslob, nämlich Gott größer als alles andere sein zu lassen, gegen den Augenschein. Im Ritual ist die Gnade noch vor der Erfahrung präsent, auch unabhängig zu ihr, um in dieser Vorgegebenheit gerade *als solche* erfahren werden zu können.

Wenn Heiner Geißler, zornig über kirchliche Praktiken, diesen Zorn auch in Zweifel an Gott münden lässt, dann darf dies auch als ein Ausdruck jenes Geistes gesehen werden, der sich mit einer solchen Verbindung von Kirche und Gott nicht zufrieden gibt, zumal Geißler seinen Zweifel letztlich nicht zum Maßstab Gottes selber macht. Vielmehr lässt er über seinen Zweifel hinaus die Möglichkeit offen, auch seine eigene Sehnsucht, dass Gott Gott ist. Geißler landet also in der Doxologie, die Gott noch einmal größer sein lässt als den eigenen Zweifel. „Und vielleicht ist das, woran man zweifelt, trotzdem wahr. Die Jesuiten nennen dieses Verlangen: desiderium desiderii. Die Sehnsucht nach der Sehnsucht, glauben zu können."[19]

3.2 Taufe: nach allen Seiten offen

Analog dazu, dass es keine Wenn-dann-Bedingung Gottes hinsichtlich der Geburt des Menschen gibt (kein Mensch muss eine Bedingung erfüllen, um geboren zu werden und jeder Mensch ist von Gott aus Liebe gewollt und ersehnt), strahlt diese Vorgegebenheit auch auf die Sakramente aus, grundlegend auf die Kernsakramente der Taufe und der Eucharistie. Von Gott her bezieht das Sakrament all seine Kraft. Das katholische Kirchenrecht sichert die Gnadentheologie der Taufe so sehr, dass in Notsituationen prinzipiell jeder Mensch, aus welcher Religion auch immer, taufen kann.

Die relative Vorgegebenheit und Kontinuität des Rituals bildet die symbolische Entsprechung, um die Vorgegebenheit der Liebe für die Menschen auszudrücken, dass den Menschen die Liebe Gottes geschenkt ist, noch bevor sie diesbezüglich etwas leisten könnten oder müssten. Die „Wirksamkeit" der Sakramente aus ihrem Vollzug heraus (*ex opere operato*) bewahrt die Unbedingtheit der Gnade Gottes davor, von der Tätigkeit der empfangenden bzw. spendenden Person ursächlich abhängig zu sein. Die katholische Sakramententheologie macht zwar den würdigen Empfang, nicht aber die Wirkung der Gnade vom Glauben der Menschen abhängig.[20]

19 Heiner GEIßLER, „Mich packt der Zorn", Interview mit Merle Schmalenbach, in: Christ und Welt Nr. 14 (2017), bezogen auf sein Buch: Kann man noch Christ sein, wenn man an Gott zweifeln muss?, Berlin 2017.

20 Vgl. Ludwig OTT, Grundriss der katholischen Dogmatik, Freiburg im Breisgau [4]1959 (Bonn [11]2005), 391.

So wird deutlich: Das Sakrament gehört nicht der Kirche, sondern es gehört „dem Dreieinigen Gott beziehungsweise dem Heiligen Geist. Für uns Menschen ist es unverfügbar, wenn wir seine Gnadenkraft nicht zerstören oder zumindest verdunkeln wollen. Gefirmt gehört jeder Mensch, der das Ja Gottes zu ihm, zu ihr in sich spürt sowie will, dass Er es bekräftigt.“[21] Zwar ereignen sich Sakramente immer im Raum und in der Gemeinschaft der Kirche, aber die Kirche und auch die Gemeinden und andere Sozialformen „hüten“ die Sakramente so, dass sie nicht nur gemeinschafts-, sondern auch personenbezogen geschenkt werden, dass sie nicht nur kirchenintegrierend wirken, sondern auch Gotteskindschaft darüber hinaus konstituieren.[22]

So wünschen Eltern den Segen Gottes für ihre Kinder und für sich selbst: Auch wenn der Begriff des Segens die theologische Tiefe des Taufsakraments nicht ausschöpft, ist der doch verständlicher Ausdruck für die bedingungslose Weise, in der sich der Segen der Taufe auf die Menschen bezieht, über ihre Funktion als Aufnahmeritual hinaus. Die Kompromisslosigkeit der Taufe bezieht sich nicht auf die Forderung nach kompromissloser Umkehr, damit die Taufe vollständig zuteil werden kann, sondern bezieht sich auf die Kompromisslosigkeit der von Gott gegebenen Gnade, *vor* jeder Umkehr und diese erst ermöglichend.

Es gibt sicher den Grundkonsens zwischen den christlichen Kirchen, dass Gottes Gnade allem vorgängig ist, der Schöpfung genauso wie dem Glauben. Die unerschöpfliche Gnade Gottes geht allen religiösen und nichtreligiösen Bindungen überhaupt voraus. Denn nicht die Taufe zu empfangen bedeutet keinen Heilsverlust in Bezug auf die Gnade Gottes, die allen Menschen geschenkt ist. Es ist das Spezifikum der christlichen Sakramente, dass in ihnen gefeiert wird, was auch ohne sie existiert. Es ist die Liebe Gottes, die mit der Schöpfung, mit der Geburt von Leben der ganzen Schöpfung gegeben ist, die sie trägt und am Ende rettet. Der Mehrwert des Sakramentalen gegenüber dieser Gegebenheit besteht darin, dass die Menschen im Horizont der christlichen Offenbarung diese Einsicht feiern können, dass sie bewusst wird, und dass man von diesem Geliebtsein her das Leben gestalten kann und die eigenen Hoffnungen befördern lässt. Wie oben hinsichtlich des Glaubens bereits gesagt: Es ist einfach ein Unterschied, ob ich weiß, dass mich jemand liebt, oder ob ich es nicht weiß.[23]

Der universale Heilswille Gottes scheitert nicht an den Kirchengrenzen, sondern die Kirche bekennt und feiert dieses Heil für alle Menschen.[24] Das hier zum Ausdruck kommende Wahrheitsgefälle gegenüber anderen Positionen im Christentum, Religionen und Weltanschauungen wird von der *in dieser Wahrheit*

21 Hier bezogen auf die Firmung: Bernd Jochen HILBERATH, Wem gehört die Firmung?, in: Theologisch-Praktische Quartalschrift 158 (2010) 364–370, hier 370.

22 Ebd. 370.

23 Dass es von dieser sakramententheologischen Einsicht her umso notwendiger ist, die Anzahl der Akteure der Sakramentenspendung nicht geringer werden zu lassen, wäre ein eigenes brisantes Thema, vgl. FUCHS, priesterliches Volk (s. Anm. 10), 205–216; DERS., Gott ist in einem Mann Mensch geworden. Eine durchaus weihnachtliche Kontroverse!, in: Diakonia 48 (2017) 282–284.

24 Vgl. Ulrike BECHMANN, Eine neue Basis für die Haltung der Kirche zu den Religionen. Die biblische Hermeneutik der Konzilserklärung Nostra aetate, in: Peter EBENBAUER u.a. (Hgg.), Zerbrechlich und kraftvoll. Christliche Existenz 50 Jahre nach dem Zweiten Vatikanum, Innsbruck – Wien 2014, 105–120.

selbst verankerten Heilszugehörigkeit aller unterfangen.[25] In diesem Sinn ist die Kirche heilsnotwendig für die Welt, nicht aber im Sinn der Kirchenmitgliedschaft. Denn sie steht selbst für die Wahrheit ein und garantiert sie mit ihrer eigenen Existenz: Der universale Gnadenbund Gottes mit der Schöpfung geht allen Taufbünden voraus und ermöglicht sie.

Die Taufe darf für viel mehr Menschen als „in die Kirche gehen" ein Ereignis sein, wo ihnen diese Gnade zugesprochen wird. Sie kommen mit dem Verlangen nach dem Sakrament im weitesten Sinn einer Hoffnung auf eine gute Macht im Himmel und im Wunsch nach einem guten Leben, das sich auch für die Anderen gut auswirkt.[26] Der Vorwurf, viele kämen zur Taufe nur, um ihren Dank für die Geburt und ihre Hoffnung auf Segen auszudrücken, ist mit der Frage zu konfrontieren: Aber ist das ein „Nur", wenn die Liebe Gottes zu seinen Geschöpfen mit der Geburt bzw. mit der Empfängnis beginnt?

Die Sakramente sind also nicht nur darauf ausgerichtet, die kirchliche Gemeinschaft herbeizuführen und zu stärken. Vielmehr sind zur katholischen Einheit des Gottesvolkes nach *Lumen Gentium* 13 alle Menschen berufen. Es geht also um eine Entmoralisierung der Gnade im weiteren und der Sakramente im besonderen Sinne. Dieser Außenbezug hat auch nach innen eine befreiende Wirkung: Insofern auch hier die Sakramente vertieft als die Zeichen der vorbehaltlosen Liebe Gottes erfahren werden können und weder an Widerspruchsverzicht noch an Konsenszwang, noch an Wohlverhalten, noch an Übereinstimmungsverhalten gebunden sind.

Ein entsprechendes Verhältnis zwischen Innen und Außen im Bereich der Getauften selber wäre es, wenn gläubige Menschen ihren Glauben als Stellvertretung für diejenigen, die nach ihrer Ansicht zu wenig oder nicht glauben, verstehen könnten.[27] Und derart den Glauben derer „kompensieren", die sich immerhin „von guten Mächten wunderbar geborgen" erfahren. Wenn mit Recht gesagt werden darf, dass es so etwas wie eine Stellvertretungsrelation von PatInnen und Eltern gibt, indem sie anstelle des Säuglings den Glauben bekennen, dann kann dieser Zusammenhang auch für das entsprechende Stellvertretungsverhältnis der bekennenden Gläubigen und den unbekannten Getauften beansprucht werden. Dann manifestiert sich der kirchliche Glaube nicht mehr als Ausschlusskriterium, sondern als dessen Gegenteil: nämlich als Ort der Proexistenz, des Für-Seins für die „Vagabunden" von Seiten der „kompakten" Kirchenformen. Damit handelt es sich bei den Sakramenten um Passagenriten eigener Art, insofern sie die Durchlässigkeit zwischen kompakter[28] und disperser Kirche garantieren.

25 Vgl. Ottmar FUCHS, Glaubenspastoral zwischen Innen und Außen. Gnadentheologische Überlegungen zum Weltdienst der Kirche, in: Jan-Heiner TÜCK (Hg.), Erinnerung an die Zukunft. Das Zweite Vatikanische Konzil, Freiburg i. Br. 2012, 493–536, hier 520.

26 Vgl. Johannes FÖRST – Joachim KÜGLER (Hgg.) Die unbekannte Mehrheit. Mit Taufe, Trauung und Bestattung durchs Leben? Eine empirische Untersuchung zur „Kasualienfrömmigkeit" von KatholikInnen, Münster 2006.

27 Vgl. J. Christine JANOWSKI – Bernd JANOWSKI – Hans P. LICHTENBERGER (Hgg.), Stellvertretung. Theologische, philosophische und kulturelle Aspekte, Bd 1, Neukirchen-Vluyn 2006.

28 Unter kompakter Kirche verstehe ich die Kirche in ihren sichtbaren Sozialgestalten, auch die Ordensgemeinschaften, die geistlichen Gemeinschaften und viele andere, wo Menschen im Horizont der Kirche und der christlichen Botschaft zusammenfinden zum Gottesdienst, zu Projekten, zu sozialen Verantwortungen.

Ähnliches gilt dann generativ auch für das Verhältnis der Getauften zu allen Menschen überhaupt, den religiösen und den nicht-religiösen. Das stellvertretende Handeln markiert einen Außenbezug, der sich verantwortlich weiß für dieses Außen und der zugleich auf jede Art von Herrschaft oder Zwang verzichtet und selbst noch in der Ohnmacht diese Verantwortung nicht abgibt.

Was bislang an entgrenzender Gnade zur Taufe gesagt wurde, wäre für die Eucharistie analog zu bedenken, mit faszinierenden Konsequenzen und Möglichkeiten.[29] Jesus hat in seinen Tischgemeinschaften gezeigt, dass alle zugelassen sind, auch die Nichtzugelassenen. „Gratis" ist hier alles (vgl. Jes 55,1ff). Denn das Abendmahl hat seine Wurzeln in den Mählern Jesu auch mit Menschen, mit denen keiner mehr essen will, was die unbegrenzte Offenheit nicht nur nach innen, sondern auch nach außen hin signalisiert.[30] Von daher kann die Eucharistiefeier nicht als Ausgrenzungs- und Bestrafungsinstrument benutzt und missbraucht werden.[31]

3.3 Gott dient mit Segen

Die erste Mission besteht immer darin, Menschen in ihrer Hoffnung und ihrem Vertrauen zu stärken, dass sie geliebt sind und dass sie solche Erfahrungen zwischen den Menschen als Spur der Liebe Gottes sehen dürfen. Die erste sakramentale Vollzugsform dieser Zusage ist die Taufe: auch im Sinne einer Ritendiakonie als Dienst an Fernstehende und Nichtglaubenkönnende. Die Taufe ist allen zu schenken, die auf Segen und auf das Gute Vertrauen setzen und letztlich an einen guten Ausgang glauben, denn dieser ist in Christus gegeben.

Es sind Menschen, die die Sehnsucht haben, von einer guten Macht erwünscht zu sein und nicht mit Liebesentzug bestraft zu werden. Sie glauben und hoffen, dass es eine Macht gibt, die die Absicht hat, zu schützen und zu segnen und darin Kraft für das Leben zu schenken, zu unterstützen und Halt zu geben. Diese Sehnsucht ist biblisch genug und kommt in vielen Texten zum Vorschein, worin die Menschen Gottes Schutz erbeten und seinen Segen erbitten und darin selber zum Segen werden können (vgl. Gen 12,2).

29 Zur grenzüberschreitenden Potentialität der Eucharistie vgl. Verena PUZA, Die Eucharistie als liminales Ritual, Berlin – Münster 2013, 239–280.

30 Vgl. Joachim KÜGLER, Hungrig bleiben!? Warum das Mahlsakrament trennt und wie man die Trennung überwinden könnte, Würzburg 2010; vgl. FUCHS, Sakramente (s. Anm. 18), 73–98.

31 Von dieser Zugänglichkeit der Liebe Gottes her kann es eigentlich niemals eine Exkommunikation geben. Und doch gilt im Verhau der Geschichte auch das andere: die Notwendigkeit, dass die Kirche sich von reuelosen Menschen distanziert, die über Leichen gehen, die die anderen unterdrücken, ausbeuten und zutiefst verletzen. Wiederverheirate geschiedene Menschen und verheiratete Priester gehören jedenfalls nicht dazu. Auch Glaubensunterschiede verfangen hier nicht. Es handelt sich vielmehr um schlimme Verletzungen der Menschlichkeit, die die Kirche unter Umständen dazu zwingen kann, gegen ganz bestimmte Personen auch öffentlich Stellung zu beziehen, um nicht zum Kollaborateur zu werden. Dennoch: Alle solche Exkommunikationen bleiben Kompromisse mit dem „Gratis" der Gnade Gottes und sind nicht unschuldig. So vollzieht sich auf dem Altartisch auch das Gebet für die Täter: dass sie mit ihren Taten aufhören und in den Lebensraum der Versöhnung eintreten mögen.

In diesem Zusammenhang ist zu beherzigen, was Eva-Maria Faber hinsichtlich des Verständnisses und der Praxis der Sakramente einklagt.[32] „Demut ist geboten; ein [...] Sich-hinweg-Setzen über das Empfinden von Menschen wäre fatal."[33] Die auf dem Zweiten Vatikanum durchgängig erfolgte Wiederentdeckung und Betonung der ekklesialen Dimension der Sakramente „und speziell der Taufe darf nicht einer verkirchlichten Sicht christlicher Existenz Vorschub leisten."[34] Faber plädiert deshalb dafür, nicht nur die (kirchensoziologische) Kircheneingliederung, sondern auch und mit neuer Betonung die Gotteskindschaft der Getauften herauszustellen: „Es ist heute wichtiger denn je, Christsein nicht einseitig kirchlich-gemeinschaftlich auszubuchstabieren, sondern zu fragen, was es für den je persönlichen Lebensweg bedeutet, Christ und Christin zu sein."[35] Und die Gotteskindschaft übersteigt die soziologischen Grenzen der Kirche bei weitem. Nicht so, als wären nicht alle Menschen Kinder Gottes, aber doch so, dass in der Taufe mit von Gott geschenkter Sicherheit erlebbar wird, dass dies so ist. Nochmals Faber:

> [...] eine noch so sympathische Einladung in die kirchliche Gemeinschaft ersetzt nicht, was Menschen heute brauchen: Stärkung des Rückgrates für ein verantwortetes Leben. Statt einer Verkirchlichung des Christseins bräuchten wir eher den Zuspruch von Würde und Fähigkeit zur Verantwortung sowie die Aufmerksamkeit für die je persönliche Berufung des Menschen.[36]

> [So hat die] Taufpastoral [...] die Chance, aufgrund des Glaubens an den personzugewandten Gott die Würde und Kostbarkeit des einzelnen Menschen ohne Nebenabsichten ans Licht zu heben. [...] Die Bedeutung der kirchlichen Gemeinschaft als Ort, wo ein Leben gemäß einer solchen Würde gestützt wird, kann dann immer noch in den Blick kommen.[37]

Dabei sollten die Erwartungen und Vorstellungen derer, die die Taufe wünschen, Vorstellungen, „die oft unbeholfen und nicht in ‚Kirchensprache' thematisiert werden, [...] ohne ‚ekklesiale Mahnreden' respektiert werden."[38] In diesem Sinn ist die Kirche nicht Besitzerin, sondern Hüterin der Taufe: „Die Zuwendung Gottes hängt nicht vom menschlichen Wohlverhalten und von der Frömmigkeit ab."[39] Das angesprochene „Hüten" lässt allerdings keine substantielle Veränderung des Rituals zu. Es geht hier nicht um eine wunschgemäße Selbstauflösung des inhaltlichen Kerns des Rituals, wie er von der christlichen Tradition her gegeben ist. Ohne die bewahrende Kirchengemeinschaft gibt es auch nicht die angesprochene Selbstverausgabung der Rituale in die Freiheit vieler verschiedener Rezipient*innen hinein.

32 Vgl. Eva-Maria FABER, Würdigung des Menschen, in: Theologisch-Praktische Quartalschrift 158 (2010) 348–355, hier 349.
33 Ebd. 352.
34 Ebd. 352.
35 Ebd. 353.
36 Ebd. 354.
37 Ebd. 354.
38 Ebd. 353.
39 Claudia HOFRICHTER, Eltern, Kirche und Taufe. Warum die Kirche Hüterin der Freiheit ist, in: Theologisch-Praktische Quartalschrift 158 (2010) 356–363, hier 360.

3.4 Gnade vor Leistung!

Die Vorbereitungen auf die Sakramente und die entsprechenden Veranstaltungen sind ebenso notwendig wie sie nicht zu einem Herrschaftsinstrument umkippen dürfen. Am Ende darf z.B. auch das Kind nicht abgewiesen werden, das oft gefehlt hat, aber doch zur Heiligen Kommunion gehen oder die Firmung empfangen will. Nicht selten auch in der Spannung, die sich in den kirchlichen Verantwortlichen im Bekenntnis niederschlagen kann: „Ich könnte es nicht verantworten, Dich zuzulassen, aber ich muss es auch nicht. Gott verantwortet es!" Strukturen und Ordnungen, hier der Katechese, braucht es, aber hinsichtlich der Sakramente dürfen sie nie das letzte Wort haben. Hier hat immer Gottes entgrenzende Gnade das letzte Wort. Papst Franziskus würde sagen, dass die Barmherzigkeit das letzte Wort hat.[40] Das geistliche Leitungsamt ist ja deswegen selbst ein eigenes Sakrament, weil es die Verantwortung hat, der Gnade zum Einbruch und zum Durchbruch zu verhelfen.[41]

Es ist dann genauso wichtig, eine solche „ungerechte Gnade" auch in der Vorbereitung selbst zu thematisieren und im Gespräch mit entsprechenden Bibeltexten (etwa mit der Geschichte vom barmherzigen Vater, vom verlorenen und vom murrenden Sohn, Lk 15,11–32, oder von den Arbeitern im Weinberg, Mt 20,1–16) sowie mit den (auch widerständigen) Erfahrungen der jungen Menschen zu klären. Sie wissen dann: Sie werden auch dann zugelassen, wenn sie nicht das eigentlich Unerlässliche tun, nämlich regelmäßig kommen. Die Freiheit, sich von Gott beschenken zu lassen, ist in der Vorbereitung selbst zu riskieren und nicht erst danach.

Wie sich Zwangsverordnungen hinsichtlich der Sakramentenvorbereitung auswirken können, bringt folgende Geschichte zum Ausdruck: Nach einem Gottesdienst in einer Kirche im ländlichen Raum kommt ein Junge anschließend in die Sakristei und bittet mich auf einem vorgedruckten Papier zu bescheinigen, dass er an diesem Sonntag die Heilige Messe besucht hat. Ich frage ihn, wozu er das brauche, und er antwortet: „Sonst darf ich nicht zur Ersten Kommunion!" Er kommt aus einer weiter entfernten Nachbarpfarrei. Etwas erstaunt und leicht entsetzt unterschreibe ich den Zettel, und im Weggehen sagt der Bub im breiten Fränkisch: „Wenn des vorbei is, sicht mi ka Kärng mehr von innen!" (Wenn das vorbei ist, sieht mich keine Kirche mehr von innen). Dass das Sakrament nichts mit Bedingungserfüllung, sondern mit Gnade und Geschenktheit zu tun hat, hat dieses Kind nicht erfahren.

Es ist gut, wenn sich die Pastoral des Mysteriums der Sakramente verbinden lässt mit Verstehen, Teilhabe und Bildung, doch kann das nicht zur Bedingung des Mysteriums und seiner Erfahrung gemacht werden. So ist es aus dieser Perspektive auch völlig zutreffend, wenn ein muslimisches Mädchen, das bei der Schulendfeier mit den christlichen Mitschülern und Mitschülerinnen in der Kirche so beeindruckt ist, dass es von dieser Atmosphäre her, die bis in das Leibliche hineinreicht, gar nicht anders kann, als mit vorzugehen und wie die anderen an

40 Klaus KRÄMER – Klaus VELLGUTH (Hgg.), Evangelii gaudium. Stimmen der Weltkirche, Freiburg i. Br. 2015.

41 Vgl. FUCHS, priesterliches Volk (s. Anm. 10), 183–238 .

der Eucharistie teilzunehmen, nicht zurückgewiesen wird. Es gibt eben nichts Niederschwelligeres als die Sakramente selbst.[42]

In seiner Antwortrede anlässlich seines 25sten Bischofsjubiläums hat Weihbischof Werner Radspieler (Erzdiözese Bamberg) im Dezember 2011 erzählt, dass ihm vor allem solche Begegnungen wichtig und wertvoll waren, wie z.B. diese: Der Bischof kommt in ein kirchliches Heim, wo man einen obdachlosen Mann aufgenommen hat, der nicht mehr lange zu leben hat. Die Schwester warnt, dass er ein schwieriger Mensch sei. Als er den Bischof sieht und ihn als Pfarrer erkennt, ruft er ihm zu: dass die Pfarrer doch so ein „Zeug" hätten, mit dem alles Schlimme, was man getan hat, vergeben sei. Auf das Ja des Bischofs, dass es tatsächlich so ein Zeug gebe, fragt er ihn, ob er denn das Zeug auch dabei habe. Der Bischof hatte es dabei, und der Mann sagt: „Dann mach dein Zeug!" Der Bischof spendet dem Mann die Krankensalbung. Das Ritual schenkte ihm eine tiefe Ruhe mit sich selbst und er konnte loslassen und, wie die Schwester wenig später berichtet hat, versöhnt und in Frieden sterben. Es ist wunderbar, dass der Weihbischof nichts als den Wunsch des Mannes erfüllte und nach keinen Voraussetzungsbedingungen für den Empfang dieses Sakramentes fragte. Es reicht offensichtlich, etwas vom Mysterium der Gnade zu *erahnen*. Genau solche Momente sind für den Bischof pastorale Erfahrungen, auf die es wirklich ankommt.

3.5 *Semper maior*

Es wird seine eigene Wirkung haben, wenn die Menschen die kirchlichen Akteure als jene erleben, die das Doppelte sagen können: „Aus meiner Perspektive bin ich dagegen, dass Sie sich kirchlich trauen lassen. Doch ich habe das nicht zu entscheiden, sondern habe dieses kirchliche Amt, nicht um mich, sondern das auch für mich immer wieder unverständliche Geheimnis der unendlichen Liebe Gottes zu vertreten. Und so hoffe ich, dass die Erfahrung des Ehesakraments in Ihnen etwas bewirkt, wovon ich nichts weiß, wofür Sie sich aber vielleicht zu öffnen vermögen! Ich kann mir nicht vorstellen, dass es einen Sinn für Sie hat, aber ich habe nicht in der Hand, welche Bedeutung Gott Ihnen damit schenken will." Natürlich kann eine solche Pastoral missbraucht werden. Aber damit befinden sich die kirchlichen Verantwortlichen in ausgesprochen guter Gesellschaft, nämlich in der vom Mensch gewordenen Gott selbst.[43] Der Gefahr, dass mit einer solchen Offenheit kirchliche Rituale von den Teilnehmer*innen selbst her für unchristliche, etwa identitäre Einstellungen gegen andere missbraucht werden können, muss mit der strikten Praxis entgegengesteuert werden, dass niemand und keine

42 Der „kriteriologische Schwur" von dem BUCHER (Der katholische Gottesdienst in postmodernen Zeiten, in diesem Band S. 122) spricht, wird die Offenheit vieler Menschen für niederschwellige, interpretationsoffene, erlebnisdichte und tröstende, Schutz und Segen erlebbar machende Erfahrungsformen der Liturgie im Herzen der eigenen theologischen Sakramentalität als Überbrückung von Situation und Botschaft identifizieren und so Menschen mit einer Erfahrung beschenken, die es ihnen potentiell ermöglicht, entsprechend weitherzig miteinander und mit anderen umzugehen. Die „Erwählung" zum expliziten Glauben bzw. zur kompakten Kirche hat niemand in der Hand und ist allein die Verantwortung Gottes selbst.

43 Vgl. Bettina KAUL, Taufpastoral – zwischen kirchlicher Tradition und menschlicher Erfahrung, Berlin – Münster 2011, 263–277.

Gruppe andere von der Teilnahme ausschließen darf. Dies liegt vor allem in der Verantwortung kirchlicher Leitung.

Wichtig ist, dass eine solche in sich widersprüchliche Rolle, die die Hauptamtlichen hier übernehmen, nicht als Authentizitätsbruch erscheint, verbunden mit einer in der Pädagogik unheilvollen paradoxen Kommunikation, in der auf der Wortebene etwas anderes signalisiert als auf der Tatebene realisiert wird. Solche Spaltungen rufen auch Spaltungen in den Menschen hervor. Hier geht es um eine, allerdings völlig andere Form der paradoxen Kommunikation: nicht im Sinne einer Destruktion, in der in der Tat Schlechteres vermittelt wird als im Wort, sondern im Sinne einer Steigerung dahingehend, dass in der rituellen Tat noch mehr Liebe und Annahme geschenkt wird als sie im Wort der Hauptamtlichen verstanden werden kann. Hier geht es nicht um die Erfahrung einer zwischenmenschlichen Unverlässlichkeit, sondern um die Steigerung einer Verlässlichkeit in das Unendliche Gottes selber hinein. Es ist ein integraler Bestandteil heilender und konstruktiver Menschenbeziehung, dass sich Menschen hinsichtlich wichtigerer Gegebenheiten zurückzunehmen bereit sind und nicht selbst die sein wollen, die das letzte Wort haben.

In dieser Begegnung ist es dann auch möglich und nötig, in der Punktualität der Begegnung von Vorbereitung und Nachbereitung und auch in der damit verbundenen Verkündigung möglichst erfahrungsbezogen (was nicht Vorurteile bestätigend bedeutet) die Inhaltlichkeit der jeweiligen Sakramente zu vermitteln, so dass auch bei den Kasualienfrommen nicht nur das integriert wird, was sie selbst schon von den Kasualien glauben und erwarten, sondern auch das, was von Seiten des Evangeliums zu ihnen gesagt werden darf. Auch wenn sich das letzte Geheimnis dieser sakramentalen Gnade dem verständlichen Zugriff entzieht und sich erst im Vollzug erfahren lässt (vgl. 1 Petr 3, 15), kann doch auch viel verstanden werden, wenn das Verstehen bereit ist, sich zu erweitern. Jesu Gleichnisse hatten immer diese vernunfterweiternde Qualität.

Ich verstehe, wenn Pfarrer aus Gründen mangelnden pastoralen Erfolgs, eines Erfolgs in dem Sinn, dass die eigene Tätigkeit von einem qualifizierten Klientel mit einer entsprechend qualifizierten Resonanz gewürdigt wird, irgendwann einmal damit nicht zufrieden sind und aussteigen.[44] Aber dies hängt weniger an der doppelten Verantwortung für die kompakte und die disperse Kirche als daran, dass es zu wenige Menschen im priesterlichen Amt gibt. Dann ist nachvollziehbar, dass man die Pastoral nur auf das angeblich Wesentliche, das Eigentliche konzentrieren will, und verfehlt dabei das Eigentliche der kirchlich-sakramentalen Sendung. Es darf also die Frage gestellt werden, ob dabei die pastorale Arbeit nicht nur an einer kompakten, sondern auch an der unübersichtlich dispersen Kirche von Menschen, die kommen und wegbleiben, mit vielen Mängeln an Glauben und Praxis, nicht zu gering angesetzt wird. Was Menschen darüber hinaus trägt, als „Sakramentenautomatismus", mit dem Schluss sein sollte, zu verachten, zielt auf die elitäre Pastoral einer „Entscheidungs-Gemeinde" mit gestufter Kirchlichkeit nach außen, die die Leistung des verstehenden expliziten Glaubens zur Bedingung für die pastorale und sakramentale Zuwendung macht. Jesus hat beides

44 Vgl. Thomas FRINGS, Aus, Amen, Ende? So kann ich nicht mehr Pfarrer sein, Freiburg i. Br. 2017.

im Blick: die Sorge um den Kreis der JüngerInnen und die Sorge um das Volk, also die Menschen, wie sie sind und sich nach Heilung sehnen, mit denen er isst und trinkt, und die dann wieder gehen.

3.6 Ein Fest des „Schönen Tags"

Im alten Ägypten kann man das Privatfest vom öffentlichen Fest unterscheiden, das in öffentlichen Ritualen stattfindet und staatserhaltende Funktionen hat. Das vitale Privatfest löst sich schon früh von den öffentlichen religiösen Festen ab und gewinnt eine ereignis- und basisbezogene Eigenständigkeit, indem es sich auch von der Götterarbeit, das Chaos zu verhindern und die Zukunft zu sichern, emanzipiert. Jan Assmann hat in seinem Aufsatz „Der schöne Tag" dieses Fest im Volk als eine Zeit beschrieben, in der die Menschen ihr Herz erfreuen, ihrem Herzen folgen und die Zeit des dem Herzen Folgens nicht vermindern.[45]

Das offizielle ägyptische Fest des Pharaos sichert verursachend die Abwehr des Chaos und die Herrschaftsordnung. Wenn der Kult nicht gefeiert wird, zerfallen die Gunst der Götter und die Macht des Herrschers. Versteht man die christlichen Sakramente als Vergegenwärtigung einer Erlösung und Gnade, die auch ohne diese Feiergestalt Gegenwart ist und deshalb überhaupt in das rituelle Bewusstsein gehoben werden kann, dann muss hier nichts hergestellt und gesichert werden, weil alles schon sicher hergestellt ist. Dieses Ritual ist keine Sicherungsleistung, sondern eine buchstäblich „absolute" Entlastung, die Erfahrung der reinen Gabe des Getragenseins.

Diese Einsicht macht umso deutlicher, wie sehr auch in der Christentumsgeschichte, analog zum offiziellen ägyptischen Kult, immer dann sakramentaler Gottesbezug und hierarchische Macht sich gegenseitig stabilisierten, wenn die Sakramentenpastoral als exklusive Heilsbedingung und derart als Herrschaftsinstrument eingesetzt wurde. Aus dieser Perspektive gehört die sakramentale Feier zu den Ritualen des „Schönen Tags". Denn am schönen Tag feiern die Menschen die unmittelbaren Gegebenheiten des Lebens, die Gaben der Erde und der Liebe „von Herz zu Herz". Wenn der offizielle Kult nicht gefeiert wird, zerfällt alles. Wenn der schöne Tag nicht gefeiert wird, zerfällt nichts, nur die Feier fällt weg.

Wir feiern die sakramentale Liturgie als schönen Tag. Denn wir feiern die Liturgie, in der das Gefeierte auch dann gilt, wenn es nicht gefeiert wird. Wo wir die Gnade Gottes zum Heil der ganzen Welt feiern, und dieses Heil gilt für alle Menschen, auch wenn sie es nicht feiern. Indem beispielsweise die Säuglinge auch dann gerettet sind, wenn sie nicht getauft sind. Doch das Feiernkönnen und -dürfen ist nicht wenig; denn es bringt ins Bewusstsein, es bringt in die Feier- und Lebensgestalt, was gegeben ist.

45 Vgl. Jan ASSMANN, Der schöne Tag. Sinnlichkeit und Vergänglichkeit im altägyptischen Fest, in: Walter HAUG – Rainer WARNING (Hgg.), Das Fest, München 1989, 3–28, hier 18–21.

Eine faszinierende Dialektik

Die Wechselwirkung zwischen Liturgie und Ökumene

Basilius J. Groen

Liturgie und Ökumene stehen in faszinierender und vielschichtiger Wechselwirkung zueinander. Zudem besitzen sie in fast allen christlichen Konfessionen einen hohen Stellenwert; quer durch die unterschiedlichen Kirchen drückt sich der Glaube in ihrem Gottesdienst aus. Wer die Glaubenserfahrungen anderer Denominationen wirklich kennenlernen möchte, soll an der Feier ihrer Liturgie und ihrer religiösen Volkskultur teilnehmen und die einschlägigen Texte und Ritualhandlungen studieren, denn dort offenbart sich, was für die jeweiligen Gemeinschaften die rechte Lobpreisung bzw. der rechte Glaube ist.[1] Die Liturgie und die Ökumene sind also äußerst wichtige *loci theologici.*

Allerdings ist nicht alles eitel Wonne. Es gibt auch herbe Rückschläge sowohl in der Ökumene als auch in der Liturgiereform und in fast allen Kirchen agieren einige Mitglieder gegen die vermeintlichen Modernisten, Erneuerer und Häretiker in der eigenen Glaubensgemeinschaft einerseits und gegen die angeblichen Ketzer und Spalter in anderen Konfessionen andererseits. Des Weiteren ist die Liturgie selbst zwiespältig, denn sie vereint nicht nur, sondern drückt auch die Trennung zwischen den Kirchen aus. Zudem legitimiert sie nicht selten existierende inner- und außerkirchliche Machtverhältnisse, ohne ihr visionäres und kritisches Potential gegenüber den Potentaten dieser Welt auszuschöpfen. Jedenfalls gibt es oft eine Diskrepanz zwischen dem Ideal der sichtbaren Einheit und dem tatsächlichen Getrennt-Sein der Konfessionen, zwischen dem Ziel der eucharistischen Gemeinschaft und den getrennten Abendmahl- und Eucharistiefeiern.

Im Folgenden möchte ich einige charakteristische – sowohl historische als auch aktuelle – Beispiele bzw. Phasen der Verschränkung bzw. Nicht-Verschränkung von Liturgie und Ökumene anführen und dabei den Stolpersteinen nicht aus dem Weg gehen. Ferner haben wir es hier mit einer reichen Vielschichtigkeit zu tun: Zum einen gibt es hunderte voneinander unabhängige Konfessionen und zum anderen zählt allein die römisch-katholische Kirche insgesamt ungefähr eine Milliarde und dreihundert Millionen Gläubige in einer Vielfalt von sozio-kulturellen und ökumenischen Kontexten. Es ist unmöglich, dieser vielfältigen Realität im Rahmen dieses Beitrags gerecht zu werden. Ich beschränke mich daher auf eine

1 Vgl. u.a. Regina Augustin et al. (Hgg.), Liturgie als Chance und Herausforderung für die Ökumene. Beiträge der Liturgiewissenschaft zur Einheit der Kirchen (Pro Oriente 41), Innsbruck 2018; Philipp Harnoncourt, Die Bedeutung der Liturgie für die Verständigung der Kirchen (Koreferat), in: Heiliger Dienst 56 (2002) 59–65; Daniel Galadza, *Logikē latreia* (Romans 12:1) as a Definition of Liturgy, in: Logos. A Journal of Eastern Christian Studies 52 (2011) 109–124.

exemplarische Skizze in gedrängter Form, wobei ich den Ostkirchen, die in diesen Breiten nicht selten übersehen werden, – man konzentriert sich meistens auf die evangelisch-katholische Ökumene – besondere Aufmerksamkeit schenke.

Beispiel: der Mittlere Osten und der Balkan

Ein erstes Beispiel betrifft den Mittleren Osten und Südosteuropa: Gebiete, wo seit Jahrhunderten insbesondere die orthodoxen bzw. orientalisch-orthodoxen Kirchen zu Hause sind. Vor allem seit dem sechzehnten Jahrhundert überfluteten katholische Ordensleute (Dominikaner, Franziskaner, Jesuiten und andere) den Mittleren Osten sowie den Balkan, um die wahre, römische Version des Christentums zu verbreiten – dies auch aus Angst, sonst könnte die Reformation dort Fuß fassen – und die Liturgie nicht komplex und häretisch (wie die Orthodoxen, wie man annahm), sondern prägnant und rechtgläubig, also römisch, zu feiern.[2] In der *Romana* hatte sich nämlich die Auffassung, nur die eigene Kirche habe die Wahrheit inne, etabliert. Wenn also der „soteriologische Exklusivismus" – ein Ausdruck des polnischen katholischen Theologen Wacław Hryniewicz (geb. 1936)[3] – prävaliert, dann können die Feiern und Lehren in anderen Glaubensgemeinschaften nur für unzureichend gehalten werden und dann sollten die Gläubigen anderer Konfessionen zum wahren Schafstall zurückgeführt werden. Allerdings standen die Beziehungen anfänglich weniger unter dem Zeichen des gegenseitigen Ausschlusses: Vielerorts kommunizierten Orthodoxe und Katholiken in der Kirche der anderen Seite, lateinische Missionare predigten in griechischen Kirchen und stellten sich mangels eines katholischen Bischofs unter die Autorität eines orthodoxen, auch gab es viele Mischehen. Erst allmählich wurde die Exklusivitätshaltung, dass die Sakramente in der jeweils anderen Kirche ungültig seien, in der Praxis durchgesetzt. Während der zweiten Hälfte des neunzehnten Jahrhunderts ließen sich auch die französischen Assumptionisten, die polnischen Resurrektionisten und die Lazaristen im europäischen Teil des Osmanischen Reiches nieder. Sie gründeten Schulen, Waisen- und Altenheime, Zeitschriften und übernahmen den byzantinischen Ritus mit dem Ziel, es der orthodoxen Bevölkerung zu erleichtern, zum Katholizismus zu konvertieren.[4]

2 Vgl. beispielsweise Elmira Vassileva, The Activities of the Franciscan Order in the Ottoman Territories (17th Century). Missionary Approaches, in: Études Balkaniques 53 (2017) 415–449, besonders 435–438.

3 Vgl. Wacław Hryniewicz, Ecumenical Lessons from the Past. Soteriological Exclusivism at the Basis of Uniatism, in: Karl Felmy (Hg.), Kirchen im Kontext unterschiedlicher Kulturen. Auf dem Weg ins dritte Jahrtausend, Göttingen 1991; ders., Towards a More Paschal Christianity. Ecumenism and Kenotic Dimensions of Ecclesiology, in: Internationale Kirchliche Zeitschrift 91 (2001) 22–43.

4 Ausführlicher dazu: Arthur Droulez, Histoire de la mission lazariste en Macédoine (1839-1939), herausgegeben von Raïa Zaïmova (Les Cahiers du Bosphore 98), Istanbul 2018; Basilius J. Groen, Verfolgung und Neuanfang. Die Religionsgemeinschaften in Bulgarien nach dem Zweiten Weltkrieg, in: ders. – Valery Stojanow (Hgg.), Pătjat na Bălgarija. Cărkva, Dăržava, Obštestvo – Bulgarien auf dem Weg. Kirche, Staat, Gesellschaft, Varna – Wien 2008, 469–530.

Im neunzehnten und im zwanzigsten Jahrhundert folgten zahllose amerikanische sowie west- und nordeuropäische evangelische Missionare und Missionarinnen den katholischen Ordensleuten in die soeben genannten Regionen, um dort ihre, diesmal protestantische Version der christlichen Frohbotschaft zu vermitteln, das Hl. Abendmahl der Bibel gemäß, also evangelisch richtig zu feiern, solide zu predigen, die Bibelkenntnisse zu vertiefen sowie Schulen, Waisen- und Krankenhäuser und andere Sozialeinrichtungen zu gründen.[5] Anfänglich hatte die evangelische Mission vor, Juden und Muslime zu bekehren, aber aufgrund des geringen Erfolges dieses Unternehmens konzentrierte man sich schon bald auf die Ostkirchen. Die Folge war, dass vielerorts kleine mit Rom unierte Ostkirchen sowie reformierte Gemeinschaften entstanden, gelegentlich mit heftiger interkonfessioneller Polemik; Gottesdienste wurden getrennt voneinander gefeiert. Die protestantischen Gemeinschaften betrafen nicht nur traditionelle (d.h. im sechzehnten Jahrhundert entstandene) evangelische Kirchen, sondern auch neuere Zweige des Protestantismus. Beispielsweise ließen sich in Bulgarien vor allem Methodisten, Kongregationalisten, Baptisten und Angehörige der Pfingstbewegung nieder.[6]

Die evangelischen Import-Kirchen im Nahen Osten trugen erheblich zur Verbesserung der Bildung und des Gesundheitswesens bei. Ein passendes Beispiel im Bildungsbereich ist die Gründung des *Syrian Protestant College* in Beirut im Jahr 1866; seit 1920 heißt diese Bildungseinrichtung *American University of Beirut*. Im Jahr 1932 wurde ihre protestantisch-theologische Fakultät autonom; sie heißt seitdem *Near East School of Theology*. Ihrerseits gründeten die Jesuiten 1875/1881 in Beirut die *Université Saint-Joseph*. Des Weiteren errichteten protestantische Amerikaner 1863 im osmanischen Konstantinopel mit seiner großen islamischen und orthodoxen Bevölkerung das *Robert College*. Diese führenden Lehrstätten existieren bis heute. Von wesentlicher Bedeutung ist ebenso, dass die evangelischen Gottesdienste in der jeweiligen Volkssprache gefeiert wurden; die Predigt wurde gepflegt, das Bibelstudium und die Katechese wurden gefördert und den Gläubigen wurde beigebracht, dass sie alle zum gemeinsamen Priestertum berufen seien.

Die evangelischen Missionsinitiativen trugen jedoch auch zur Zersplitterung des Christentums bei und die Beziehungen zu den orthodoxen und orientalisch-orthodoxen Kirchen, die einen Teil ihrer Gläubigen verloren, wurden auf eine harte Probe gestellt. Zudem hatte der Übertritt in eine protestantische Denomination, die dem *Oriens Christianus* fremd war – vor allem aufgrund der evangelischen Polemik gegen die Ikonen- und Heiligenverehrung und gegen die Kirchenhierarchie sowie aufgrund der exklusiven Betonung des *sola-scriptura*-Prinzips –, radikale Folgen für viele Konvertiten: die Entfremdung von der eigenen Familie, Gemeinschaft und Kultur. Erst allmählich (und längst nicht überall) gelang es dem Protestantismus, nicht mehr als ein Fremdkörper, sondern als eine authen-

5 Vgl. Heleen L. MURRE-VAN DEN BERG (Hg.), New Faith in Ancient Lands. Western Missions in the Middle East in the Nineteenth and Early Twentieth Centuries, Leiden 2006; DIES. – Herman TEULE, De westerse kerken in het Midden-Oosten, in: Alfons BRÜNING – Herman TEULE (Hgg.), Handboek Oosters Christendom, Leuven 2018, 493–503; Herman TEULE, De geünieerde kerken van het Midden-Oosten, in: ebd., 478–490.

6 Vgl. GROEN, Verfolgung und Neuanfang (s. Anm. 4), 484–485, 513.

tische, auf dem Evangelium basierende Glaubensgemeinschaft wahrgenommen zu werden.[7]

MIT ROM UNIERTE OSTKIRCHEN UND LATINISIERUNG

Auch die katholischen Ostkirchen, d.h. die aus der Orthodoxie hervorgegangenen und mit Rom unierten östlichen Glaubensgemeinschaften, verursachten eine Spaltung und jeweils ein uniertes Gegenüber. Beispielsweise sind es die Chaldäer, was die assyrische Kirche des Ostens betrifft, und die Melkiten, was die byzantinisch-orthodoxen Patriarchate im Mittleren Osten betrifft; nur die libanesischen Maroniten und die süditalienischen Italo-Albaner haben kein orthodoxes Pendant.[8] Weil man in Rom Jahrhunderte lang den lateinischen Ritus aufgrund seiner Klarheit und Prägnanz im Vergleich mit den komplexeren und angeblich vagen ostkirchlichen Riten für den allerbesten hielt – *praestantia ritus latini* –, sind zahlreiche der mit Rom unierten Ostkirchen im Lauf der Zeit latinisiert worden.[9] Der *praestantia*-Ausdruck war mehrmals von Papst Benedikt XIV. (im Amt 1740–1758) benutzt worden, um zu betonen, dass der lateinische römische Ritus die „Mutter und Lehrerin" – *mater et magistra* – aller anderen Riten bzw. Kirchen war. Unter Berücksichtigung dieses Prinzips war es diesem Papst jedoch gleichzeitig ein wichtiges Anliegen, Eigenes der ostkirchlichen Riten zu bewahren.[10]

Vielerorts übernahmen die katholischen Ostkirchen Merkmale des römischen Ritus wie zum Beispiel das Fronleichnamsfest, die ewige eucharistische Anbetung, den Rosenkranz und den Kreuzweg. Daher stellen die Liturgie, Lehre und Organisation der mit Rom in voller *communio* stehenden Ostkirchen oft eine Art Mischform zwischen Orthodoxie und lateinischem Katholizismus dar. Allerdings anerkennt das Zweite Vatikanische Konzil alle Riten innerhalb der *Catholica* als gleichberechtigt und veranlasst, dass die katholischen Ostkirchen ihr eigenes liturgisches Sondergut pflegen und zu den vorväterlichen Traditionen (*ad avitas traditiones redire satagant*) zurückkehren sollten.[11] Darum hat man in mehreren dieser Kirchen nach dem Konzil damit begonnen, das orientalische Eigenerbe wiederherzustellen. Das ist allerdings gelegentlich mühsam, weil es sich dabei

7 Vgl. Roland LÖFFLER, The Long Road to Identity. How Lutheran and Anglican Missionary Congregations Became Independent Churches in the Holy Land During the Twentieth Century, in: The Near East School of Theology Theological Review 38 (2017) 75–91; DERS., Protestanten in Palästina. Religionspolitik, Sozialer Protestantismus und Mission in den deutschen evangelischen und anglikanischen Institutionen des Heiligen Landes 1917–1939, Stuttgart 2008.

8 Vgl. Congregazione per le Chiese Orientali, Oriente Cattolico, Bd. I–III, Rom [5]2017.

9 Vgl. Albert GERHARDS, Einführung, in: DERS. – Tinatin CHRONZ (Hgg.), Orientierung über das Ganze. Liturgische Vielstimmigkeit der Ökumene und das Zweite Vatikanische Konzil (Ästhetik–Theologie–Liturgik 60), Berlin – Münster 2015, IX–XIV, hier X.

10 Vgl. Jo HERMANS, Benedictus XIV en de liturgie. Een bijdrage tot de liturgiegeschiedenis van de Moderne Tijd, Brügge – Boxtel 1979, 364–370.

11 Siehe *Sacrosanctum Concilium* 4 und *Orientalium Ecclesiarum* 6. Vgl. Klaus GANZER et al. (Hgg.), Conciliorum Oecumenicorum Generaliumque Decreta, Bd. III, The Oecumenical Councils of the Roman Catholic Church, From Trent to Vatican II (1545–1965), Turnhout 2010, 261, 352–353.

jetzt auch um Identitätsmerkmale, die viele beibehalten möchten, handelt. Ein Beispiel möge dies verdeutlichen: In einigen griechisch-katholischen Kirchen (z.B. in Bulgarien) wird ein Kleinkind zwar in ein und derselben Feier getauft und gefirmt – dies unterscheidet sie von den Lateinern –, aber die Erstkommunion findet erst viel später statt – dies unterscheidet sie von den Orthodoxen. Ein interrituelles Problem *innerhalb* der katholischen Kirche ist, dass – in Gegenden, wo man kaum Erfahrung mit den Ostkirchen hat – diesen Kindern in Messen des römischen Ritus gelegentlich die Kommunion verweigert wird, mit dem Argument, dass auch die „eigenen" Kinder noch nicht die Erstkommunion gefeiert haben und man keinen Unterschied machen möchte. Das ist allerdings nicht richtig: Initiierte griechisch-katholische Kleinkinder haben ein Recht darauf, auch in anderen Riten innerhalb der *Catholica* die Kommunion zu empfangen und die Lateiner sollten Verständnis für den Eigencharakter der ostkirchlichen Traditionen haben.[12]

FREMDBESTÄUBUNG IM LIBANON

Ein faszinierendes Beispiel liturgischer Fremdbestäubung im Libanon sind die Mischehen arabischer orthodoxer und maronitischer Frauen mit westeuropäischen reformierten Männern.[13] Laut der libanesischen protestantischen Forscherin Rima Nasrallah führen diese Frauen in Bezug auf den Gottesdienst ein fließendes Leben: Sie bewegen sich zwischen ihrer jeweiligen Mutterkirche und der evangelischen Konfession und überqueren die Grenzen. Sie vermischen die einschlägigen liturgischen Kalender und messen spezifischen Sonn- und Wochentagen sowie den Hauptperioden des liturgischen Jahres neue Bedeutungen bei. Ein Beispiel möge hier genügen: Am Sonntag, auch am Ostersonntag, pflegen die Frauen dem protestantischen Gottesdienst beizuwohnen. Für sie gleicht dieser einer Art Schule: Die Schriftlesungen, die Predigt und die Kanzel nehmen den ersten Platz in der leeren Kirche ein – leer heißt hier: ein Raum ohne Ikonen, farbige Gewänder, Kerzen und Ähnliches – und „das Publikum", die Zuhörer/innen werden über den Willen Gottes unterrichtet. In der Karwoche jedoch nehmen diese Frauen an den ostkirchlichen Gottesdiensten teil. Darin erfahren sie die physische Präsenz des Leibes Jesu (sein Grab, die Blumen, Kerzen, Ikonen) und sie fühlen

12 Vgl. Congregation for the Eastern Churches, Instruction for applying the liturgical prescriptions of the Code of Canons of the Eastern Churches, Vatikanstadt 1996; Lorenzo LORUSSO, Eastern Catholics and Latin Pastors. Issues and Canonical Norms, English Edition John D. FARIS, Washington DC 2013; Lorenzo LORUSSO – Luigi SABBARESE (Hgg.), Oriente e Occidente. Respiro a due polmoni. Studi in onore di Dimitrios Salachas (Studia Canonica 67), Rom 2014; Leonardo Card. SANDRI, El Concilio Vaticano II y los católicos orientales. Notas sobre la atención de los católicos orientales en la diáspora, in: Ius Communionis 5 (2017) 25–46. Siehe auch Oleksandr PENTRYNKO, Auf dem Weg zu einer Liturgiereform in der ukrainischen griechisch-katholischen Kirche, in: Liturgisches Jahrbuch 60 (2010) 94–115.

13 Vgl. Rima NASRALLAH, Moving and Mixing. The Fluid Liturgical Lives of Antiochian Orthodox and Maronite Women within the Protestant Churches in Lebanon (Dissertation Protestantse Theologische Universiteit Amsterdam – Groningen), Amsterdam 2014.

sinnlich, dass sie zum kirchlichen Leib Christi gehören. Zudem können sie den Schmerz der Kirche über den Tod des Heilands und die Perspektive seiner Auferstehung mit den Schmerzen und Hoffnungen ihres eigenen Lebens verbinden. Auf diese Weise bewegen die Frauen sich und „gleiten", schließen Kompromisse zwischen zwei sehr unterschiedlichen liturgischen Traditionen. Sie messen also der Eucharistie bzw. dem Abendmahl, den Gebärden und Körperhaltungen, der Kirchenmusik und Ikonographie, der Verehrung der Mutter Gottes und anderer Heiliger sowie Wallfahrtsorten die jeweils originären Bedeutungen bei. Während sie in der evangelischen Kirche weder das Kreuzzeichen machen noch Ikonen küssen, tun sie das in der ostkirchlichen Tradition ausführlich. Zum einen besuchen zum Protestantismus konvertierte Frauen die evangelischen Gottesdienste und schätzen die in der Predigt zu Tage tretende Bibelkenntnis und tiefgründige Ethik, zum anderen pflegen viele dieser Frauen ihre eigene gottesdienstliche Spiritualität, indem sie weiterhin Ikonen verehren, zur Mutter Gottes beten und an den eindrucksvollen Ritualen der orthodoxen Karwoche und Osterzeit teilnehmen.

Viele Familien lassen ihre Kinder im orthodoxen Saydnaya-Kloster (Patriarchat von Antiochien) nördlich von Damaskus in Syrien taufen. Im Fall der gerade erwähnten Frauen wird die Taufe normalerweise zweimal vollzogen: die eine Taufe im Kloster aufgrund eines Gelübdes – als Danksagung an die Jungfrau Maria wegen des Geschenks eines Kindes – und die andere, die offizielle Mitgliedschaftstaufe in der protestantischen Kirche. Im Saydnaya-Kloster werden nicht nur orthodoxe Kleinkinder, sondern auch katholische und evangelische getauft, mit Chrisam gefirmt und sie bekommen die heilige Kommunion. Babys von Muslimen, Juden und Drusen werden nur in das heilsame Taufwasser untergetaucht und mit gesegnetem Öl gesalbt, aber sie werden weder mit Chrisam gefirmt noch bekommen sie die Kommunion. Interessanterweise berichtet bereits der schottische Reisende William Dalrymple (geb. 1965), dass im selben Saydnaya-Kloster einige Musliminnen ein wenig vom heiligen Öl trinken, vor der wundertätigen Ikone der Mutter Gottes nächtigen und vom Brunnen im Hof trinken, in der Absicht, schwanger zu werden.[14]

Die Tatsache, dass Andersgläubige in Saydnaya die Mutter Gottes verehren, ist eine jahrhundertalte Praxis. Orthodoxe, Orientalisch-Orthodoxe, Lateiner, Muslime und Juden fanden den Weg zur dortigen wundertätigen Ikone; insbesondere vom späten zwölften bis zum fünfzehnten Jahrhundert war Saydnaya für westliche Pilger/innen – man denke an den Kontext der Kreuzzüge – ein wichti-

14 Siehe seinen faszinierenden Reisebericht aus dem Ende des zwanzigsten Jahrhunderts: From the Holy Mountain. A Journey in the Shadow of Byzantium, London 2005 (Erstausgabe London 1997), 189; siehe auch ebd. 166–171, 187–191, 231, 304–305, 339–344. Dieses äußerst interessante und informative Buch beschreibt Dalrymples Reise in den Spuren von Johannes Moschos (gest. 619) und Sophronios (gest. 638), die das ebenso abenteuerliche *Die geistliche Wiese* verfassten. Was die Hintergrundinformation über das orthodoxe Mönchtum in Syrien (vor dem Krieg während der 2010er Jahre) betrifft vgl. Anna POUJEAU, Monasteries, Politics, and Social Memory. The Revival of the Greek Orthodox Church of Antioch in Syria during the Twentieth Century, in: Chris HANN – Hermann GOLTZ (Hgg.), Eastern Christians in Anthropological Perspective (The Anthropology of Christianity 9), Berkeley CA 2010, 177–192.

ger Wallfahrtsort.[15] Die Präsenz islamischer Gläubiger an christlichen Wallfahrtsorten ist auch an zahlreichen anderen Orten im Mittleren Osten sowie am Balkan ein übliches Phänomen.[16] Dies habe ich selbst während meiner Feldforschung über die kleine Wasserweihe im byzantinischen Ritus feststellen können.[17]

Zum einen entwickeln die libanesischen Frauen in konfessionsverschiedenen Ehen aufgrund ihres ständigen Überschreitens der Grenzen zwischen unterschiedlichen liturgischen Traditionen eine kritische Haltung gegenüber anscheinend selbstverständlichen fixierten Praktiken sowohl in ihrer eigenen Mutterkirche als auch in ihrer neuen reformierten Kirche. Zum anderen betrachten die Pfarrer von sowohl den ostkirchlichen als auch den evangelischen Glaubensgemeinschaften diese Frauen misstrauisch und ablehnend, weil sie sie nicht für wahre Gläubige halten können. Das vielschichtige Forschungsprojekt von Rima Nasrallah zeigt übrigens auch, wie wichtig empirische Feldforschung – in diesem Fall: teilnehmende Beobachtung und Tiefeninterviews, ergänzt von der Analyse relevanter Fachliteratur – für die umfassende Erforschung der Liturgie und religiösen Volkskultur ist.

ÖKUMENISCHE BEWEGUNGEN

Es gab Gegenbewegungen zur Zersplitterung und innerchristlichen Missionierung. Im Lauf des neunzehnten Jahrhunderts war nämlich besonders in den Missionsgebieten in Subsahara Afrika, Asien und dem Pazifik, in denen die Kirchen oft miteinander konkurrierten, vielen klar geworden, dass mehr gegenseitiges Verständnis und eine größere Anerkennung untereinander das Gebot der Stunde wären.

Ein altes, bereits seit dem Ende des neunzehnten Jahrhunderts stattfindendes liturgie-ökumenisches Projekt ist der jährlich stattfindende „Weltgebetstag der Frauen". Auch heute noch wird unter der Losung „Informiert beten – betend handeln" jährlich, jeweils am ersten Freitag im März, eine ökumenische Wort-Gottes-Feier veranstaltet, deren Ablauf von Frauen aus einem bestimmten Land vorbereitet worden ist. Dieser Gottesdienst wird zwar von Frauen gestaltet und gelei-

15 Vgl. Bernard HAMILTON, Our Lady of Saidnaiya. An Orthodox Shrine Revered by Muslims and Knights Templar at the Time of the Crusades, in: Robert N. SWANSON (Hg.), The Holy Land, Holy Lands, and Christian History. Papers Read at the 1998 Summer Meeting and the 1999 Winter Meeting of the Ecclesiastical History Society, Suffolk 2000, 207–215.

16 Vgl. Dionigi ALBERA – Benoît FLICHE, Les pratiques dévotionnelles des musulmans dans les sanctuaires chrétiens. Le cas d'Istanbul, in: Dionigi ALBERA – Maria COUROUCLI (Hgg.), Religions traversées. Lieux saints partagés entre chrétiens, musulmans et juifs en Méditerranée, Arles 2009, 141–174.

17 Vgl. Basilius J. GROEN, Wash your sins, not only your face. Therapeutic Water and the Evolution of the Small Water Blessing in the Greek-Byzantine Tradition, in: Diliana ATANASSOVA – Tinatin CHRONZ (Hgg.), Σύναξις καθολική. Beiträge zu Gottesdienst und Geschichte der fünf altkirchlichen Patriarchate für Heinzgerd Brakmann zum 70. Geburtstag (orientalia – patristica – oecumenica 6,1), Münster u.a. 2014, 249–268, hier 262–264.

tet – und dient ihnen auch als ein anregender Ort der Begegnung mit Gott und untereinander sowie mit unterschiedlichen Kulturen, Kontinenten und Kirchen – aber an der Feier selbst können alle (also nicht nur Personen des weiblichen Geschlechtes) teilnehmen.[18]

Aufgrund der Blüte der zwischenkirchlichen Ost-West-Begegnungen und -Gespräche wird das zwanzigste Jahrhundert gelegentlich als das Jahrhundert der Ökumene bezeichnet. Zudem blühten in mehreren Großkirchen die Liturgischen Bewegungen, die eine gründliche Erneuerung des Gottesdienstes beabsichtigten. Darüber hinaus ist die Abendmahlsgemeinschaft zwischen den aus der Reformation des sechzehnten Jahrhunderts hervorgegangenen Kirchen selber forciert worden; es sind sogar einige Kirchenfusionen entstanden. Altkatholiken und Anglikaner haben den Dialog mit Orthodoxen aufgenommen; Reformierte sprachen mit Lutheranern und so weiter. Zudem begannen nach einer Jahrhunderte dauernden Funkstille auch die beiden ostkirchlichen Großfamilien (Orthodoxe und Orientalisch-Orthodoxe) wieder tiefgehende Konversationen und einen offiziellen theologischen Dialog miteinander.

Die römisch-katholische Kirche lehnte den Ökumenismus lange Zeit ab, weil aus ihrer Sicht das einzig mögliche einschlägige Modell das der Rückkehr der Nicht-Katholischen zum wahren Schafstall unter der Führung des römischen Papstes war. Illustrativ für diese Sicht ist die Karfreitagsfürbitte „für die Ketzer und Spalter“ bzw. „für die Irrgläubigen und Abtrünnigen“ (*pro hæreticis et schismaticis*), die bis zur vom Zweiten Vatikanischen Konzil initiierten Liturgiereform in der Karwoche – als Teil der Großen Fürbitten – feierlich vorgetragen wurde. Darin betete die Kirche, Gott möge die Häretiker und Schismatiker von ihren Irrtümern befreien und sie zur katholischen Kirche zurückführen.[19] Das noch kurz vor dem Konzil revidierte römische Messbuch veränderte zwar die Überschrift – nun „Für die Einheit der Kirche“ (*pro unitate Ecclesiæ*) –, behielt aber den Gebetsaufruf und das Gebet selbst unverändert bei.[20] Allmählich bekehrte sich je-

18 Vgl. Ulrike BECHMANN, Weltweite Ökumene von Anfang an. Der Weltgebetstag der Frauen, in: Der Weltgebetstag der Frauen. Situation und Zukunft der Ökumene, mit Beiträgen von H. Hiller u.a. (Tübinger Ökumenische Reden 2), Münster 2006, 21–34; Anneliese KNIPPENKÖTTER, Weltgebetstag der Frauen, in: Teresa BERGER – Albert GERHARDS (Hgg.), Liturgie und Frauenfrage. Ein Beitrag zur Frauenforschung aus liturgiewissenschaftlicher Sicht (Pietas Liturgica 7), St. Ottilien 1990, 581–592; Elisabeth PAPAUSCHEK, Geschichte und Anliegen des „Weltgebetstages der Frauen“ – weltweit und in Österreich, in: Heiliger Dienst 56 (2002) 39–43; Johanna EISNER, Weltgebetstagsgottesdienst und Ökumene, in: Heiliger Dienst 56 (2002) 44–47; Helga HILLER, Ökumene der Frauen. Anfänge und frühe Geschichte der Weltgebetstagsbewegung in den USA, weltweit und in Deutschland, Düsseldorf 1999; https://world dayofprayer.net; http://weltgebetstag.at [Abruf: 20. März 2019].

19 Ich verwende hier eine Ausgabe aus dem Jahr 1923: Missale Romanum ex decreto sacrosancti concilii tridentini restitutum S. Pii V pontificis maximi jussu editum aliorumque pontificum cura recognitum a Pio X reformatum et ssmi d.n. Benedicti XV auctoritate vulgatum, Editio VII juxta typicam vaticanam, Regensburg 1923, 202. Vgl. auch Benediktiner der Erzabtei Beuron (Hgg.), Das vollständige Römische Messbuch, lateinisch und deutsch, mit allgemeinen und besonderen Einführungen im Anschluß an das Meßbuch von Anselm Schott O.S.B., Freiburg im Breisgau 1961, 391–392.

20 Vgl. Cuthbert JOHNSON – Anthony WARD (Hgg.), Missale Romanum anno 1962 promulgatum (Bibliotheca „Ephemerides Liturgicae“, Subsidia. Instrumenta liturgica quarrerensia, supplementa 2), Rom 1994, 173.

doch auch die *Romana* zur Ökumenischen Bewegung; ein Höhepunkt war das 1964 vom Zweiten Vatikanischen Konzil verabschiedete Dekret *Unitatis redintegratio*.[21] Bezeichnend für diese Bekehrung ist die neue Karfreitagsfürbitte „für die Einheit der Christen" (*pro unitate Christianorum*); darin betet die katholische Glaubensgemeinschaft nun für alle Menschen, die an Christus glauben, dass Gott sie in seine eine Kirche zusammenführen und der Glaube und die Liebe sie zusammenhalten möge.[22] Diese erneuerte Fürbitte ist meines Erachtens äußerst wichtig, weil sie an einer Kernstelle im Kirchenjahr bezeugt, dass alle Christinnen und Christen gemeinsam auf Gottes Wegen gehen und zur einen Kirche gehören. Vor dem Hintergrund des Axioms *lex orandi lex credendi* – die Art, wie gebetet und gefeiert wird, bestimmt den Glauben, und der Glaube bestimmt das Gebet und den Gottesdienst – hat diese Karfreitagsfürbitte weitreichende Konsequenzen für die Lehre und das Handeln der *Catholica* in Bezug auf die Ökumene im Allgemeinen. Übrigens müsste daher der Zusammenhang zwischen der *lex orandi* und der *lex credendi* durch die *lex agendi* bzw. *lex vivendi* ergänzt werden: Die erstgenannten zwei Aspekte legen die Art des Handelns und Lebens fest, und umgekehrt bestimmt die richtige Handlungs- und Lebensweise die richtige Feier- und Glaubensweise.[23] Das heißt hier, dass die katholische Kirche ihre Karfreitagsfürbitte für die Einheit aller Christgläubigen mit konkreten einschlägigen Schritten im Alltagsleben einhergehen lassen sollte. (Ähnliches gilt für die be-

21 Vgl. Conciliorum Oecumenicorum Generaliumque Decreta, Bd. III, 360–375; Jonas JONSON, Die Bedeutung des II. Vatikanischen Konzils angesichts der heutigen ökumenischen Situation. Aus der Perspektive des Ökumenischen Rates der Kirchen, in: Peter HÜNERMANN (Hg.), Das Zweite Vatikanische Konzil und die Zeichen der Zeit heute, Freiburg i.B. 2006, 385–390; André BIRMELÉ, Die Rezeption des Zweiten Vatikanischen Konzils in der Ökumene. Ein evangelischer Beitrag, in: ebd., 405–416; Grigorios LARENTZAKIS, Die Bedeutung des Zweiten Vatikanums. Die Position der Orthodoxen Kirche, in: ebd., 391–404; Athanasios VLETSIS, Das II. Vaticanum und die Orthodoxie. Ein Beispiel zur Nachahmung?, in: Catholica 66 (2012) 161–179; Markus IFF, Das Zweite Vatikanische Konzil in freikirchlicher Sicht, in: Catholica 66 (2012) 193–212; Friederike NÜSSEL, „...nicht nur Anpassung, sondern Aufbruch?" Notizen zum Zweiten Vatikanischen Konzil aus evangelischer Sicht im Abstand von fünfzig Jahren, in: Catholica 66 (2012) 180–192; Pablo ARGÁRATE, Ökumenisches Christsein und der Weg zur vollen Katholizität der Kirche. Das konziliare Dekret über den Ökumenismus *Unitatis Redintegratio*, in: Peter EBENBAUER – Rainer BUCHER – Bernhard KÖRNER (Hgg.), Zerbrechlich und kraftvoll. Christliche Existenz 50 Jahre nach dem Zweiten Vatikanum (Theologie im kulturellen Dialog 28), Innsbruck 2014, 181–199.

22 Vgl Missale Romanum ex decreto sacrosancti oecumenici concilii vaticani II instauratum auctoritate Pauli pp. VI promulgatum Ioannis Pauli II pp. cura recognitum, iuxta typicam tertiam (Downers Grove IL 2007), 250–251.

23 Vgl. Winfried HAUNERLAND, Liturgie als *lex vivendi*?, in: Orthodoxes Forum 28 (2014) 37–41; Teresa BERGER, Lex orandi – lex credendi – lex agendi: Auf dem Weg zu einer ökumenisch konsensfähigen Verhältnisbestimmung von Liturgie, Theologie und Ethik, in: Archiv für Liturgiewissenschaft 27 (1985) 425–432; Benedikt KRANEMANN – Thomas STERNBERG (Hgg.), Die diakonale Dimension der Liturgie (Quaestiones Disputatae 218), Freiburg im Breisgau 2006; Martin STUFLESSER – Stephan WINTER (Hgg.), „Ahme nach, was du vollziehst ...". Positionsbestimmungen zum Verhältnis von Liturgie und Ethik (Studien zur Pastoralliturgie 22), Regensburg 2009; Dragica TADIC-PAPANIKOLAOU, Orthodox Contributions for the Understanding and Practice of Diakonia (the „Liturgy after Liturgy"), in: Pantelis KALAÏTZIDIS et al. (Hgg.), Orthodox Handbook on Ecumenism. Resources for Theological Education, Oxford 2014, 725–732; Alexandros PAPADEROS, Aspekte orthodoxer Sozialethik, in: Ingeborg GABRIEL – Alexandros PAPADEROS – Ulrich KÖRTNER (Hgg.), Perspektiven ökumenischer Sozialethik. Der Auftrag der Kirchen im größeren Europa, Mainz 2005, 23–126, insbes. 38–39, 62–75.

wegte Geschichte der katholischen Karfreitagsfürbitte für die Juden, auf die ich hier aus Beschränkungsgründen nicht näher eingehen werde.)

Die Pfingstbewegung und die evangelischen Freikirchen sind wahrscheinlich weltweit die am schnellsten wachsenden christlichen Gruppierungen. Trotz der Tatsache, dass mehrere Pfingstkirchen und evangelikale Gemeinschaften dem Ökumenischen Rat der Kirchen beigetreten sind, lehnen viele andere die Mitgliedschaft ab. Seit einigen Jahrzehnten gibt es jedoch fruchtbare Gespräche zwischen der Pfingstbewegung und den traditionellen Kirchen, insbesondere mit der römisch-katholischen Kirche, den aus der Reformation hervorgegangenen Konfessionen und (seit 2010) dem griechisch-orthodoxen Patriarchat von Konstantinopel. Im wahrscheinlich erfolgreichsten dieser Dialoge – dem zwischen der *Romana* und der Pfingstbewegung – werden auch liturgisch relevante Themen wie zum Beispiel das Sprechen in Zungen und die Taufe mit dem Hl. Geist behandelt. Die in diesen Dialogen involvierten Vertreter der Pfingstbewegung haben die Skepsis der Ökumene gegenüber also abgelegt. Übrigens war ihre Bewegung lange Zeit von den etablierten Großkirchen als „verwirrt", „geistesgestört" und „kindisch" beschimpft worden.[24]

Insbesondere in der südlichen Hemisphäre existieren auch transkonfessionelle Bewegungen. Es handelt sich hier um pfingstlich-charismatische Gruppierungen, die das Bibelstudium, die persönliche Beziehung mit Jesus Christus und die unmittelbare Erfahrung des Hl. Geistes hervorheben und für die „klassische" Ökumenische Bewegung und die Konsensökumene meistens wenig Sympathie hegen. Die Mitglieder dieser *mega churches* bzw. *emerging christianities* wechseln leicht von der einen Denomination in die andere; am wichtigsten ist ihnen die innere Glaubenserfahrung, nicht die fixe Zugehörigkeit zu einer kirchlichen Institution.[25]

EINIGE BEDEUTSAME KONSENSDOKUMENTE

Ein wichtiges Ergebnis (1) der ökumenischen Kontakte und Begegnungen, (2) der Untersuchungen der vergleichenden Liturgiewissenschaft und (3) der liturgischen Neuorientierungen und Reformen ist, dass die diversen Kirchengemeinschaften voneinander haben lernen können und dies auch in Konsensdokumenten[26] und Praktiken festgelegt haben. Beispielsweise nenne ich hier die von der

24 Vgl. Wolfgang VONDEY, Die Ökumene aus Sicht der Pfingstkirchen. Krise und Hoffnung der Ekklesiologie, in: Una Sancta 73 (2018) 11–20.

25 Vgl. Jutta KOSLOWSKI, Konfessionelle Realitäten und ökumenische Theorien. Überlegungen zur Zukunft des Christentums und der Ökumene an der Schwelle des dritten Jahrtausends, in: Thomas BREMER – Maria WERNSMANN (Hgg.), Ökumene überdacht. Reflexionen und Realitäten im Umbruch (Quaestiones Disputatae 259), Freiburg im Breisgau 2014, 301–316.

26 Vgl. Harding MEYER et al. (Hgg.), Dokumente wachsender Übereinstimmung. Sämtliche Berichte und Konsenstexte interkonfessioneller Gespräche auf Weltebene, Bd. 1–3, Paderborn – Leipzig ^{2}1991, 1992, 2003; Johannes OELDEMANN, Wachsende Übereinstimmung? Reflexionen über den Ertrag ökumenischer Dialoge im Blick auf den 4. Band der „Dokumente wachsender Übereinstimmung" in: Catholica 66 (2012) 127–142; DERS. et al. (Hgg.), Dokumente wachsen-

Bewegung „Glaube und Kirchenverfassung" (*Faith and Order*) des Ökumenischen Rates der Kirchen geleistete Arbeit wie zum Beispiel das bedeutende Lima-Dokument über Taufe, Eucharistie und Amt *Baptism, Eucharist and Ministry* gemeinsam mit der darauf basierenden „Lima-Liturgie" aus dem Jahr 1982[27] und das Dokument über das Wesen der kirchlichen Einheit aus dem Jahr 2012 *Die Kirche: Auf dem Weg zu einer gemeinsamen Vision.*[28]

Zudem anerkennen jetzt viele Kirchen die in anderen Konfessionen gespendete Taufe und verzichten auf die Wiedertaufe für Konvertit/inn/en. Beispielsweise erklärten die Mitglieder des niederländischen *Raad van Kerken* im Jahr 2004 die Gültigkeit der Taufe aller anderen Mitgliedskirchen anzuerkennen. Was Deutschland betrifft, geschah 2007 Ähnliches in der Magdeburger Erklärung, die auch von fast allen orthodoxen Kirchen unterschrieben wurde.

Eine bedeutende europäische Initiative ist die *Charta Oecumenica*, die im Jahr 2001 in Straßburg gemeinsam von der 1959 gegründeten Konferenz Europäischer Kirchen (KEK) und dem Rat der Europäischen (römisch-katholischen) Bischofskonferenzen (CCEE) unterschrieben wurde. In dieser Erklärung verpflichten sich die christlichen Kirchen Europas dazu, ihre Einheit zu vertiefen, gemeinsam das Evangelium zu verkündigen, die Versöhnung in Europa zu fördern, sich für den Dialog mit dem Judentum und dem Islam einzusetzen, Armut zu bekämpfen, auf Umweltschutz zu achten und vieles mehr. Sie weisen auch auf die Bedeutung des gemeinsamen Betens, insbesondere des Vaterunsers, hin und streben weiterhin danach, dass es möglich sein wird, gemeinsam die Eucharistie zu feiern.[29] Gemeinsames Beten war auch ein Hauptthema bei den Europäischen Ökumenischen

der Übereinstimmung. Sämtliche Berichte und Konsenstexte interkonfessioneller Gespräche auf Weltebene, Bd. 4, Paderborn – Leipzig 2012.

27 Vgl. Baptism, Eucharist and Ministry (Faith and Order Paper 111), Genf 1982; MEYER et al., Dokumente wachsender Übereinstimmung, Bd. 1, 545–585; Thomas BEST – Dagmar HELLER (Hgg.), Eucharistic Worship in Ecumenical Contexts. The Lima Liturgy – and Beyond, Genf 1998; Max THURIAN (Hg.), Churches respond to BEM. Official responses to the „Baptism, Eucharist and Ministry" text, Bd. I–V (Faith and Order Papers 129, 132, 135, 137, 143), Genf 1986–1988; Teresa BERGER, Lima Liturgy, in: Nicholas LOSSKY u.a. (Hgg.), Dictionary of the Ecumenical Movement, Genf ²2002, 694–695; Max THURIAN, „Baptism, Eucharist and Ministry" (the „Lima Text"), in: ebd., 90–93. Siehe auch die Beiträge in: Internationale Kirchliche Zeitschrift 92 (2002) 137–244; Una Sancta 67 (2012) 169–257.

28 Vgl. Die Kirche. Auf dem Weg zu einer gemeinsamen Vision – Eine Studie der Kommission für Glauben und Kirchenverfassung des Ökumenischen Rates der Kirchen, Gütersloh 2014; Resource Book. World Council of Churches 10th Assembly, Busan, 2013, Genf 2013, 3–50.

29 Vgl. Charta Oecumenica. Leitlinien für die wachsende Zusammenarbeit unter den Kirchen in Europa, in: Ökumenisches Forum 23–24 (2000–2001), 389–398 (hier Nr. 5); Viorel IONITA – Sarah NUMICO (Hgg.), Charta Oecumenica. Ein Text, ein Prozess und eine Vision der Kirchen in Europa, Genf – St. Gallen 2003.

Versammlungen in Basel im Mai 1989,[30] in Graz im Juni 1997[31] und in Sibiu/Hermannstadt im September 2007.[32]

LITURGISCHE BEWEGUNGEN UND HOHER THEOLOGISCHER STELLENWERT DES GOTTESDIENSTES

Zum Bewusstsein, dass Liturgie und Ökumene miteinander verschränkt sind, haben die Liturgischen Bewegungen, die im Laufe des zwanzigsten Jahrhunderts in mehreren Großkirchen blühten, einen großen Beitrag geleistet.[33] Wie gesagt sind diese je nach Zeit, Region und Kirche unterschiedlichen Bewegungen einerseits durch ökumenische Kontakte beeinflusst worden, andererseits auch das Ergebnis des erneuten Studiums frühkirchlicher Quellen sowie der eigenen Traditionen. Vielerorts führten diese Bewegungen zu revidierten Gottesdienstbüchern, unter anderem was das Abendmahl, die Leseordnungen, das liturgische Jahr und die Krankensalbung betrifft; beispielsweise gab die Evangelisch-Lutherische Kirche Deutschlands in den 1990er Jahren eine Reihe von neuen Gottesdienstbüchern heraus. Auch wird nun in zahlreichen lutherischen und methodistischen Pfarrgemeinden das Abendmahl häufig gefeiert, und als ich vor einigen Jahren im evangelischen Berliner Dom war, sah ich, dass es dort jeden Mittwoch die Möglichkeit zur Beichte gab und dass diese Möglichkeit nachdrücklich empfohlen wurde. Interessant in diesem Kontext ist auch die erneute Aufmerksamkeit im Protestantismus[34] für einen ökumenischen Kalender von Heiligen und anderen Glaubenszeugen, für die Kirchenväter und die Patrologie, das Stundengebet (vor allem Vesper und Laudes), die Gewänder und liturgischen Farben und im Allgemeinen für die Rolle der Sinne, also nicht nur für den auditiven Sinn, sondern auch das Visuelle und die übrigen Sinne. Mehrere evangelische Kirchen übernahmen die

30 Vgl. Peace with Justice. The Official Documentation of the European Ecumenical Assembly, Basel, Switzerland, 15–21 May, 1989, Genf 1989.

31 Vgl. Versöhnung. Gabe Gottes und Quelle neuen Lebens – Dokumente der Zweiten Europäischen Ökumenischen Versammlung in Graz, Graz 1998; Grigorios LARENTZAKIS, Katholisch in Europa. Orthodoxe Bemerkungen zur europäischen Ökumene, in: Gerhard LARCHER (Hg.), Theologie in Europa – Europa in der Theologie (Theologie im kulturellen Dialog 10), Graz 2002, 95–105, hier 98–102.

32 Vgl. Botschaft der Dritten Europäischen Ökumenischen Versammlung, in: Ökumenische Rundschau 56 (2007) 555–559; Norbert ROTH, „Neu sehen lernen". Die Dritte Europäische Ökumenische Versammlung Sibiu/Hermannstadt Rumänien 4.–9. September 2007, in: Ökumenische Rundschau 56 (2007) 560–566; Una Sancta 63 (2008) 1–80.

33 Vgl. Martin STUFLESSER, „… zu fördern, was immer zur Einheit aller, die an Christus glauben, beitragen kann …". Liturgie und Ökumene – Versuch einer Standortbestimmung, in: Liturgisches Jahrbuch 60 (2010) 69–93; Geoffrey WAINWRIGHT, Ecumenical Convergences, in: DERS. – Karen B. WESTERFIELD TUCKER (Hgg.), The Oxford History of Christian Worship, New York 2006, 721–754; David R. HOLETON – John St. GIBAUT, Gottesdienst und ökumenische Bewegung, in: Karl-Heinrich BIERITZ et al. (Hgg.), Handbuch der Liturgik. Liturgiewissenschaft in Theologie und Praxis der Kirche, Göttingen [3]2003, 192–203; Stephanie A. BUDWEY, A Selected Bibliography on Liturgy and Ecumenism (1990–2009), in: Studia Liturgica 39 (2009) 239–256.

34 Vgl. z.B. Johannes GOLDENSTEIN, Liturgie und Ökumene aus evangelisch-lutherischer Perspektive, in: Catholica 72 (2018) 153–167.

nach dem Zweiten Vatikanum revidierte katholische Leseordnung und verfassten neue Hochgebete für das Hl. Abendmahl. Und viele evangelische Kirchen feiern jetzt die Krankensalbung, nachdem sie diese – aufgrund der langwierigen römisch-katholischen Praxis, sie nur den Sterbenden zu spenden – als vermeintlich nicht-biblisch jahrhundertelang abgelehnt hatten.

Im Großen und Ganzen ist es zwischenkirchlicher Konsens geworden, dass Liturgie in allen Glaubensgemeinschaften der rituell gefeierte Dialog zwischen Gott und Mensch ist, in dem Gott das erste und letzte Wort hat und die Menschen in der von Gott zusammengerufenen Versammlung (*ἐκκλησία*) antworten. Mit dem eminenten ökumenisch gesinnten Liturgiewissenschaftler und Benediktinermönch Angelus Häußling (1932–2017) könnte man auch sagen: „Liturgie ist Versammlung unter Gottes Wort",[35] und zwar in einer Vielfalt von Formen, variierend von klassischen Feiergestalten in der Kirche wie z.B. Taufe und Messe bis zu Wallfahrtsgottesdiensten im Freien und noch vielem mehr. Im Zentrum der Feier stehen die großen in der Bibel bezeugten Taten Gottes: Schöpfung, Gottes Unterwegssein mit Abraham und Sara sowie mit den übrigen Erzeltern, der Auszug aus Ägypten, die Befreiung von Unterdrückung, der Bundesschluss auf dem Berg Sinai sowie das Paschamysterium – das Leben, Sterben und die Auferstehung Jesu Christi sowie die Gabe des Hl. Geistes und die Erwartung der Wiederkunft des Herrn; neue Freiheit der Kinder Gottes und wahres Leben in Christus. Diese Daten sind nicht bloß Geschichte, sondern in der Liturgiefeier werden die Gläubigen gleichsam Teilnehmende an diesen Ereignissen. Der Heilige Geist macht die historischen Grundlagen des Glaubens in der aktuellen Zelebration deutlich und befähigt die Gemeinde, in die Zukunft Gottes einzutreten. Das Wort *hodie* bzw. *σήμερον* („heute"), das in zahlreichen lateinischen bzw. griechischen Gesängen und Gebeten vorkommt, impliziert, dass durch Anamnese (in Erinnerung rufen und dadurch gegenwärtig machen) und Epiklese (Anrufung des Hl. Geistes zur Metamorphose der Gemeinde bzw. der eucharistischen Gaben) sowohl die „Vergangenheit" Gottes als auch die „Zukunft" Gottes in diesem Moment den Gläubigen offengelegt werden. Liturgie ist also eine Hauptquelle für die Erfahrung der Begegnung zwischen Gott, Mensch und Welt, für die Erfahrung der Vision eines neuen Himmels und einer neuen Erde.

Was die römisch-katholische Kirche betrifft legt das Zweite Vatikanische Konzil dar, dass die Liturgie „der Höhepunkt und die Quelle der Kirche" ist; insbesondere „das eucharistische Opfer stelle den Höhepunkt und die Quelle des gesamten christlichen Lebens dar".[36] Zudem betrachtet die katholische Kirchenführung in ihren Verlautbarungen – und oft auch im Handeln von Papst Franziskus (im Amt seit 2013) – zurzeit die Ökumene als eine Grunddimension, die alles kirchliche Handeln durchdringen sollte. Auch in den orthodoxen und orientalisch-orthodoxen Kirchen stellt die Liturgie die Mitte, den Bezugspunkt *par excellence* des christlichen geistlichen und sozialen Lebens dar. Die gottesdienst-

35 Siehe z.B. Angelus HÄUßLING, Christliche Identität aus der Liturgie. Theologische und historische Studien zum Gottesdienst der Kirche, herausgegeben von Martin KLÖCKENER, Benedikt KRANEMANN und Michael B. MERZ (Liturgiewissenschaftliche Quellen und Forschungen 79), Münster 1997, 263, 268.

36 Vgl. *Sacrosanctum Concilium* 7 und 10 sowie *Lumen Gentium* 11.

liche Feier wird als so wichtig betrachtet, dass laut den meisten Bischöfen, Priestern, Theolog/inn/en und übrigen Gläubigen Katechese und Seelsorge vor allem dazu dienen, die Menschen zur Liturgie hinzuführen. Die dienende Nächstenliebe muss dann das im Gottesdienst gefeierte Liebesgebot konkret ausführen. Daher könnte man Diakonie – nach dem rumänischen Theologen Ion Bria (1929–2002) – auch als „Liturgie nach [oder vor; BG] der Liturgie" bezeichnen. Was die aus der Reformation hervorgegangenen Kirchen betrifft, stellen beispielsweise die Vereinigte Evangelisch-Lutherische Kirche Deutschlands und die deutsche Evangelische Kirche der Union in ihrer neuen Agende fest, dass der Gottesdienst „das Herzstück des christlichen Gemeindelebens" ist.[37]

Gerade weil der Gottesdienst so wichtig war und in unserer modernen europäischen Gesellschaft teilweise – insbesondere was Kasualien wie Taufe, Trauung und Bestattung betrifft – noch immer ist, und weil er nicht nur intellektuell ist und viel mehr Menschen erreicht als die akademische Theologie, ist der Gottesdienst das Herz des kirchlichen Handelns.

LITURGISCHE THEOLOGIE: ALEXANDER SCHMEMANN

Ein wichtiger orthodoxer Beitrag zum west- wie ostkirchlichen theologischen Denken ist die liturgische Theologie, die von Alexander Schmemann (1921–1983) entwickelt worden ist und die den Anspruch erhebt, dass die Liturgie die Hauptquelle der Theologie darstellt; Gottesdienst ist keine Illustrierung der orthodoxen Theologie, sondern ihr Ausgangspunkt und ihre Grundlage. Schmemann, der in Paris und New York lehrte, wurde von der westkirchlichen Liturgischen Bewegung beeinflusst. Umgekehrt übte er einen erheblichen Einfluss auf nicht wenige katholische, anglikanische, methodistische und lutherische Liturgiker/innen aus; als Beispiele nenne ich hier die Katholiken Aidan Kavanagh (1929–2006), David Fagerberg (geb. 1952), Reinhard Meßner (geb. 1960), Peter Galadza (geb. 1955) und Thomas Pott (geb. 1967) – die ersten drei Genannten gehören dem römischen Ritus, die beiden letzten dem byzantinischen an –, die Methodisten Geoffrey Wainwright (geb. 1939) und Don Saliers (geb. 1938) und seitens der lutherischen Tradition Gordon Lathrop (geb. 1939) und Dorothea Haspelmath-Finatti (geb. 1961). Gleichzeitig beeinflusste Schmemann die orthodoxe Theologie selbst. Unter anderen legt der früher evangelische und seit 2007 orthodoxe Theologe Karl Christian Felmy (geb. 1938) dar, dass es in der orthodoxen Tradition einen wesentlichen Zusammenhang zwischen Theologie, Liturgie und geistlichem Leben gibt.[38] Daher ist die Wiederentdeckung der wesentlichen Bedeutung der liturgischen Theologie ein passendes Beispiel des gemeinsamen Ost-West-Lernens: Der aufgeschlossene orthodoxe Theologe Schmemann (der je-

37 Vgl. Evangelisches Gottesdienstbuch. Agende für die Evangelische Kirche der Union und für die Vereinigte Evangelisch-Lutherische Kirche Deutschlands, Berlin ²2001, 6.

38 Vgl. Karl Christian FELMY, Einführung in die orthodoxe Theologie der Gegenwart (Lehr- und Studienbücher zur Theologie 5), Berlin ³2014.

doch in seiner negativen Analyse der westlichen Kultur weniger offen war) studierte und unterrichtete im Westen und entwarf dort seine Synthese – im Gespräch mit katholischen Theologen und ihrem *ressourcement* – und westkirchliche Theologen und Theologinnen lernten von ihm.[39]

„ZURÜCK ZUR FRÜHKIRCHLICHEN TRADITION“

Ein immer wieder vorkommendes Hauptanliegen unterschiedlicher Reformen der Feiergestalten stellt die beabsichtigte Rückkehr zur gottesdienstlichen Praxis der Frühkirche dar. Das gilt sowohl für die Reformatoren und die vom Trienter Konzil initiierte Reform im sechzehnten Jahrhundert als auch für diverse Erneuerungen während des zwanzigsten Jahrhunderts. Während – und noch lange nach – der Reformationszeit führten die verfeindeten Konfessionen eine oft heftige Polemik darüber, ob die gottesdienstliche Praxis des jeweils anderen Lagers nun wirklich altkirchlich war oder nicht bzw. der Hl. Schrift entsprach oder nicht.

Interessanterweise wurde in diesem katholisch-evangelischen Streit regelmäßig auf ostkirchliches gottesdienstliches Material hingewiesen, um die Richtigkeit der eigenen Position zu untermauern. Die ostkirchliche Liturgie diente so als ein Arsenal, aus welchem jede Westkirche sich nehmen konnte, was ihr gerade passte. Allerdings hat sich diese Situation im Zuge der Ökumenischen Bewegung diametral geändert. Die westkirchliche Beschäftigung mit den vielfältigen Traditionen des christlichen Ostens hat nämlich heute vielerorts nicht nur zu einer Kenntniserweiterung, sondern auch zur Bereicherung ihrer eigenen Gottesdienste geführt.[40] Umgekehrt liehen sich orthodoxe Bekenntnisschriften Ausdrücke der

39 Vgl. Jürg BRÄKER, Kirche, Welt, Mission. Alexander Schmemann – Eine ökumenisch relevante Ekklesiologie (Kirche–Konfession–Religion 60), Göttingen 2013; Dorothea HASPELMATH-FINATTI, Theologia prima. Liturgische Theologie für den evangelischen Gottesdienst, Göttingen 2014, 97–108; Georgios BASIOUDIS, Ἡ δύναμη τῆς λατρείας. Ἡ συμβολή τοῦ π. Ἀλεξάνδρου Σμέμαν στή Λειτουργική Θεολογία, Athen 2008; David W. FAGERBERG, Theologia Prima. What Is Liturgical Theology?, Chicago – Mundelein IL [2]2004; DERS., On Liturgical Asceticism, Washington DC 2013; DERS., What Is Primary Theology (Good For)? The Challenging Legacy of Alexander Schmemann and Aidan Kavanagh, in: Joris GELDHOF (Hg.), Mediating Mysteries, Understanding Liturgies. On Bridging the Gap between Liturgy and Systematic Theology (Bibliotheca Ephemeridum Theologicarum Lovaniensium 278), Leuven 2015, 231–248; Aidan NICHOLS, Light from the East. Authors and Themes in Orthodox Theology, London 1995, 146–169; Peter GALADZA, Twentieth-Century and Contemporary Orthodox Sacramental Theology, in: Hans BOERSMA – Matthew LEVERING (Hgg.), The Oxford Handbook of Sacramental Theology, Oxford 2015, 433–452, hier 441–443; Andrew LOUTH, Modern Orthodox Thinkers. From the *Philokalia* to the Present, London 2015, 194–213; Bruce T. MORRILL, The Liturgical is Political. A Narrative-Theological Assessment of Alexander Schmemann's Work, in: Questions Liturgiques / Studies in Liturgy 98 (2017) 41–59.

40 Aus Beschränkungsgründen gehe ich hier nicht auf dieses Thema ein. Vgl. ausführlicher dazu Albert GERHARDS, Die Bedeutung der Erforschung ostkirchlicher Liturgien für die Liturgieentwicklung in der westlichen Ökumene, in: ATANASSOVA – CHRONZ, Σύναξις καθολική (s. Anm. 17), 229–238; Balthasar FISCHER, Östliches Erbe in der jüngsten Liturgiereform des Westens, in: Liturgisches Jahrbuch 27 (1977) 92–106; Martin KLÖCKENER, Die Bedeutung der Erforschung der orientalischen Liturgien für die liturgische Erneuerung der Kirche. Mit einer Würdigung von Heinzgerd Brakmann anlässlich der Vollendung seines 70. Lebensjahres, in: GER-

katholischen Scholastik aus, um sich mit den Spezifika der reformatorischen Sakramententheologie auseinanderzusetzen, und sie borgten sich protestantische Argumentationsweisen aus, um sich gegen die Ansprüche der römisch-katholischen Ekklesiologie zu wehren.[41]

Auch die vom Zweiten Vatikanum angeregte liturgische Reform stützt sich teilweise auf der Erforschung der Textquellen der frühkirchlichen Liturgie (*ressourcement*).[42] Man kann sich jedoch fragen, was mit dem Begriff „Frühkirche" genau gemeint ist; er ist nämlich breit und umfasst zumindest drei oder mehr Jahrhunderte. Zudem gab es bedeutsame regionale und andere kontextuelle Unterschiede im frühen Christentum. Einige Konfessionen, besonders *high churches*, die sich auf die Frühkirche berufen, meinen damit eigentlich das vierte und das fünfte Jahrhundert: ein goldenes Zeitalter der Liturgieentfaltung und großer Kirchenväter, ein Zeitraum von Wachstum und Blüte der kirchlichen Kultur. Andere Glaubensgemeinschaften jedoch, vor allem protestantische Freikirchen, stützen sich unmittelbar auf das erste Jahrhundert – ausschließlich auf biblische Nachweise – und sie lehnen spätere Entwicklungen oft ab.

Ein interessantes Beispiel des Versuches, bei Reformen zu den Ursprüngen des Christentums zurückzugehen, ist das Schaffen des niederländischen liturgischen Dichters Huub Oosterhuis (geb. 1933). Sein Ausgangspunkt ist das, was er „die jüdisch-christliche Schrift" nennt, nämlich die Bibel, die durch und durch in der jüdischen Tradition verwurzelt ist und die er von späteren dogmatisch-christlichen Übermalungen reinigen möchte. Seines Erachtens sollte Gott immer wieder aus religiösen Systemen, Dogmen und Moralvorschriften „freigesungen" werden. Oosterhuis steht also der traditionellen kirchlichen Lehre kritisch gegenüber. Au-

HARDS – CHRONZ, Orientierung über das Ganze (s. Anm. 9), 1–20, hier 12–17; Anne MCGOWAN, Eucharistic Epicleses, Ancient and Modern. Speaking of the Spirit in Eucharistic Prayers, Collegeville MN 2014; DIES., Eastern Christian Insights and Western Christian Reforms. Travelers, Texts, and Liturgical Luggage, in: Teresa BERGER (Hg.), Liturgy in Migration. From the Upper Room to Cyberspace, Collegeville MN 2012, 179–208; Bryan D. SPINKS, Western Use and Abuse of Eastern Liturgical Traditions. Some Cross-Sections in Its History (Placid Lecture Series 14), Rom – Bangalore 1992; Bruno BÜRKI, Die Bedeutung liturgischen Gebens und Nehmens unter den Kirchen, in: Karl SCHLEMMER (Hg.), Gottesdienst – Weg zur Einheit. Impulse für die Ökumene (Quaestiones Disputatae 122), Freiburg im Breisgau 1989, 19–33. Relevant (aus der „umgekehrten" Perspektive: Transfer vom Westen Richtung Osten) ist auch Nicholas E. DENYSENKO, Liturgical Reform after Vatican II. The Impact on Eastern Orthodoxy, Minneapolis 2015. Vgl. für eine mehr allgemeine historische Studie über den Ost-West-Austausch: Vittorio PERI, Lo scambio fraterno tra le Chiese. Componenti storiche della comunione (Storia e attualità 13), Vatikanstadt 1993.

41 Vgl. beispielsweise Karl Christian FELMY, Orthodoxie und Reformation, in: Ostkirchliche Studien 66 (2017) 358–371.

42 Vgl. u.a. Piero MARINI, Die Konstitution *Sacrosanctum Concilium*. Der Primat der Liturgie im Leben der Kirche, in: Heiliger Dienst 68 (2014) 3–26, hier 15–17; Martin KLÖCKENER, Die Zukunft der Liturgiereform – im Widerstreit von Konzilsauftrag, notwendiger Fortschreibung und „Reform der Reform", in: Andreas REDTENBACHER (Hg.), Die Zukunft der Liturgie. Gottesdienst 40 Jahre nach dem Konzil, Innsbruck – Wien 2004, 70–118, hier 72–88; Martin KLÖCKENER, Die Vision einer lebendigen Liturgie, in: DERS. – Eduard NAGEL – Hans-Gerd WIRTZ (Hgg.), Gottes Volk feiert … Anspruch und Wirklichkeit gegenwärtiger Liturgie, Trier 2002, 9–36, hier 10–18; Herman WEGMAN, Liturgie in der Geschichte des Christentums, Regensburg 1994, 352–356.

thentisch jüdisch-christliche Verkündigung und ihre Gottesdienste sollten auf der ursprünglichen befreienden Botschaft der Hl. Schrift basieren.[43]

Allerdings ist eine groß angelegte Rückkehr zur Periode vor zweitausend Jahren meines Erachtens unmöglich, weil damals die sozialkulturellen Kontexte ganz anders waren. Darüber hinaus gibt es nur noch wenige Texte, Gegenstände und Gebäude, die überlebt haben, und es ist schwer zu sagen, inwieweit diese Zeugnisse, die oft nicht uniform, sondern sehr unterschiedlich voneinander sind, wirklich repräsentativ für bestimmte Gebiete und Perioden sind. Im Allgemeinen ist die Zeit der Frühkirche bestimmt konstitutiv für die christliche Religion, aber Differenzierung ist absolut notwendig, wenn man sich mit dieser Periode beschäftigt.[44]

Laut dem prominenten amerikanischen Liturgiker Robert Taft (1932–2018) kann die Vergangenheit gar nicht normativ sein; sie könnte seiner Meinung nach eher instruktiv sein.[45] Gleichzeitig bleiben Elemente, die für den christlichen Glauben grundlegend sind, normativ – beispielsweise die Bibel, das Glaubensbekenntnis, die Taufe, die Eucharistie und das Amt sowie Diakonie und Gerechtigkeit. Doch haben die Gestalten dieser Elemente sich ständig geändert und die Kirchen haben unterschiedliche Auffassungen über deren genauen Stellenwert.

43 Vgl. Marc VAN DIJK, De paus van Amsterdam. Biografie van Huub Oosterhuis, Amsterdam – Antwerpen 2013; Das Huub Oosterhuis Lesebuch, Hg. Cornelis KOK, Freiburg 2013; Kees KOK, De vleugels van een lied. Over de liturgische poëzie van Huub Oosterhuis, Baarn 1990; DERS., Die liturgische Dichtung von Huub Oosterhuis, in: Heiliger Dienst 64 (2010) 141–148; Alex STOCK, Andacht. Zur poetischen Theologie von Huub Oosterhuis, St. Ottilien 2011; DERS., Hierhin, Atem. Zur poetischen Theologie von Huub Oosterhuis, Osnabrück – Amsterdam 1994; Huub OOSTERHUIS, Licht dat aan blijft. 30 jaar liturgie-vernieuwing – Kees Kok in gesprek met Huub Oosterhuis, Kampen – Kapellen 1990.

44 Vgl. Harald BUCHINGER, Zukunft aus der Geschichte? Historische Liturgieforschung im Wandel (in diesem Band, S. 9–25); DERS., Liturgiegeschichte im Umbruch. Fallbeispiele aus der Alten Kirche, in: Albert GERHARDS – Benedikt KRANEMANN (Hgg.), Dynamik und Diversität des Gottesdienstes. Liturgiegeschichte in neuem Licht (Quaestiones Disputatae 289), Freiburg im Breisgau 2018, 152–184; Teresa BERGER – Bryan D. SPINKS (Hgg.), Liturgy's Imagined Past/s. Methodologies and Materials in the Writing of Liturgical History Today, Collegeville MN 2016; Reinhard MEßNER, Über einige Aufgaben bei der Erforschung der Liturgiegeschichte der frühen Kirche, in: Martin KLÖCKENER – Benedikt KRANEMANN – Angelus A. HÄUßLING (Hgg.), Liturgie verstehen. Ansatz, Ziele und Aufgaben der Liturgiewissenschaft, in: Archiv für Liturgiewissenschaft 50 (2008) 207–230; Martin WALLRAFF, Spätantike Liturgien und ihr normativer Wert in den Liturgiereformen des 20. Jahrhunderts, in: Benedikt KRANEMANN – Helmut Jan SOBECZKO (Hgg.), Liturgie in kulturellen Kontexten. Messbuchreform als Thema der Liturgiewissenschaft. Liturgia w kontekstach kulturowych – reforma mszału w Kościołach krajów europejskich XX w. (Colloquia Theologica 11), Opole – Trier 2010, 39–60.

45 Vgl. Robert F. TAFT, Über die Liturgiewissenschaft heute, in: Theologische Quartalschrift 177 (1997) 243–255, hier 247–248; DERS., Anton Baumstark's Comparative Liturgy Revisited, in: DERS. – Gabriele WINKLER (Hgg.), Acts of the International Congress „Comparative Liturgy Fifty Years After Anton Baumstark (1872-1948)", Rome, 25-29 September 1998 (Orientalia Christiana Analecta 265), Rom 2001, 191–232. Siehe auch Tafts Studie: Through Their Own Eyes. Liturgy as the Byzantines Saw It, Berkeley 2006, 1–27: wir *interpretieren* historische Tatsachen immer.

Kontraste

Meine Beschreibung setzt durchaus eine Idealgestalt von Liturgie voraus. Nicht wenige gottesdienstliche Feiern entsprechen jedoch keineswegs diesem Ideal. Beispielsweise verstehen viele Gläubige die Liturgiesprache nicht und auch etliche nicht-sprachliche Symbolhandlungen sind ihnen fremd; Liturgie stellt für sie etwas dar, das sie nicht wirklich berührt und „sie können auch ohne". Zudem gibt es in Europa tiefgreifende Prozesse von Individualisierung, Detraditionalisierung, Pluriformisierung, Entkirchlichung, vielleicht sogar Entchristlichung. Für immer mehr Europäer/innen und Nordamerikaner/innen sind Kirchenzugehörigkeit und Religiosität zwei unterschiedliche Dinge. Sie erfahren das Göttliche und die Begegnung mit dem Transzendenten eher außerhalb der traditionellen Konfessionen, denen sie einen erheblichen Plausibilitätsverlust beimessen; oder sie sind „spirituell und nicht religiös". Religiöse bzw. spirituelle Rituale in diesem Bereich florieren. Die Kirchen haben also das Monopol auf die Gestaltung religiöser Rituale verloren und müssen mit starker Konkurrenz rechnen. Das bedeutet ebenfalls, dass „Kunden", die Orientierung am Ritualmarkt suchen, sich überlegen, welches Produkt für sie am besten passt. Insbesondere in West- und Mitteleuropa sind die Kirchen kaum noch allgegenwärtige Burgen, sondern ähneln immer mehr Ruinen vergangener Machtsysteme. In einem unsicher gewordenen Gelände müssen sie sich neu kontextualisieren, ohne in die Versuchung zu geraten, in eine imaginäre großartige Vergangenheit zu fliehen und sich von der Gesellschaft und anderen religiösen und nicht-religiösen Gruppierungen abzuschotten.[46]

Es gibt nicht nur *believing without belonging*, sondern auch *belonging without believing*; nicht wenige Kirchenmitglieder glauben weder an die Auferstehung Christi noch an ein Leben nach dem Tod, während es auch einige gibt, die sich zwar orthodox bzw. katholisch oder evangelisch nennen, aber nicht an Gott selber glauben. Zudem existiert eine Vielfalt von Teilnahmegraden: Manche sind haupt- oder ehrenamtlich tätig, andere nehmen bloß an einigen Feiern teil und wieder andere sind nur nominell Mitglied. Daher ist es eine Hauptaufgabe des pastoralen/praktischen Zweiges der Liturgiewissenschaft, diese Phänomene und Sorgen ernst zu nehmen und Modelle zu entwickeln, die unter Berücksichtigung der heutigen „rituell-liturgischen Landschaft"[47] zur Praxisverbesserung führen könnten.

Des Weiteren gibt es heute eine Fülle von hervorragenden zwischenkirchlichen Vereinbarungen, aber was nützen sie, wenn sie nicht in Umlauf gebracht werden?

46 Vgl. Rainer Bucher, In „neuen Gegenden". Theologie in Zeiten des Kapitalismus, in: Cordula Brand u.a. (Hgg.), Ethik in den Kulturen – Kulturen in der Ethik. Eine Festschrift für Regina Ammicht Quinn (Tübinger Studien zur Ethik 8), Tübingen 2017, 157–168. Siehe auch Birgit Jeggle-Merz – Benedikt Kranemann, Ökumenekompatible Liturgiewissenschaft vor den Herausforderungen eines „säkularen Zeitalters", in: dies. (Hgg.), Liturgie und Ökumene. Grundfragen der Liturgiewissenschaft im interkonfessionellen Gespräch, Freiburg i. Br. 2013, 9–16, hier 13–15; Lieven Boeve, Symbols of who we are called to become. Sacraments in a post-secular and a post-Christian society, in: Studia Liturgica 48 (2018) 147–163.

47 Ein Ausdruck des niederländischen Experten im Bereich der Liturgiewissenschaft und Ritual Studies, Paul Post (geb. 1953).

Und was ist mit der „vollständigen Einigung", die insbesondere die altkatholische Kirche und die Orthodoxie in ihrem theologischen Dialog erreichten? Als dann in der erstgenannten Konfession Frauen zur Priesterweihe zugelassen wurden, brach die letztgenannte den Wiedervereinigungsprozess ab, und es schien, als ob das vorher Erreichte nicht mehr galt. Darüber hinaus: Was nützen die Konsensdokumente, wenn viele Theologieprofessor/inn/en sie in ihren Lehrveranstaltungen nicht behandeln und auch nicht positiv auf die Lehre und Praxis anderer Kirchen eingehen?[48]

Zwischenbemerkung: Liturgie als Legitimierung bestehender Hierarchien *und* als Inspirationsquelle für das ganze Volk Gottes

Ein zwiespältiger Hauptaspekt unseres Themas ist die Spannung, ja sogar Gegensätzlichkeit, die insgesamt innerhalb der Liturgie existiert und die in dem Sinn ökumenisch ist, dass sie in zahlreichen Kirchen vorkommt; ich kann diesen Aspekt hier nur kurz andeuten. Einerseits hat die Liturgie Jahrhunderte lang – bewusst oder unbewusst, unmittelbar oder mittelbar – die bestehende Ordnung dieser Welt bestätigt; auch heutzutage tut sie das noch oft. Sie bestätigt(e) und legitimiert(e) häufig die existierenden gesellschaftlichen, wirtschaftlichen, politischen und kirchlichen Machtverhältnisse, und so wurden bzw. werden diese Verhältnisse sogar verstärkt. Andererseits ist die Liturgie eine wichtige Inspirationsquelle für das *gesamte* Volk Gottes; im Idealfall ist sie die rituelle Darstellung der Vision der Befreiung und Versöhnung durch Gott und Seines Erbarmens sowie der Vision der neuen Welt von „alles in allem und Gott alles in allem".

Beispielsweise wird im römischen wie im byzantinischen Ritus der hierarchische Aspekt stark betont. Was den römischen Ritus betrifft zeigen die Großen Fürbitten am Karfreitag, die Interzessionen im eucharistischen Hochgebet und die Fürbitten am Ende des Wortgottesdienstes genau die hierarchische Ordnung der Kirche; sie bestätigen die bestehende kirchliche Autorität und legitimieren sie und auch so wird die kirchliche Hierarchie sakralisiert. Ähnliches zeigen im byzantinischen Ritus die zahllosen erstrangigen Fürbitten für die bischöflichen und patriarchalen Amtsträger sowie die an sie während der Feier gerichteten Bitten des niederen Klerus, um bestimmte Teilrituale ausführen zu dürfen. Und in manchen evangelischen Pfarrgemeinden ist der Gottesdienst großteils so zu sagen eine *one man show*, weil der in hohem Ansehen stehende Pfarrer nicht nur die Predigt hält, sondern auch die selbst verfassten Gebete vorträgt, die Schriftlesungen vorliest, die Verlautbarungen bekanntmacht und den Segen spendet.

Zum einen erschwert dieses Phänomen nicht selten die Diskussion über Veränderungsvorschläge bezüglich des kirchlichen Amtes – sie dürften als Sakrileg

48 Viele positive diesbezügliche Ansätze finden sich in Ökumenische Rundschau 67 (2018) 165–251. Des Weiteren fand im Juni 2016 auf Kreta das Panorthodoxe Konzil – „die Heilige und Große Synode" – statt und es wurde dort unter anderem das vieldiskutierte Dokument über die „Beziehungen der Orthodoxen Kirche zur übrigen christlichen Welt" verabschiedet. Allerdings müssen die diesbezüglichen Auseinandersetzungen und Kontroversen in der Orthodoxie und anderen Kirchen hier außer Betracht bleiben. Vgl. über das einschlägige Konzil: Orthodoxes Forum 31 (2017) 7–218; Una Sancta 73 (2018) 82–168.

verstanden werden –, zum anderen könnte es indirekt zum Amtsmissbrauch beitragen und effizienten Maßnahmen gegen Gewaltverbrechen sowie sexuellen und geistlichen Missbrauch seitens des Klerus bzw. der Amtsträger im Wege stehen.[49]

Natürlich braucht jede Einrichtung, auch die Kirche, Führung; Macht ist ebenso wenig schlecht wie sie auch notwendig ist. Nur ist es die Frage, *wie* Amtsträger/innen diese Macht ausüben und ob die Hierarchie authentisch ist, in steter Verbindung mit dem gesamten Gottesvolk steht oder nicht. Zudem ist das wahre Licht der Völker der Herr; die Kirche ist bloß Sein dienendes Instrument.

ZERRISSENHEIT

Wie gesagt, ist nicht alles eitel Wonne. Es werden zwar regelmäßig ökumenische Gottesdienste mit gemeinsamem Gebet, Gesang, Hören auf die Schriftlesungen und Predigt gefeiert,[50] die kirchliche Einsegnung konfessionsverschiedener Ehen ist in vielen Ländern unproblematisch, der Übertritt von der einen in die andere Konfession geschieht oft ohne Wiedertaufe, man begeht gemeinsam die Gebetswoche für die Einheit der Christen, Rituale bei öffentlichen Angelegenheiten wie zum Beispiel die Verarbeitung von Großkatastrophen werden meistens ökumenisch vorbereitet und durchgeführt und noch vieles mehr. Andererseits bestehen manche Kreise, beispielsweise am Hl. Berg Athos, noch immer auf die Wiedertaufe und, falls ein Priester konvertiert, auf seine Neuordination. Die griechische und russische Orthodoxie lehnen konfessionsverschiedene bzw. -verbindende Ehen in der Regel ab – in der multikonfessionellen Diaspora jedoch weniger. Einige orthodoxe Kreise verwerfen auch das gemeinsame Gebet mit den „Heterodoxen".[51] Manche Katholiken lehnen die ökumenische und interreligiöse Öffnung des Zweiten Vatikanums strikt ab: nur die *Romana* habe die absolute Wahrheit inne. Und für einige evangelikale Freikirchen stellen sowohl die katholische als auch die orthodoxe und orientalisch-orthodoxe Konfession abergläubische und vom wahren Evangelium abgefallene Gruppierungen dar.

Ferner stellen mehrere römisch-katholische Bischöfe ökumenische Wort-Gottes-Feiern zugunsten der Messe zurück, auch wenn die Gläubigen für diese weit

49 Vgl. beispielsweise Magnus STRIET – Rita WERDEN (Hgg.), Unheilige Theologie! Analysen angesichts sexueller Gewalt gegen Minderjährige durch Priester (Katholizismus im Umbruch 9), Freiburg im Breisgau 2019; Doris WAGNER, Spiritueller Missbrauch in der katholischen Kirche, Freiburg im Breisgau 2019; Klaus MERTES, Geistlicher Missbrauch. Theologische Anmerkungen, in: Stimmen der Zeit 144 (2019) 93–102.

50 Vgl. Jürgen BÄRSCH, Gemeinsam hören – gemeinsam antworten: ökumenisch Gottesdienst feiern. Beobachtungen zu Geschichte, Formen und Gestaltungen aus katholischer Perspektive, in: Stefan KOPP – Joachim WERZ (Hgg.), Gebaute Ökumene. Botschaft und Auftrag für das 21. Jahrhundert (Theologie im Dialog 24), Freiburg i. Br. 2018,107–132. Bärsch nennt exemplarisch die Tagzeitenliturgie, das Taufgedächtnis, Buß- und Umkehrgottesdienste sowie Benediktionen.

51 Aus der Fülle nenne ich hier nur Daniel BENGA, Liturgie und Ökumene aus orthodoxer Perspektive, in: Catholica 72 (2018) 168–183.

anreisen sollten.[52] Zudem scheint die gemeinsame Eucharistie aus offizieller Perspektive noch weit entfernt zu sein. Namentlich die orthodoxen und orientalisch-orthodoxen Kirchen sowie die *Catholica* betonen, die Eucharistie sei Ausdruck der Einheit im Glauben, und solange es keine völlige Übereinstimmung in ekklesiologischen und theologischen Hauptfragen mit anderen Konfessionen gebe, sei eucharistische Kommunion mit ihnen – abgesehen von individuellen Fällen und manchen örtlichen Praktiken – noch nicht möglich.[53] Konvergenz im Bereich der Ekklesiologie, also des Dogmas und der grundlegenden Rechtsgestalt, ist für die katholische und die orthodoxe Kirche sowie für die orientalische Orthodoxie also eine Bedingung zur vollen Gemeinschaft (*communio*, *κοινωνία*); Eucharistie- und Kirchengemeinschaft gehören zusammen. Insbesondere den orthodoxen Kirchen geht es im Grunde darum, dass die anderen zur in der eigenen Kirche bewahrten Tradition der Frühkirche sowie zur Lehre der Kirchenväter zurückkehren; übrigens ist die Treue zur frühkirchlichen und patristischen Lehre auch eine ständige Anforderung an diese Kirchen selber. Manche katholische Theolog/inn/en kritisieren jedoch, dass ihre Kirche nicht das Recht hat, zu bestimmen, wer nicht an den Sakramenten teilnehmen darf, weil diese Feiern *gratis* sind, d.h. die Gnade Gottes für alle verkörpern.[54]

Einerseits kümmert sich eine stattliche Zahl von Christinnen und Christen nicht um die diesbezüglichen kanonischen Vorschriften: Einige Protestanten gehen zur Kommunion in einer römisch-katholischen Kirche, manche Katholiken nehmen am evangelischen Abendmahl teil. Andererseits leiden beispielsweise viele Protestanten tief darunter, dass sie das, was sie als ein Hauptelement ihres Glaubens erfahren, nicht mit Orthodoxen und Katholiken regulär teilen können, und sie verstehen nicht, warum gesamtkirchliche Abendmahlsgemeinschaft nicht selbstverständlich ist.[55] Besonders in konfessionsverschiedenen bzw. -verbindenden Ehen liegt hier ein wesentliches pastorales Problem. Bußgottesdienste und eucharistisches Fasten – Rituale und Symbolhandlungen von Enthaltsamkeit, Schmerz und Protest wegen der Zerrissenheit der Christenheit[56] – sind bedeutsame Zeichen der Aufrüttelung, stellen trotzdem nur einen Tropfen auf den heißen Stein dar. Allerdings existieren in der Alltagspraxis

52 Vgl. die Analyse der diesbezüglichen Situation in Frankreich: François WERNERT, Le Dimanche en déroute. Les pratiques dominicales dans le catholicisme français au début du 3e millénaire. Préface de Mgr. Albert Rouet, archevêque de Poitiers, Paris 2010.

53 Vgl. Peter C. BOUTENEFF, Ecclesiology and Ecumenism, in: Augustine CASIDAY (Hg.), The Orthodox Christian World, London – New York 2012, 369–382; Timothy WARE (Bischof Kallistos von Diokleia), The Orthodox Church, Harmondsworth 31993, 310–311; Bert GROEN, Ökumenischer Gottesdienst, eucharistische Kommunion und die Orthodoxe Kirche, in: Johannes BROSSEDER – Evah IGNESTAM (Hgg.), Die Ambivalenz der Moderne – The Ambivalence of Modernity – Modernitetens ambivalens (Tro & Tanke 1999, 7–8), Uppsala 1999, 161–170.

54 Vgl. Ottmar FUCHS, Sakramente – immer gratis, nie umsonst, Würzburg 2015, besonders 11–48. Siehe über die „Vorteile" der Liturgie auch Rainer BUCHER, Der katholische Gottesdienst in postmodernen Zeiten. Pastoraltheologische Perspektiven, in: Liturgisches Jahrbuch 64 (2014) 143–157, hier 154–155.

55 Eindrucksvolle Zeugnisse, wie Christinnen die Ökumene im Alltag erleben, finden sich in: Maria FLACHSBARTH – Regina HEYDER – Ute LEIMGRUBER (Hgg.), Ökumene, die das Leben schreibt. Konfessionelle Identität und ökumenisches Engagement in Zeitzeuginnenberichten, Münster 2017.

56 Vgl. Philipp HARNONCOURT, Eucharistisches Fasten, in: Gottesdienst 43 (2009) 72–73; Stefan KOPP, Liturgie und Ökumene aus katholischer Perspektive, in: Catholica 72 (2018) 120–133, hier 127–129.

allerlei offiziell genehmigte Ausnahmen und Nuancierungen. Beispielsweise können Orthodoxe und Orientalisch-Orthodoxe in bestimmten Regionen und Situationen in katholischen Kirchen Sakramente empfangen und mancherorts auch umgekehrt. Ferner ist die Mehrheit der Deutschen Bischofkonferenz davon überzeugt, dass konfessionsverbundene – evangelisch-katholische – Ehepaare gemeinsam an der katholischen Eucharistie bzw. am protestantischen Abendmahl teilnehmen könnten. Die diesbezügliche Orientierungshilfe (2018) ist nicht bindend und jeder deutsche Diözesanbischof ist frei zu entscheiden, wie diese Angelegenheit gehandhabt wird; die einschlägige Diskussion wird fortgesetzt.[57] Zudem empfingen prominente Mitglieder der ökumenisch ausgerichteten evangelischen Taizé-Gemeinschaft wie Roger Schütz (1915–2005) und Max Thurian (1921–1996) aus päpstlichen Händen in Rom die Kommunion. Letzteres Beispiel zeigt, dass die *Catholica* auch differenziert: bei der richtigen Disposition und im geistlichen Bedürfnis können evangelische und andere Gläubige, die formell der römisch-katholischen Kirche nicht angehören, die Kommunion empfangen.[58]

WEITERE STOLPERSTEINE

Kehren wir zurück zum erfreulichen Thema der Verschränkung zwischen Liturgie und Ökumene. Ende gut, alles gut? Die zwischenkirchliche Kontaktfreudigkeit, die unterschiedlichen ökumenischen Bewegungen und Dialoge, die liturgischen Neuerungen und ökumenischen Gottesdienste wurden und werden jedoch nicht immer nur freudig aufgenommen, sondern mancherorts auch mit großem Misstrauen und gelegentlicher Verleumdung betrachtet; in der Alltagsrealität existieren noch bedeutende Probleme. Themen wie z.B. die inklusive Sprache, „Interkommunion" und gemeinsames Gebet, die Ordination von Frauen – insbesondere ihre Weihe zur Priesterin und Bischöfin – und Homosexualität sowie die Einsegnung gleichgeschlechtlicher Partnerschaften stoßen nicht nur auf Zustimmung, sondern auch auf Ablehnung. Zwischenkirchliche liturgische und ekklesiologische Divergenzen werden im letzten Fall kaum als eine Bereicherung oder eine Möglichkeit, sich gegenseitig zu ergänzen,[59] sondern als ein Spaltpilz betrachtet. Gemeinsames Feiern und Beten von Gläubigen unterschiedlicher Kir-

57 Vgl. beispielsweise Thomas SÖDING – Wolfgang THÖNISSEN (Hgg.), Eucharistie – Kirche – Ökumene. Aspekte und Hintergründe des Kommunionstreits (Quaestiones Disputatae 298), Freiburg im Breisgau 2019; Julia KNOP, Zeichen der Einheit. Eucharistiegemeinschaft ökumenischer Paare, in: Catholica 72 (2018) 233–245; Fokke WOUDA, Eucharistic Hospitality. From Pastoral Question to Ecumenical Quest. A Response to the German *Kommuniondebatte*, in: Catholica 72 (2018) 246–262; Georg HINTZEN, Die Sorge um die Gnade. Anmerkungen zur Orientierungshilfe der Deutschen Bischofskonferenz, in: Catholica 72 (2018) 263–272; Bischof Dr. Gerhard FEIGE, Mittendrin: Ansprachen und andere Texte, Magdeburg 2018, 93–119.

58 Vgl. Marc WITZENBACHER, Was die Einheit der Christen voranbringt. Ökumenische Perspektiven aus dem Werk Walter Kaspers, in: Catholica 72 (2018) 290–312, hier 304–306.

59 Vgl. Johannes OELDEMANN, Die Komplementarität der Traditionen. Grundlagen, Problemfelder und Perspektiven des ökumenischen Dialogs mit der Orthodoxie, in: Catholica 56 (2002) 44–67.

chen (z.B. Orthodoxe mit Katholiken oder diese beiden mit Protestanten) ist dann ausgeschlossen. Ökumene ist in diesem Fall eine Ketzerei bzw. Panhäresie oder die „Mutter aller Ketzereien", die bekämpft werden soll.[60] Illustrativ für die ablehnende Haltung der Ökumene gegenüber ist ein Schild, das ich im Sommer 2015 beim Eingang einer orthodoxen Dorfkirche in Chalkidike (Nordgriechenland) sah: „Zutritt für Katholiken, Protestanten und andere Schismatiker und Häretiker verboten!". Weil aber der Text auf Griechisch verfasst worden war und die meisten Touristen und Touristinnen diese Sprache nicht beherrschen, bezweifle ich, ob das Schild die Zielgruppe erreichen kann. Festhalten am Althergebrachten und andere kulturelle Faktoren, Ablehnung der Globalisierung – auch in kirchlichen Angelegenheiten –, Sorge um die eigene Identität, Ignoranz, Machtstreben und Kritik an Konferenzen von „Berufsökumenikern", die in teuren Hotels logieren: Das sind einige Faktoren, die die „Anti-Ökumeniker/innen" bewegen. Vielerorts berufen sie sich auch auf alte kirchliche Bestimmungen, die das gemeinsame Gebet – sogar das gemeinsame Essen – mit Heterodoxen, Häretikern und Schismatikern verbieten. Das erfuhr ich selber während meiner Athosbesuche von 1981 bis 1982, als ich in einigen Klöstern getrennt von den übrigen (orthodoxen) Gästen die Mahlzeiten einnehmen sollte. Auf meine Frage nach dem Warum antwortete mir der Gästepater: „Unser Hl. Vater Nikodimos hat das so angeordnet".[61]

Im Großen und Ganzen bekommen im orthodoxen und katholischen Kirchenverständnis Sakramentalität, Liturgie als die verkündigende Darstellung der Heilstaten Gottes, das *mystērion*, Kirche als Bild der Hl. Dreifaltigkeit und als Leib Christi, Tradition und die Autorität der Kirchenväter, Hierarchie, apostolische Sukzession und die dreifache Struktur des Kirchenamtes (Bischof, Priester, Diakon) einen anderen Akzent als in den aus der Reformation hervorgegangenen Kirchen und in der Pfingstbewegung. Dabei darf man jedoch nicht übersehen, dass zwischen beispielsweise Lutheranern und *high church*-Anglikanern auf der einen Seite und Baptisten und Pfingstlern auf der anderen in Bezug auf Taufe, Abendmahl und Ordination bedeutende Unterschiede existieren. Unterschiede – auch hinsichtlich ethischer und pastoraler Praktiken – gibt es übrigens nicht nur *zwischen* den Kirchen, sondern auch oft *innerhalb* der Kirchen. Beispielsweise akzeptieren längst nicht alle evanglische Kirchen die Frauenordination; unter anderen lehnt die Evangelisch-Lutherische Kirche Lettlands sowohl die Frauenordination als auch die Segnung gleichgeschlechtlicher Paare explizit ab, was zu erheblichen Spannungen mit einigen anderen lutherischen Kirchen in Westeuropa und Nordamerika führt. Ferner haben viele *low church*-Protestanten nur wenige

60 Vgl. Pantélis KALAÏTZIDIS, Raisons théologiques, historiques et culturelles des mouvements anti-oecuméniques dans l'Orthodoxie, in: Istina 59 (2014) 43–70; Vasilios N. MAKRIDES, Orthodoxer Rigorismus und Orthodoxismus. Die Bedeutung des wortgetreuen Verständnisses von Rechtgläubigkeit, in: Una Sancta 69 (2014) 44–50; DERS., Le concile panorthodoxe de 2016. Quelques réflexions sur les défis auxquels le monde orthodoxe doit faire face, in: Istina 62 (2017) 5–26; Thomas BREMER, The Orthodox Churches and the Ecumenical Challenges of Today. Reflections on a Difficult Relationship, in: Freek BAKKER (Hg.), Rethinking Ecumenism. Strategies for the 21st Century (IIMO Research Publications 63), Zoetermeer 2004, 153–166.

61 Gemeint ist Nikodimos HAGIORITIS – ein Mönch vom Hl. Berg Athos – (1731–1805), der zahlreiche einflussreiche geistliche Schriften, unter anderen die *Philokalia*, herausgegeben hat.

Kenntnisse von der orthodoxen und der katholischen Lehre und Theologie. Umgekehrt sind zahlreiche Katholiken und Orthodoxe über die Leitlinien der reformatorischen Theologie schlecht informiert; sie können Baptisten, Lutheraner, Presbyterianer, Methodisten usw. kaum voneinander unterscheiden und neigen dazu, diese alle in einen Topf, den „der Protestanten", zu werfen. Solche einseitige Wahrnehmungen verstärken Stereotypen und Vorurteile und verzerren das Bild der jeweils anderen Kirche.[62]

GEGENSEITIGES LERNEN UND DIE NOTWENDIGKEIT ÖKUMENISCHER BILDUNG

Voneinander-Lernen sollte keine Einbahnstraße sein. Beispielsweise könnten auch die Orthodoxie und der Katholizismus vieles vom Protestantismus lernen. Ich denke hier insbesondere an den hohen Stellenwert einer guten Predigt in der evangelischen Kirche; die Homilie ist oft eine Achillesferse der Göttlichen Liturgie bzw. der Messe. Umgekehrt können auch das evangelische Beten mit geschlossenen Augen und die dazugehörige innere Konzentration sowie der große Stellenwert der persönlichen Bibellesung, die oft in soliden Kenntnissen der Hl. Schrift resultiert, orthodoxe und katholische Gläubige bereichern. Zu denken ist auch an die Sonntagsschulen, Katechese und Glaubensgespräche und das Zeugnis-Ablegen sowie an die meist hohe Qualität des protestantischen Theologiestudiums (einschließlich altsprachlicher Kenntnisse und der Exegese) als Voraussetzung für das Amt des Pfarrers bzw. der Pfarrerin.

Es ist heutzutage nicht ungewöhnlich, in einer evangelischen Kapelle eine Ikone zu sehen. Damit geht eine erneute protestantische Reflexion über den Stellenwert von Sakralkunst und Sakralräumen einher: Ist ein Kultbild nur eine mehr oder weniger gut gelungene religiöse Darstellung oder ist es mehr? Ist ein Kirchenraum nur ein Versammlungsraum oder ist er irgendwie auch ein heiliger Ort? Ist ein Abendmahlstisch bloß ein Tisch oder mehr, ein Symbol für Christus? Beispielsweise werden in der Evangelischen Michaelsbruderschaft solche Fragen nicht nur diskutiert, sondern führen auch zu gottesdienstlichen Gestaltungen, die Außenstehenden eher orthodox bzw. katholisch vorkommen dürften.

Ökumenische Bildung bleibt ein Gebot der Stunde,[63] zumal viele Katholiken, Orthodoxe und Protestanten kaum persönliche und lebendige Kontakte mit Chris-

62 Vgl. Dagmar HELLER, Verstehen und Nicht-Verstehen, Verständnis und Unverständnis. Barrieren und Brücken im Dialog zwischen Protestanten und Orthodoxen, in: Una Sancta 62 (2007) 19–34; Anna BRISKINA-MÜLLER, „Apophatische" Ökumenik? Oder: Warum wir uns immer noch nicht verstehen …, in: Una Sancta 62 (2007) 35–51.

63 KALAÏTZIDIS et al. (Hgg.), Orthodox Handbook on Ecumenism (s. Anm. 23) ist ein wunderbares Beispiel der Vermittlung solider Kenntnisse über die Grundlagen der Ökumene, die konkrete Teilnahme der orthodoxen Kirchen und Themen wie Mission, Mischehen usw. Wladimir BASCHKIROW et al. (Hgg.), Was ist orthodox? Was ist evangelisch? (Theologie Interdisziplinär 13), Neukirchen-Vluyn 2011 zeigt dies hinsichtlich des evangelisch-orthodoxen theologischen Dialoges. Vladimir FEDOROV, Ökumenisches Porträt. Erzpriester Vladimir Fedorov – Interview

tinnen und Christen der jeweils anderen Konfession haben oder einige sogar mit denen nichts zu tun haben wollen. Als mein reformierter Schwager mich in Griechenland besuchte – ich wohnte von 1981 bis 1984 im Zuge meiner liturgiewissenschaftlichen Feldforschung in Thessaloniki – und ich ihn einem orthodoxen Landpfarrer vorstellte, schaute der ihn lange an und ging sogar um ihn herum, um ihn von allen Seiten betrachten zu können. Als wir ihn erstaunt fragten, warum er das tat, antwortete er, dass er jetzt zum ersten Mal in seinem Leben einen Protestanten sah und mal genau untersuchen wollte, wie so jemand aussah; übrigens war der Priester gastfreundlich und aufgeschlossen.

Orthodoxe, die im Westen wohnen, haben meistens erheblich mehr Erfahrung im Umgang mit Angehörigen anderer Konfessionen. Durch Migration und Flucht leben heutzutage zahlreiche Orthodoxe und Orientalisch-Orthodoxe in Österreich, Schweden, Belgien usw. und haben dort ihre eigenen kirchlichen Strukturen aufgebaut. Hunderttausende aus Griechenland, Serbien usw. stammende „Gastarbeiter/innen", die sich insbesondere seit den 1960er Jahren in den nordwesteuropäischen Industrieländern niederließen, lernten die dortigen evangelischen Kirchen und die katholische Kirche kennen – oft schätzen – und vermittelten ihren Familien in der Heimat ein positives Bild der „Heterodoxen". Auch orthodoxe Geistliche, die für die Seelsorge ebenfalls nach Westeuropa zogen, arbeiteten mit ihren evangelischen Kollegen und Kolleginnen, den katholischen Pfarrern und den Priestern anderer orthodoxer Kirchen zusammen. Vielerorts können die ostkirchlichen Gläubigen zusammenkommen und Gottesdienste feiern in Kirchen, die ihnen großzügig von katholischen und evangelischen Pfarrgemeinden und Bistümern zur Verfügung gestellt werden. Dies stärkt meistens auch die ökumenischen Beziehungen.[64]

Die erheblich zugenommene ostkirchliche Präsenz im Westen bewirkt Veränderungen in der kirchlichen Landschaft im Westen, weil die dortige Ökumene immer weniger ein Duo zweier Großkirchen (Protestantismus und Katholizismus) ist, sondern ein Quartett, in dem auch die Orthodoxie und Orientalische Orthodoxie mitspielen. Allerdings existieren gleichzeitig bedeutende Unterschiede im Kalender: das oft störende Nebeneinander-Existieren der julianischen und der gregorianischen Zeitrechnung mit Konsequenzen für den Zyklus der vorösterlichen Fastenzeit, der Feste von Ostern, Himmelfahrt und Pfingsten sowie für den Rest des Kirchenjahres. Insbesondere in Familien, deren Mitglieder teils einer orthodoxen, teils einer evangelischen, teils einer katholischen Kirche angehören – kein ungewöhnliches Phänomen im Mittleren Osten –, kann es für die Hausfrau

Thomas Bremer, in: Una Sancta 73 (2018) 69–78 ist ein Musterbeispiel des gelungenen *exposure* eines orthodoxen Theologen in einem westkirchlichen Umfeld.

64 Vgl. Thomas BREMER et al. (Hgg.), Orthodoxie in Deutschland, Münster 2016; Bert GROEN, Oosterse liturgie in het Westen. Behoud van eigen identiteit en de uitdaging van inculturatie, in: Collationes. Vlaams Tijdschrift voor Theologie en Pastoraal 48 (2018) 75–93; DERS., Orthodox Liturgy in the West. Identity Preservation and Acculturation, in: Herman TEULE – Joseph VERHEYDEN (Hgg.), Eastern and Oriental Christians in the Diaspora (Eastern Christian Studies 30), Leuven 2019 (im Druck); John A. JILLIONS, Orthodox Christianity in the West. The Ecumenical Challenge, in: Mary B. CUNNINGHAM – Elizabeth THEOKRITOFF (Hgg.), The Cambridge Companion to Orthodox Christian Theology, Cambridge 2008, 276–291, hier 277–279, hebt die große Bedeutung des gegenseitigen zwischenkirchlichen Lernens in theologischen Diskussionen hervor.

recht mühsam sein, regelmäßig unterschiedliche Menüs vorbereiten zu müssen: Fleisch und Wein für diejenigen, die schon Ostern feiern, und Gemüse, Bohnen und Wasser für diejenigen, die noch fasten.[65] Unterschiedlich ist meistens auch die religiöse Volkskultur mit ihrem spezifischen Brauchtum und andersartigen Genderrollen.

Trotz der großen positiven Veränderungen, die bisher in den zwischenkirchlichen Beziehungen geschahen, muss ebenso festgestellt werden, dass im heutigen Europa starke Selbstprofilierungstendenzen, eine Neubetonung der Eigenidentität und ein erneuter Konservatismus auftreten. Dieses Phänomen beobachtet man übrigens nicht nur auf der kirchlichen Ebene: Auch viele Bürgerinnen und Bürger mehrerer Mitgliedsstaaten der Europäischen Union betonen zurzeit stark die Identität ihres Landes und empfinden wenig Affinität zu „Brüssel". Einerseits wird die Welt im Zuge der Globalisierung immer mehr ein globales Dorf, andererseits reagieren zahlreiche Menschen dagegen und sehnen sich nach ihren eigenen Wurzeln und Traditionen.

Gleichzeitig verstehen – besonders im Westen – viele Menschen nicht mehr, warum die Kirchen noch immer nicht eins sind; sie scheinen sich mehr für die Kontakte und den Dialog mit dem Islam als für die innerchristliche Ökumene zu interessieren. Es ist Außenstehenden nicht leicht zu erklären, warum die theologischen Ost-West-Dialoge nicht erfolgreicher sind.

Angesichts dieser komplizierten Probleme ist eine Politik der kleinen Schritte wichtig. Der Austausch und die *exposure* Studierender in West- und in Osteuropa müssen gefördert werden, damit diese sich und die jeweiligen kirchlichen und gottesdienstlichen Traditionen gegenseitig besser kennen lernen. Auch die Erforschung der liturgischen Bücher (u.a. Gesangbücher) anderer Kirchen sowie Teilnahme an ihren Feiern, einschließlich der religiösen Volkskultur – Wallfahrten, Segnungen, allerlei Arten anderer Rituale –, sind höchst empfehlenswert, weil diese oft ein reelleres und genaueres Bild des Glaubens der anderen Kirchen vermitteln, als klassische dogmatische Darstellungen es vermögen.[66] Insgesamt geht es darum, zu einem auf der Realität basierenden Verständnis zu gelangen.[67]

65 Vgl. Basilius J. GROEN, „How Long It Was and How Far". A Catholic and Ecumenical View on the Arduous Way to a Common Easter Date (Allgemeine Wissenschaftliche Reihe 35), Graz 2013.

66 Vgl. beispielsweise Brigit JEGGLE-MERZ, Im Feiern erst erschließt sich die Liturgie. Die liturgische Praxis als Forschungsfeld der Liturgiewissenschaft, in: Helmut HOPING – Birgit JEGGLE-MERZ (Hgg.), Liturgische Theologie. Aufgaben systematischer Liturgiewissenschaft, Paderborn 2004, 131–164; Bert GROEN, From Holy Sepulchre to Interactive Web 2.0. Several Current Developments of Eastern Christian Liturgy and Religious Popular Culture, in: DERS. et al. (Hgg.), Studies in Oriental Liturgy. Proceedings of the Fifth International Congress of the Society of Oriental Liturgy, New York, 10–15 June 2014 (Eastern Christian Studies 28), Leuven 2019, 1–24.

67 Vgl. Philipp HARNONCOURT, Gott feiern in versöhnter Verschiedenheit. Aufsätze zur Liturgie, zur Spiritualität und zur Ökumene, Lemberg – Freiburg i. Br. 2004–2005, 228–250; Friedrich LURZ, Perspektiven einer ökumenischen Liturgiewissenschaft, in: Kim DE WILDT – Benedikt KRANEMANN – Andreas ODENTHAL (Hgg.), Zwischen-Raum Gottesdienst. Beiträge zu einer multiperspektivischen Liturgiewissenschaft (Praktische Theologie heute 144), Stuttgart 2016, 197–206.

ZUM SCHLUSS

Heutzutage werden sowohl die ökumenisch als auch die rituell-liturgische Landschaft von großer Verschiedenheit gekennzeichnet. Mit dem deutschen römisch-katholischen Liturgiewissenschaftler Stefan Böntert (geb. 1969) könnte man sogar sagen, dass „die liturgische Praxis sich in Richtung einer noch viel größeren Verschiedenheit als uns bisher vertraut war, bewegt.“[68] In der heutigen „Liturgiegeschäftsstraße“[69] gibt es zwar viele Läden, aber in diesem meinem Aufsatz konnten wir nur einige auffällige Geschäfte besuchen. Es öffnen ständig neue Läden ihre Türen, weil „Liturgie aufgrund ihrer Natur ein aufgeschlossenes, kontinuierliches Projekt ist, offen für immer wieder neue Ausdrucksformen, einschließlich derjenigen, welche aus den technologischen Fortschritten und neuen Medien hervorgehen.“[70]

Daher sind einige andere Herausforderungen heutzutage erstens die zunehmenden digitalen Möglichkeiten, konkret: Internetliturgie und -rituale,[71] zweitens die Vielfalt der Genderfrage, die sich auch kritisch mit der (oft untergeordneten) Rolle von Frauen in der Liturgie auseinandersetzt,[72] drittens die Bewahrung der Schöpfung und der Einsatz für den Umweltschutz,[73] viertens die Zunahme multi-

68 Vgl. Stefan BÖNTERT, Liturgical Migrations into Cyberspace. Theological Reflections, in: BERGER (Hg.), Liturgy in Migration (s. Anm. 40), 279–295 (Zitat 295).

69 Ein Ausdruck des anglo-amerikanischen anglikanischen Liturgikers Bryan D. SPINKS (geb. 1948). Vgl. seine Studie: The Worship Mall. Contemporary Responses to Contemporary Culture (Alcuin Club Collections 85), London 2010.

70 BÖNTERT, Liturgical Migrations into Cyberspace (s. Anm. 68), 289.

71 Vgl. Teresa BERGER, @Worship. Liturgical Practices in Digital Worlds (Liturgy, Worship and Society Series), Abingdon – New York 2018; Stefan BÖNTERT, Gottesdienste im Internet. Perspektiven eines Dialogs zwischen Internet und Liturgie, Stuttgart 2005; Rainer GELHOT, Beten mit Bits and Bytes, in: Heiliger Dienst 69 (2015) 66–74; Marcel BARNARD – Johan CILLIERS – Cas WEPENER, Worship in the Network Culture. Liturgical Ritual Studies, Fields and Methods, Concepts and Metaphors (Liturgia Condenda 28), Leuven 2014, 19–22, 312–314; Paul POST, Vom religionsphänomenologischen Erbe zum e-Ritual. Trends und Themen der aktuellen Ritual Studies, in: Archiv für Liturgiewissenschaft 55 (2013) 139–181, hier 177–180; Birgit JEGGLE-MERZ, Gottesdienst und mediale Übertragung (Gottesdienst der Kirche. Handbuch der Liturgiewissenschaft 2.2), Regensburg 2008, 455–490.

72 Vgl. Teresa BERGER, Gender Differences and the Making of Liturgical History. Lifting a Veil on Liturgy's Past, Farnham 2011; DIES., Gender Matters in Worship. An Ecumenical Theme across a Divided Church, in: Liturgy 30/4 (2015) 36–43; DIES., Liturgiegeschichte und Gendergeschichte. Eine Bestandsaufnahme, in: DE WILDT – KRANEMANN – ODENTHAL, Zwischen-Raum Gottesdienst (s. Anm. 67), 56–67; DIES., Christian Worship and Gender, in: Religion. Oxford Research Encyclopedias, http://religion.oxfordre.com [Abruf am 20. März 2019]. Siehe auch Basilius J. GROEN – Peter EBENBAUER, Männerliturgie – Frauenliturgie – und dann? Beobachtungen und Impulse auf dem Weg zu einer geschlechtergerechten Liturgie, in: Sigrid EDER – Irmtraud FISCHER (Hgg.), „…männlich und weiblich schuf er sie …“ (Gen 1,27). Zur Brisanz der Geschlechterfrage in Religion und Gesellschaft (Theologie im kulturellen Dialog 16), Innsbruck – Wien 2008, 217–256; Robert F. TAFT, Women at Church in Byzantium. Where, When – and Why?, in: Dumbarton Oaks Papers 52 (1998) 27–87.

73 Vgl. Orthodoxie und Ökologie, in: Religion & Gesellschaft in Ost und West 43 (2015), Nr. 11; John CHRYSSAVGIS (Hg.), Cosmic Grace, Humble prayer. The Ecological Vision of the Green Patriarch Bartholomew I, Grand Rapids – Cambridge ^{2}2009; DERS. (Hg.), On Earth as in Heaven. Ecological Vision and Initiatives of Ecumenical Patriarch Bartholomew, Bronx NY 2012; DERS., Creation as Sacrament. Reflections on Ecology and Spirituality, London 2019; DERS. – Bruce V. FOLTZ (Hgg.), Toward an Ecology of Transfiguration. Orthodox Christian Perspectives on

religiöser Gottesdienste, beispielsweise in Wien, und fünftens das Phänomen, dass in der westeuropäischen Gesellschaft die Kirchen immer mehr eine Minderheit gegenüber einer kirchlich indifferenten Mehrheit werden.

Tradition ist ein dynamischer Vorgang.[74] Sie ist nicht das Festhalten an verbrannter Asche, sondern das Weitergeben der Flamme.[75] Der Gottesdienst ist also viel mehr als ein Abbild der Spannungen zwischen den Kirchen. Im Idealfall überschreitet die Liturgie das, was wir sind, und wirft sie uns nach vorne. Sie weist uns den Weg und verweist auf das Eschaton und auf die Vision, dass alles, was atmet, den Ewigen lobt (vgl. Ps. 148-150) und dass Gott alles in allen ist (vgl. 1 Kor. 15, 28).

Environment, Nature and Creation, New York 2013; Bert GROEN, The First of September. Environmental Care and Creation Day, in: Teresa BERGER (Hg.), „Full of Your Glory“: Liturgy, Cosmos, Creation, Collegeville MN 2019 (im Druck).

74 Vgl. Robert F. TAFT, The 2001 Vatican Addai and Mari Decision in Retrospect. Reflections of a Protagonist, in: Cesare GIRAUDO (Hg.), The Anaphoral Genesis of the Institution Narrative in Light of the Anaphora of Addai and Mari. Acts of the International Liturgy Congress, Rome, 25-26 October 2011 (Orientalia Christiana Analecta 295), Rom 2013, 317–334, hier 333–334; John MEYENDORFF, Christ in Eastern Christian Thought, Crestwood NY 1975, 7–9, 13–26; Thomas POTT, Byzantine Liturgical Reform. A Study of Liturgical Change in the Byzantine Tradition, Übers. Paul Meyendorff, Vorwort Robert F. Taft (Orthodox Liturgy Series 2), Crestwood NY 2010.

75 Dieser Spruch wird dem englischen Staatsmann und katholischen Märtyrer, Sir Thomas More (1478–1535) sowie einigen anderen intellektuellen und künstlerischen Protagonisten zugeschrieben.

LITURGIE UND JUDENTUM

GERARD ROUWHORST

Genauso wie alle anderen Themen, über die während dieser Tagung referiert wurde, befindet sich das Thema „Liturgie und Judentum" in letzter Zeit stark in Bewegung. Es gibt dafür mehrere Gründe. Es hat zum Teil mit dem natürlichen Werdegang der wissenschaftlichen Forschung zu tun. Bestimmte Forscher stellen mit großer Begeisterung neue und anregende Thesen auf. Meistens dauert es nicht lange, bis einige von ihren Kolleginnen und Kollegen mit gleich großer Begeisterung versuchen, die These wieder teilweise oder sogar ganz zu dekonstruieren. Das alles gehört zum Schachspiel der Wissenschaft. Es gibt, wie der Liturgiehistoriker Paul Bradshaw einmal geschrieben hat, *plumber* und *splitter*, Installateure und Spalter.[1] Die ersten versuchen, möglichst viele historische Daten miteinander zu kombinieren, kleinere und größere Teile des Puzzles zusammenzulegen, und auf diese Weise entstehen dann Thesen, die manchmal weiten Anklang finden. Es dauert dann meistens nicht lange, bis Spalter auftauchen, die die vorgeschlagenen Thesen und die behaupteten Zusammenhänge in Frage stellen. Das ist nun einmal die Art und Weise, wie wissenschaftliche Forschung sich entwickelt und auf lange Sicht vorankommt. Wie ich noch ausführlicher zu zeigen versuchen werde, liefert die Erforschung des Verhältnisses zwischen jüdischer und christlicher Liturgie ein fast klassisches Beispiel dafür. Abgesehen davon gibt es aber noch andere Gründe, warum die Erforschung dieses Themas so stark in Bewegung ist. Erstens ist das Verhältnis zwischen Judentum und Christentum ein spannungsgeladenes und auch heikles Thema. Wenn man sich dazu äußert, ist es manchmal unvermeidlich, dass man zumindest implizit einer Art von Test unterzogen wird. Ist meine Sicht auf das Judentum sachlich und objektiv genug? Bin ich kein heimlicher Antijudaist oder sogar Antisemit? Theologen werden vor der Frage gestellt: Bleibe ich irgendwie doch nicht uralten antijüdischen Schablonen, einer überholten Substitutionstheologie verhaftet? Oder umgekehrt, verfalle ich nicht der Versuchung das Judentum zu idealisieren? Das alles spielt wenigstens auf dem Hintergrund mit in Diskussionen über das Verhältnis zwischen jüdischer und christlicher Liturgie. Dies hat nicht nur theologische Ansichten über jüdische Liturgie, sondern auch die auf den ersten Anblick scheinbar rein objektiv historische Forschung über die jüdischen Wurzeln der christlichen Liturgie geprägt. Schließlich sollten die wichtigen Entwicklungen im Bereich der Ritualforschung

1 Paul BRADSHAW, The Search for the Origins of Christian Worship. Sources and Methods for the Study of Early Liturgy, London 1992, IX. Vgl. die zweite, erweiterte Auflage, London 2002, IX-XI. Bradshaw erwähnt selber, dass er die Idee von der vergleichenden Sprachwissenschaft übernommen hat.

erwähnt werden, die ihren Effekt auf die christliche und jüdische Liturgiewissenschaft haben und unter anderem auch für die Sicht auf das Verhältnis zwischen jüdischer und christlicher Liturgie von erheblicher Bedeutung sind.

In diesem Beitrag werde ich versuchen, ein Bild des heutigen Forschungsstandes zu vermitteln. Ich werde zeigen, auf welchen theoretischen und methodischen Ausgangspunkten die Mehrzahl der Veröffentlichungen, die im zwanzigsten Jahrhundert – vor allem in der zweiten Hälfte – erschienen sind, basierten und zu welchen wertvollen Ergebnissen sie geführt haben, aber auch welche Kritik sie in den letzten Jahrzehnten ausgelöst haben. Danach werde ich einige neue Ansätze für die Entwicklung eines neuen Forschungsmodells zu formulieren versuchen, das unter Beibehaltung von wertvollen Ergebnissen älterer Forschung der sicher zum Teil berechtigten Kritik gerecht wird und zugleich neue Perspektiven für künftige Forschung bietet.

1. ZUR FORSCHUNGSGESCHICHTE DES ZWANZIGSTEN JAHRHUNDERTS

Bis zur Mitte des zwanzigsten Jahrhunderts was das Verhältnis zwischen christlicher Liturgie und Judentum eigentlich kein Thema. Die wenigen Theologen und Historiker, die sich in einem positiven Sinne für dieses Thema interessierten, waren Einzelgänger. So gab es in Franeker in Friesland im siebzehnten Jahrhundert einen protestantischer Pfarrer, Campegius (Kempe) Vitringa, der ein Buch von mehr als elfhundert Seiten auf lateinisch veröffentlichte, in dem er versuchte, den Ursprung der frühchristlichen Liturgie auf die Traditionen der Synagoge zurückzuführen; und zwar mit der Absicht zu zeigen, dass die älteste Gestalt der christlichen Liturgie ganz einfach und rational gewesen sei wie die Gottesdienste der reformierten Kirche der Niederlande.[2] Seine Arbeit wurde oft zitiert, aber vor allem mit der Absicht, seine Thesen zu widerlegen.[3] Abgesehen von den Arbeiten solcher Einzelgänger gab es wenig Interesse für jüdische Liturgie, jedenfalls nicht für die Liturgie wie sie vom aktuellen, zeitgenössischen Judentum gepflegt wird; mehr Interesse gab es im Allgemeinen an historischen Entwicklungsfragen des Judentums. Es wurde natürlich viel über jüdische Liturgie und jüdische Riten im Zeitalter des Alten Testaments geschrieben (Tempelkult, Opfer, Reinheitsgesetze, Beschneidung).[4] Sie wurden nach dem Schema der Substitutionstheologie typologisch gedeutet, was bedeutete, dass sie, seit Jesus gekommen war, keine Relevanz mehr hatten und als endgültig überholt betrachtet wurden. Manchmal

2 Campegius VITRINGA, De Synagoga Vetere libri tres: quibus tum De Nominibus, Structura, Origine, Praefectis, Ministris & Sacris Synagogarum, agitur; tum praecipue Formam Regiminis & Ministerii Earum in Ecclesiam Christianam translatam esse, demonstratur ..., Franeker 1696.

3 So Jörg SALZMANN, Lehren und Ermahnen. Zur Geschichte des Wortgottesdienstes in den ersten drei Jahrhunderten (WUNT 2 Reihe 59), Tübingen 1994, 7–8.

4 Vgl. zum Folgenden Gerard ROUWHORST, Christlicher Gottesdienst und der Gottesdienst Israels. Forschungsgeschichte, historische Interaktionen, Theologie, in: Martin KLÖCKENER – Angelus HÄUSSLING – Reinhard MEẞNER (Hgg.), Theologie des Gottesdienstes (Gottesdienst der Kirche. Handbuch der Liturgiewissenschaft, Teil 2, Band 2), Regensburg 2008, 491–572, hier 504–506.

funktionierten sie als Kontrastfolie zur Botschaft von Jesus und Paulus, die die Freiheit von Gesetzesobservanz, Riten und Zeremonien gepredigt hatten. Dies war vor allem ein beliebtes Thema im liberalen Protestantismus und in Kreisen, die das Judentum zur Zeit Jesu, das sogenannte „Spätjudentum",[5] für legalistisch, erstarrt und versteinert hielten, für eine Welt, mit der Jesus und Paulus auf radikale und revolutionäre Weise gebrochen hätten. Dass die Juden seitdem die Traditionen weitergeführt hatten, dass es eine dynamische und lebendige jüdische Liturgiegeschichte gegeben hatte, interessierte kaum einen christlichen Liturgiewissenschaftler, insofern es nicht als völlig negativ beurteilt wurde.

Die Lage änderte sich erst im zwanzigsten Jahrhundert, vor allem nach dem Zweiten Weltkrieg, in der zweiten Hälfte des zwanzigsten Jahrhunderts.[6] In dieser Periode entwickelte sich in den meisten christlichen Kirchen ein reges Interesse für das Judentum und für das, was Judentum und Christentum miteinander gemeinsam hatten. Ein deutlicher Beweis dafür ist, was die römisch-katholische Kirche betrifft, die Erklärung *Nostra Aetate,* die während des Zweiten Vatikanischen Konzils verabschiedet wurde.[7] Aber das Interesse für das Judentum und die „jüdischen Wurzeln des Christentums" war schon vorher, vor allem seit dem Ende des Zweiten Weltkrieges, in verschiedenen theologischen Disziplinen wie der neutestamentlichen Bibelwissenschaft, der Kirchengeschichte oder der systematischen Theologie ans Licht getreten. In der Liturgiewissenschaft kam sie vor allem in der Veröffentlichung einer ganzen Reihe von historischen Studien zum Ausdruck, die die Verwurzelung der christlichen, vor allem der frühchristlichen Liturgie, im Judentum hervorhoben oder aufzuzeigen versuchten. Es erschien eine ganze Reihe von Veröffentlichungen, die sich mit den jüdischen Wurzeln der christlichen, insb. der frühchristlichen Liturgie befassten. Für die erste Hälfte des ersten Jahrhunderts sollte hier der Name Anton Baumstark[8] genannt werden

5 Vgl. zu diesem Begriff, der (wahrscheinlich) zum ersten Mal von Wilhelm BOUSSET benutzt wurde: Shaye COHEN, Adolph Harnack's The Mission and Expansion of Judaism. Christianity Succeeds Where Judaism Fails, in: Birger PEARSON (Hg.), The Future of Early Christianity. Essays in Honor of Helmut Koester, Minneapolis 1991, 163–169.

6 Vgl. zum Folgenden ROUWHORST, Christlicher Gottesdienst (s. Anm. 4), u.a. 506–507. Man kann einen Eindruck von der Forschung und ihrer Entwicklung im deutschen Sprachraum bekommen an Hand der Vorträge, die an mehreren Kongressen zu diesem Thema gehalten worden sind. Vgl. insb. folgende Kongressbände: Hans Hermann HENRIX (Hg.), Jüdische Liturgie. Geschichte – Struktur – Wesen (QD 86), Freiburg – Basel – Wien 1979; Albert GERHARDS – Andrea DOEKER – Peter EBENBAUER (Hgg.), Identität durch Gebet. Zur gemeinschaftsbildenden Funktion institutionalisierten Betens in Judentum und Christentum (Studien zu Judentum und Christentum), Paderborn 2003; Albert GERHARDS – Hans Hermann HENRIX (Hgg.), Dialog oder Monolog? Zur liturgischen Beziehung zwischen Judentum und Christentum (QD 208), Freiburg – Basel – Wien 2004; Albert GERHARDS – Clemens LEONHARD (Hgg.), Jewish and Christian Liturgy and Worship. New Insights into its History and Interaction (Jewish and Christian Perspectives Series 15), Leiden – Boston 2007.

7 Vgl. für die Bedeutung des vierten Kapitels, das vom Verhältnis der Kirche zum Judentum handelt, für Kirche und Theologie u.a. Reinhold BOSCHKI – Joseph WOHLMUTH (Hgg.), Nostra Aetate 4. Wendepunkt im Verhältnis von Kirche und Judentum – bleibende Herausforderung für die Theologie (Studien zu Judentum und Christentum 30), Paderborn 2015.

8 Vgl. insbesondere dessen Buch Vom geschichtlichen Werden der Liturgie (Freiburg im Breisgau 1923; Reprint: 1971), 13–21. Englische Übersetzung durch Fritz West: Anton BAUMSTARK, On the Historical Development of the Liturgy. Introduction, Translation, and Annotation by Fritz West. Foreword by Robert Taft, Collegeville 2011, 62–73. Vgl. für die komplizierte Haltung Baumstarks hinsichtlich der jüdischen Liturgie: Peter EBENBAUER, Von der Erfindung eines

(trotz seines aktiven Engagements im Nationalsozialismus). Für die zweite Hälfte des Jahrhunderts: Gregory Dix,[9] Georg Kretschmar,[10] Joachim Jeremias,[11] Jean Daniélou,[12] Louis Bouyer,[13] Louis Ligier,[14] Ambroos Verheul,[15] Hansjörg Auf der Maur,[16] Enrico Mazza,[17] Cesare Giraudo[18] usw.[19] Die Autoren befassten sich mit den jüdischen Ursprüngen der Eucharistiefeier, des Osterfestes, des Pfingstfestes, des Sonntages, der liturgischen Lesezyklen, der Taufe, des Wortgottesdienstes, der kirchlichen Ämter.[20] Mehrere Sachen fallen in all diesen Veröffentlichungen auf. Erstens gibt es einen sehr starken Fokus auf die Ursprungsphase. Man möchte wissen, wo die frühchristlichen Riten herkamen. Die Antwort war dann: aus dem Judentum und nicht, wie u.a. die Vertreter der Religionsgeschicht-

fremden Verwandten. Jüdischer Gottesdienst im Spiegel der römisch-katholischen Liturgiewissenschaft, in: Burgbrief Rothenfels 1 (2002), 23–36. Vgl. auch Albert GERHARDS, Impulse des christlich-jüdischen Dialogs für die Liturgiewissenschaft, in: Peter HÜNERMANN – Thomas SÖDING (Hgg.), Methodische Erneuerung der Theologie. Konsequenzen der wiederentdeckten jüdisch-christlichen Gemeinsamkeiten (QD 200), Freiburg – Basel – Wien 2003, 183–211, insb. 187–188.

9 Vgl. vor allem dessen einflussreiche Arbeit The Shape of the Liturgy (London 1945; zahlreiche Nachdrucke).

10 Von dessen zahlreichen Arbeiten, die sich auf dieses Thema beziehen, sei hier insbesondere erwähnt: Georg KRETSCHMAR, Die Kirche aus Juden und Heiden. Forschungsprobleme der christlichen Jahrhunderte, in: J. VAN AMERSFOORT – J. VAN OORT (Hgg.), Juden und Christen in der Antike, Kampen 1990, 9–43. Für die Titel anderer Arbeiten Kretschmars, die für das Thema relevant sind, sei verwiesen auf ROUWHORST, Der Gottesdienst Israels (s. Anm. 4).

11 Vgl. insbesondere dessen Die Abendmahlsworte Jesu (Göttingen 1935; vierte Auflage 1967), das einen großen Widerhall gehabt hat. Vgl. zudem sein Buch über die Gräber jüdischer „Heiliger": Heiligengräber in Jesu Umwelt, Göttingen 1958.

12 Hier sollte insbesondere dessen einflussreiche Arbeit Bible et liturgie (Paris 1962) erwähnt werden. Vgl. zudem Théologie du Judéo-Christianisme, Paris 1957, 369–393.

13 Louis BOUYER, Eucharistie. Théologie et spiritualité de la prière eucharistique, Tournai 1968 (Reprint: 1990).

14 Vgl. insb. seinen Aufsatz Les origines de la prière eucharistique. De la cène du Seigneur à l'eucharistie, in: Questions Liturgiques 53 (1972), 181–202; engl.: The Origins of the Eucharistic Prayer. From the Last Supper to the Eucharist, in: Studia Liturgica 9 (1973), 161–185.

15 Vgl. z.B. Ambroos VERHEUL, Grondstructuren van de eucharistie, Brugge – Boxtel 1974; DERS., La prière eucharistique dans la Didache, in: Questions Liturgiques 60 (1979), 197–207 und Questions Liturgiques 80 (1999), 327–347.

16 Vgl. insb. sein Buch Feiern im Rhythmus der Zeit I. Herrenfeste in Woche und Jahr (Gottesdienst der Kirche. Handbuch der Liturgiewissenschaft 5), Regensburg 1983; vgl. dazu die stark überarbeitete und posthum herausgegebene Version des Teiles, der vom Osterfest handelt: Hansjörg AUF DER MAUR, Die Osterfeier in der alten Kirche. Aus dem Nachlass herausgegeben von R. MESSNER und W. G. SCHÖPF. Mit einem Beitrag von Clemens LEONHARD (Liturgia Oenipontana 2), Münster 2003.

17 Vgl. insb. Enrico MAZZA, La celebrazione eucaristica. Genesi del rito e sviluppo dell' interpretazione, 2. erweiterte Auflage, Bologna 2003; engl.: The Celebration of the Eucharist. The Origin of the Rite and the Development of its Interpretation, Collegeville 1999.

18 Vgl. Cesare GIRAUDO, La struttura letteraria della preghiera eucaristica (Analecta Biblica 92), Rom 1981; DERS., Eucaristia per la Chiesa. Prospettive teologiche sull'eucaristia a partire dalla «lex orandi» (Aloisiana 22), Rom 1989.

19 Vollständigkeit ist hier nicht beabsichtigt. Vgl. für weitere andere Autoren und weitere Literatur: ROUWHORST, Christlicher Gottesdienst (s. Anm. 4).

20 Vgl. für einen Überblick: ROUWHORST, Der Gottesdienst Israels (s. Anm. 4).

lichen Schule[21] und Odo Casel[22] noch gemeinten hatten, aus den hellenistischen Mysterienkulten. Zweitens, obschon das Interesse auf den ersten Blick rein historisch war, ging es meistens mit einer ausdrücklichen positiven Bewertung der Verwurzelung im Judentum einher, die stark mit zuvor existierenden Tendenzen kontrastierte, jüdische Elemente in der christlichen Liturgie negativ zu bewerten und als sekundäre Zerfallserscheinungen zu betrachten. Man hatte sogar manchmal den Eindruck, dass den jüdischen Traditionen eine normative Bedeutung beigemessen wurde, dass die jüdische Herkunft zur Legitimierung christlicher Bräuche diente, oder wenigstens dass man glaubte, der jüdische Ursprung erhöhe die Legitimierung der christlichen Traditionen. Davon gab es deutliche Beispiele in den protestantischen Kirchen der Niederlande, wo Rekonstruktionen jüdischer liturgischer Traditionen aus der Zweiten Tempelperiode und der Anfangsphase des frühen Christentums zur Legitimierung von liturgischen Reformen herangezogen wurden. Man führte an manchen Orten rekonstruierte dreijährige synagogale Lesezyklen in die Liturgie ein, die auf die vorchristliche Periode zurückgehen würden, mit denen Jesus selbst in Nazareth vertraut gewesen sein sollte; diese seien sehr früh in Kombination mit einem oder mehreren Evangelien gelesen worden und hätten die Komposition eines oder mehrerer dieser Evangelien beeinflusst.[23] Man fing an, auf irgendwelche Weise die jüdischen Herbstfeste zu feiern (z.B. dazu passende Bibelperikopen zu wählen), mit der Begründung, die ersten Generationen von Christen hätten diese Feste noch eine Zeit lang gefeiert und man sollte wieder bei diesen verloren gegangenen Traditionen anknüpfen. Damit wurde zugleich auch die Einführung eines weiter ausgebauten liturgischen Jahres – das in der reformierten Tradition auf ein absolutes Minimum reduziert worden war – und einer liturgischen Leseordnung (die bis dahin ganz und gar gefehlt hatte) verbunden.[24] In der erneuerten römischen Liturgie findet man weniger direkte Spuren von Einflüssen synagogaler oder postbiblischer jüdischer Traditionen. Es gibt aber wenigstens ein deutliches Beispiel in der Eucharistiefeier, nämlich die Segnungen – im Sinne von Berachoth/Lobpreisungen – des Brotes und des Weines in der Gabenbereitung.

21 Vgl. für eine kurze Zusammenfassung der Sicht der Religionsgeschichtlichen Schule z.B. Risto URO, Ritual and Christian Beginnings. A Socio-Cognitive Analysis, Oxford 2016, 9–13.

22 Vgl. dazu Arno SCHILSON, Theologie als Sakramententheologie. Die Mysterientheologie Odo Casels (Tübinger Theologische Studien 18), Mainz ^{2}1987, 254–264.

23 Vgl. z.B. Dirk MONSHOUWER, Markus en de Torah, Kampen 1987; DERS., The Gospels and Jewish Worship. Bible and Synagogal Liturgy in the First Century C.E., Vught 2010. Frühere Versuche, die Komposition verschiedener Evangelien auf synagogale Lesezyklen zurückzuführen oder sie damit wenigstens in Zusammenhang zu bringen, wurden schon unternommen von u.a. Michael GOULDER, Midrash and Lection in Matthew, London 1974; DERS., The Evangelist's Calendar, London 1978; Aileen GUILDING, The Fourth Gospel and Jewish Worship, Oxford 1960. Vgl. für einen knappen Überblick der verschiedenen Theorien: BRADSHAW, The Search (s. Anm. 1), 47–49. (Bradshaw betrachtet all diese Theorien als völlig unbegründet!)

24 Vgl. dazu z.B. das lange Zeit einflussreiche Buch De adem van het jaar, das 1975 von der Prof. dr. van der Leeuwstichting herausgegeben wurde und Lesungen, Gebetstexte und Lieder für das ganze liturgische Jahr enthielt. Siehe dort S. 185–187, insb. für die Bedeutung, die den jüdischen Herbstfesten beigemessen wurde.

2. FAZIT DER SUCHE NACH DEN JÜDISCHEN WURZELN: POSITIVE ERGEBNISSE UND KRITISCHE FRAGEN

Diese Herangehensweise und die zahlreichen Studien, die von dieser Perspektive her geschrieben worden sind, haben sich in mancher Hinsicht als fruchtbar und wertvoll erwiesen. Sie haben uns stärker bewusst gemacht, was die christliche Liturgie dem Judentum und den liturgischen Traditionen des Judentums verdankt. Sie haben auf die engen Zusammenhänge zwischen jüdischer und christlicher Liturgie hingewiesen. Trotzdem ist der genannte Ansatz in mancherlei Hinsicht einseitig und manchmal sogar problematisch, und das ist auch der Grund, weshalb er in letzter Zeit stark in Diskussion steht. Ich werde hier kurz auf vier problematische Aspekte hinweisen.

(1) Das erste Problem ist die Asymmetrie der Forschungsperspektive. Ich meine damit, dass die Forschung letztendlich von der christlichen Perspektive bestimmt ist. Jüdische Liturgie wird im Allgemeinen nicht um ihrer selbst willen studiert. Die Erforschung der liturgischen Traditionen des Judentums dient primär dem besseren Verständnis der christlichen Liturgie, dem christlichen Selbstverständnis. Man wählte die Themen und Quellen, die für das Verständnis der christlichen Liturgie, und dann vor allem für die Ursprünge der christlichen Liturgie, hilfreich sein könnten. Es gab viel weniger Interesse für Bereiche, die dafür weniger relevant sind und manchmal von Christen als fremd und unverständlich oder sogar primitiv erfahren wurden wie die Kashrut-Vorschriften, Reinheitsgesetze, Beschneidung, Schabbatobservanz. Man fragte – und fragt – sich nur relativ selten, welche Bedeutung sie für Juden in der Vergangenheit gehabt haben könnten oder für heutige Juden haben könnten. Manchmal wird indirekt ein negatives Verdikt über sie ausgesprochen, indem ihr Weiterleben im Christentum oder Wiederauftauchen in bestimmten Phasen der christlichen Liturgiegeschichte in Bezug auf die Christen radikal verurteilt wird. Ein Beispiel dafür ist die im Allgemeinen pauschale Abweisung von Reinheitsgesetzen. Man könnte sich fragen, was damit implizit über ihr Weiterleben im Judentum ausgesagt wird (ohne dass dies explizit ausgesagt wird). Mit all dem hängt auch das geringe Interesse für spätere Phasen der jüdischen Liturgiegeschichte, namentlich für das Mittelalter und die Neuzeit, zusammen. Wo findet man etwas über die Geschichte der reichen jüdischen Hymnographie,[25] z.B. über ein literarisches, liturgisches Genre, das im Mittelalter sehr beliebt war, nämlich das Genre der Piyyutim,[26] oder Riten, die in Kreisen, in denen die Hekhaloth-Literatur entstanden ist, stattfanden,[27] oder über jüdische

25 Vgl. z.B. Leon WEINBERGER, Jewish Hymnography. A Literary History (The Littman Library of Jewish Civilisation), London 1998.

26 Vgl. dazu u.a. Ezra FLEISCHER, Piyyut, in: Shmuel SAFRAI et al. (Hgg.), The Literature of the Sages, Second Part: Midrash and Targum. Liturgy, Poetry, Mysticism, Contracts, Inscriptions, Ancient Science and the Languages of Rabbinic Literature (Compendia Rerum Iudaicarum ad Novum Testamentum, Section Two, 3b), Assen 2006, 363–374; Michael SWARTZ – Joseph YAHALOM, Avodah. Ancient Poems for Yom Kippur, University Park PA 2005.

27 Vgl. dazu z.B. Rebecca Macy LESSES, Ritual Practices to Gain Power. Angels, Incantations, and Revelation in Early Jewish Mysticism (Harvard Theological Studies 44), Harrisburg 1988 (auf

Reform-Liturgien?[28] Was das Mittelalter angeht, insofern man sich trotzdem dafür interessierte, betraf es bestimmte Aspekte, von denen man meinte, sie gingen auf viel frühere Perioden zurück und seien deshalb für Fragen in Bezug auf die Ursprünge der frühchristlichen Liturgie von Bedeutung. So führte man frühchristliche Gebetstexte auf jüdische Texte zurück, die von den Siddurim von Amram Gaon und Saádya Gaon überliefert worden sind, wobei dann stillschweigend und zu Unrecht davon ausgegangen wurde, dass sich im Judentum im Laufe der Jahrhunderte nichts oder nur ganz wenig geändert hätte.[29] Damit komme ich aber auch zu einem anderen, zweiten problematischen Aspekt der traditionellen Forschung.

(2) Einer von den Einwänden, die am öftesten und mit Recht gegen diese in der zweiten Hälfte des zwanzigsten Jahrhunderts weit verbreitete Betrachtungsweise und Methode erhoben worden sind, ist derjenige, dass sie sich regelmäßig auf eine anachronistische Verwendung jüdischer Quellen stützt. Es wird auf naive Weise vorausgesetzt, dass liturgische Traditionen, die von rabbinischen und sogar mittelalterlichen Quellen bezeugt sind, problemlos auf die Periode vor der Entstehung des Christentums zurückgeführt werden können. Auf Grund dessen wird dann angenommen, dass Jesus und die ersten Christen mit diesen Traditionen schon bekannt gewesen seien und sie fortgesetzt hätten,[30] bis spätere Christen, die einen paganen Hintergrund hatten, mit diesen jüdischen Bräuchen gebrochen hätten. Es ist nicht zuletzt aktuellen Fortschritten im Bereich der jüdischen Liturgiegeschichte zu verdanken, dass wir jetzt wissen, wie problematisch dieser Ansatz ist. Als das Christentum entstand, waren auch das rabbinische Judentum und, was für unser Thema noch wichtiger ist, auch die Synagoge und die synagogalen Traditionen in voller Entwicklung. Nicht nur im Christentum, sondern auch im Judentum war alles noch in voller Bewegung. Und das ist auch in späteren Perioden, in der Spätantike, im Mittelalter, in der Neuzeit nicht anders gewesen. Dadurch ergibt sich ein viel dynamischeres Bild der jüdischen Liturgiegeschich-

S. 24–55 findet sich eine hilfreiche Übersicht über den Forschungsstand am Ende des zwanzigsten Jahrhunderts).

28 Vgl. dazu z.B. Jakob PETUCHOWSKI, Prayerbook Reform in Europe. The Liturgy of European Liberal and Reform Judaism, New York 1968. Für rezentere Entwicklungen, vor allem in den USA, vgl. z.B. Judith FRISHMAN, The reform of Jewish liturgy or how the (un)traditional became traditional, in: Jaarboek voor Liturgie-onderzoek 20 (2004), 49–58.

29 Es lässt sich zugleich nicht leugnen, dass, wenn nicht der Wortlaut, so doch wenigstens die Grundmuster der wichtigsten Stammgebete – wie des Achtzehngebetes oder der Birkat ha-Mazon – auf die frühtannaitische Periode und die Entstehungszeit des Christentums oder sogar auf die Zeit vor der Zerstörung des Zweiten Tempels zurückgehen. Vgl. dazu Jeremy PENNER, Patterns of Daily Prayer in Second Temple Period Judaism (Studies on the Texts of the Desert of Judah 104), Leiden – Boston 2012.

30 Vgl. dazu insb. Paul BRADSHAW's tonangebendes und einflussreiches Buch The Search for the Origins (s. Anm. 1). Vgl. weiter verschiedene Veröffentlichungen von Clemens LEONHARD, insb. dessen The Jewish Pesach and the Origins of the Christian Easter. Open Questions in Current Research (Studia Judaica 35), Berlin – New York 2006. Vgl. weiter ROUWHORST, Der Gottesdienst Israels (s. Anm. 4), 509–510.

te,[31] aber auch der Interaktionen zwischen beiden.[32] Folglich sollten manche von den gängigen Thesen über die jüdischen Ursprünge der christlichen Liturgie heute als unhaltbar oder wenigstens als unsicher gelten.

(3) Manche der Thesen, die sich auf die jüdischen Wurzeln der frühchristlichen Liturgie beziehen, sind mit dem gleichen Übel behaftet wie viele Studien über die frühchristliche Liturgie im Allgemeinen, nämlich mit einer einseitigen Fixierung auf die Frage der Herkunft. Man möchte wissen wo Traditionen herkommen. Aber was weiß man, wenn man weiß wo etwas herkommt? Ist es nicht genauso interessant und wichtig zu wissen, was mit Traditionen, die etwa aus dem Judentum stammen – nehmen wir einmal an, dass das manchmal der Fall gewesen ist – geschehen ist, wie die Traditionen transformiert worden sind, wie sie von christlichen Gemeinschaften angeeignet worden sind?[33]

(4) In den Veröffentlichungen, die sich mit den jüdischen Wurzeln der frühchristlichen Liturgie befassen, findet man im Allgemeinen wenig über die dunklen Schattenseiten des Verhältnisses zwischen frühchristlicher Liturgie und Judentum. Aber gerade wenn man den Akzent von der Frage der Herkunft auf die Transformationsprozesse verlagert, auf die Frage, wie jüdische Traditionen in der christlichen Liturgie verarbeitet und transformiert worden sind, stößt man auf die Tatsache, dass die Transformationsprozesse mit viel Polemik und Aggression einhergegangen sind.[34] Im frühen Christentum sind manche liturgische und nichtliturgische Traditionen vom Judentum übernommen, aber dann in einem antijüdischen Sinne gedeutet worden. Das gilt zuallererst für die Art und Weise, wie der Tenach, das Alte Testament innerhalb und natürlich auch außerhalb der christlichen Liturgie verwendet worden ist. Christen haben sich das jüdische Buch auf eine christliche Weise angeeignet und gedeutet und den Juden vorgeworfen, dass sie ihre eigenen Bücher nicht richtig verstanden (so wie Muslime Christen und Juden vorwerfen, dass sie die Offenbarung korrumpiert haben). Das bekannteste – oder sollte man sagen das berüchtigtste – Beispiel einer untrennbar mit scharfer Polemik verknüpften Transformation jüdischer ritueller Traditionen

31 Vgl. dazu u.a. den auf rezenteren Forschungen basierenden Überblick der Geschichte des Gebets im Judentum, den Stefan Reif veröffentlicht hat: Stefan REIF, Judaism and Hebrew Prayer. New Perspectives on Jewish Liturgical History, Cambridge 1993; vgl. für die Entwicklung des synagogalen Gottesdienstes bis zum Ende der Antike: Lee LEVINE, The Ancient Synagogue. The First Thousand Years, New Haven – London 2000.

32 Es betrifft dabei tatsächlich Interaktionen, wobei nicht nur das Christentum auf das Judentum, sondern umgekehrt auch das Judentum auf das Christentum reagiert hat, oft im Sinne einer Abgrenzung gegenüber dem Christentum. Vgl. dazu insb. Israel YUVAL, Two Nations in Your Womb. Perceptions of Jews and Christians in Late Antiquity and the Middle Ages, Berkeley 2006. Deutsche Übersetzung: Zwei Völker in deinem Leib. Gegenseitige Wahrnehmung von Juden und Christen in Spätantike und Mittelalter (Jüdische Religion in Geschichte und Kultur 4), Göttingen 2007.

33 Vgl. dazu Gerard ROUWHORST, Jüdischer Einfluss auf christliche Liturgie, in: GERHARDS – HENRIX, Dialog oder Monolog? (s. Anm. 6), 70–90, insb. 70–71; DERS., Neue Sichtweisen auf die liturgischen Traditionen des frühen Christentums, in: Liturgisches Jahrbuch 67 (2017) 209–236, hier 218–219.

34 Vgl. dazu u.a. ROUWHORST, Neue Sichtweisen (s. Anm. 33), 218–219.

ist das christliche Osterfest.[35] Es ist nicht zu verleugnen, dass der Ursprung des christlichen Festes stark mit dem jüdischen Pessach verknüpft ist. In der ältesten, sogenannten quartodezimanischen Phase beging man das Fest am jüdischen Termin, d.h. in der Nacht vom vierzehnten zum fünfzehnten Nisan und trotz zahlreicher Versuche, sich von jüdischen Berechnungen des Termins zu lösen, haben die Christen diese Nabelschnur nie endgültig durchgeschnitten (insofern der Vollmond und der Frühling bis heute noch immer den Ausgangspunkt für die Berechnung des christlichen Ostertermins bilden). Auf ähnliche Weise war die Exodustypologie, die typologische Deutung des Auszuges aus Ägypten die älteste Basis der christlichen Pascha- und Ostertheologie und wenigstens Referenzen zu diesem Thema sind immer beibehalten worden. Aber gerade auch in Texten, die mit dem christlichen Osterfest verbunden sind, begegnet man der schlimmsten antijüdischen Polemik (dies hat schon mit Meliton von Sardes angefangen[36]). Daraus kann man leider nur folgern, dass gerade die Entstehung des wichtigsten christlichen Festes eine nicht zu unterschätzende Rolle in der Entstehung antijüdischer Schablonen und der sogenannten Substitutionstheologie gespielt hat.

3. ANSÄTZE ZU EINER NEUEN SICHT- UND BETRACHTUNGSWEISE

Soweit die problematischen Aspekte der bisherigen Forschung. Welche Alternativen gibt es? Wie sollte man die Einseitigkeiten korrigieren? Welche Perspektiven gibt es für die zukünftige Forschung? Welche Bedeutung könnte ein neuer, in methodischer Hinsicht ausgeglichenerer Ansatz zum Studium der Traditionen des Judentums für die christliche Liturgiewissenschaft haben und was könnten Christen davon lernen?

3.1. Jüdische und christliche Ritualverständnisse

Eine erste Voraussetzung für die Entwicklung einer möglichst sachgemäßen und ausbalancierten Sicht der Verhältnisse zwischen den liturgischen Traditionen des Judentums und des Christentums ist, dass man beide Traditionen als eigenständige Größen, als eigenständige Traditionen ernstnimmt. Das bedeutet, dass man ein scharfes Auge haben soll für das, was beide Traditionen miteinander gemeinsam haben – und es ist das bleibende Verdienst der Suche nach den jüdischen Wurzeln der christlichen Liturgie, dass sie auf zahlreiche Gemeinsamkeiten hingewiesen hat –, aber auch für das, wodurch sie sich voneinander unterscheiden, was sich nicht auf einen gemeinsamen Nenner zurückführen lässt. Für christliche

35 Vgl. zum Folgenden u.a. Gerard ROUWHORST, The Quartodeciman Passover and the Jewish Pesach, in: Questions Liturgiques 77 (1996), 152–173; DERS., Neue Sichtweisen (s. Anm. 33), 232–234; AUF DER MAUR, Die Osterfeier (s. Anm. 16), insb. 58–72.

36 Vgl. dazu außer der in Anm. 33 genannten Literatur, Stephen WILSON, Related Strangers. Jews and Christians 70–170 C.E., Minneapolis 1995, 241–256.

Liturgiewissenschaftler bedeutet dies, dass sie sich davor hüten sollten, jüdische rituelle Traditionen nur durch eine christliche Linse zu betrachten und sich dadurch der Andersartigkeit der anderen, d. h. der jüdischen Tradition zu verschließen. Was die Unterschiede betrifft, die es tatsächlich gibt, so beziehen sich diese nicht nur, wie man meistens in erster Instanz zu denken geneigt ist, auf die Person Jesu, die für Christen von zentraler Bedeutung ist, die in der Synagoge aber einfach kein Thema ist, oder auf die christliche Trinitätslehre, womit Juden wenig oder nichts anfangen können. Es geht nicht ausschließlich um die Frage, ob man bestimmten Glaubenswahrheiten oder Dogmen zustimmt oder nicht. Von nicht geringer Bedeutung sind die Unterschiede im Ritualverständnis, in der Auffassung von dem, was ein Ritual ist. Die Kirche und die Synagoge haben in dieser Hinsicht Vieles miteinander gemeinsam. Es kann z.B. nicht geleugnet werden, dass die christlichen und die synagogalen Formen des Wortgottesdienstes auf biblische, oft auch auf die gleichen biblischen Wurzeln zurückgehen, sich gleichzeitig und parallel zueinander entwickelt haben, und dass sie viel miteinander gemeinsam haben, wodurch sie sich überdies von den übrigen rituellen Traditionen der Antike wie auch von den meisten anderen Religionen der Menschheit unterscheiden. Es gibt auch eine deutliche Verwandtschaft zwischen christlichen und jüdischen Gebetsformen und Gebetsstrukturen, zwischen der Art und Weise, wie man mit der Vergangenheit umgeht und ihrer gedenkt.

Trotzdem begegnen auch auffallende Unterschiede und Akzentsetzungen. In den meisten christlichen liturgischen Traditionen wird zum Beispiel deutlich zwischen dem, was innerhalb und dem, was außerhalb des Kirchengebäudes, z.B. zu Hause stattfindet, unterschieden. Es gibt einerseits eine offizielle Liturgie, die man in offiziellen liturgischen Büchern vorfinden kann, und andererseits Formen von individueller Frömmigkeit (oft als Volksfrömmigkeit bezeichnet) und weniger offizielle Gebetsformen, wofür man besonders in der römisch-katholischen Tradition andere Gebets- und Gesangbücher braucht als die sogenannten offiziellen liturgischen Bücher (insofern sie überhaupt schriftlich festgelegt worden sind). Das Judentum kennt keinen deutlichen Unterschied zwischen den Ritualen, die innerhalb der Synagoge und solchen, die außerhalb der Synagoge vollzogen werden. Zumindest ist er weniger scharf ausgeprägt. Das Judentum kennt keine liturgischen Bücher in dem Sinn, wie Christen sie kennen. Es gibt nur Gebetsbücher (Siddur, Machzor), die man in der Synagoge, aber auch zu Hause oder irgendwo anders benutzen kann.

Unterschiede im Liturgie- und Ritualverständnis treten auch ans Licht, wenn dann und wann in der Gesellschaft Diskussionen über Themen wie die Beschneidung oder das sogenannte nicht-betäubte Schlachten (Shechita) aufkommen. Christen – und das haben sie mit den meisten nicht-religiösen Mitbürgern gemeinsam – finden es schwer zu verstehen, warum Juden einen solchen Wert darauf legen. Warum könnte man ein Tier, bevor es getötet wird, nicht betäuben, wenn man keine deutliche, überzeugende theologische Begründung anführen kann, warum man das nicht machen sollte. Dabei spielt sicher eine Rolle, dass es für Christen bei Liturgie und Ritualen primär um Glauben geht; für viele Juden ist vor allem wichtig, dass man sich an die traditionellen Vorschriften hält, ohne dass man dafür rationale Erklärungen zu bieten braucht. Kennzeichnend ist auch, dass man Juden begegnen kann – meistens betrifft es liberale Juden –, die behaupten, dass man jüdische Rituale verrichten kann, ja sogar beten kann, ohne an Gott zu glauben. Für die meisten Christen wäre das einfach sinnlos. Egal wie man sich dazu verhält und was man dazu findet, es besagt viel über die Unterschiede zwischen Christen und Juden in Bezug auf das Religions- und das Ritualverständnis. Für viele Christen geht es darum, dass man die Rituale „authentisch" vollzieht, dass man das bewusst und aus voller Überzeugung macht und auch weiß, warum man etwas macht, und dass man versteht was man macht. Für viele Juden kommt aber das Tun, das Mitmachen an erster Stelle. Aus der Perspektive der Religionsgeschichte ist dies nicht so fremd, wie es auf den ersten Blick erscheint. Religionsgeschichtlich betrachtet sind die Juden eher normal und die Christen abnormal als umgekehrt.[37]

Abgesehen von diesen und anderen Unterschieden im Liturgieverständnis und in der Ritualauffassung, ist es wichtig, dass man die Vielfalt von Strömungen innerhalb des Judentums ernstnimmt. Es gibt, gerade auch in Bezug auf das Ritualverständnis und auf die Bedeutung, die den Ritualen der Synagoge, aber vor allem auch im Alltag beigemessen wird, riesige Unterschiede zwischen Orthodoxen, Ultraorthodoxen, Konservativen, Liberalen.

3.2. Rituelle Dynamik

Weiters ist von wesentlicher Bedeutung, dass man Einsicht in die Dynamik von Ritualen hat. Viele der endlosen Diskussionen über die Frage, ob frühchristliche Rituale wie die Eucharistie, das Osterfest usw. aus dem Judentum stammen oder nicht, sind im Grunde verfehlt und sinnlos, weil sie auf einem statischen und inadäquaten Ritualverständnis basieren. Man geht davon aus, dass ein Ritual eine Art von abgeschlossenem Ganzen ist, das ab einem bestimmten Moment eine Art von Homöostase, eine Art von Endphase erreicht. Die Anwendung dieses Ritualverständnisses auf die rituellen Traditionen des Judentums zur Zeit der Entstehungsphase des Christentums, kann dann zur Frage führen, ob der Ursprung eines frühchristlichen Rituals auf ein jüdisches Ritual zurückgeführt werden kann oder nicht. Bestimmte Forscher meinen, dies sei der Fall, weil sie im christlichen Ritual bestimmte Elemente eines jüdischen wiederfinden. Dies wird von anderen bestritten mit der Begründung, dass sich das christliche Ritual in mancher Hinsicht vom jüdischen unterscheidet. Das ist eine sinnlose Diskussion. Wenn man dieses Problem lösen will, soll man zuallererst hervorheben, dass Rituale immer in Bewegung sind. Sie kennen keinen Anfang und kein Ende. Es gibt keine Rituale, die völlig neu sind; sie bauen immer auf schon existierende Traditionen auf,

37 Die Unterschiede im Ritualverständnis hängen nicht zuletzt auch mit verschiedenen Auffassungen über das zusammen, was unter Religion verstanden wird. Vgl. für Judentum und Christentum u.a. Daniel BOYARIN, Semantic Differences: or, 'Judaism'/'Christianity', in: Adam BECKER – Annette Yoshiko REED (Hgg.), The Ways That Never Parted. Jews and Christians in Late Antiquity and the Early Middle Ages (TSAJ 95), Tübingen 2003, 65–68. Allgemein religionshistorisch: Brent NONGBRI, Before Religion. A History of a Modern Concept, New Haven – London 2013.

die transformiert, verarbeitet und bearbeitet werden.[38] Und diese Verarbeitungs- und Bearbeitungsprozesse nehmen kein Ende. Es gibt einerseits ganz allmähliche Transformationen und andererseits mehr abrupte Brüche und Änderungen. Im letzteren Fall kann man den Eindruck haben, dass etwas völlig Neues entsteht, aber das ist nur scheinbar der Fall. Angeblich neue Traditionen sind nicht neu. Man braucht immer Rohstoffe, die man bearbeiten kann. Die Frage ist nur, wo man die Rohstoffe herholt. Knüpft man bei älteren Phasen in der eigenen Tradition an oder werden sie anderen Kulturen entliehen? Im frühen Christentum hat man die Rohstoffe den Milieus, in welchen das Christentum entstanden ist, entliehen, und das waren entweder jüdische Milieus oder solche, die stark vom (vielfältigen) damaligen Judentum geprägt waren. Diese Verarbeitung jüdischer und natürlich auch nicht-jüdischer Traditionen war ein dynamischer Interaktionsprozess.

Für die Frage nach dem Verhältnis zwischen (früh-) christlicher und jüdischer Liturgie bedeutet dies, dass es unfruchtbar ist, in aussichtslosen Konstruktionen und Dekonstruktionen von Thesen über die jüdischen Wurzeln der christlichen Liturgie stecken zu bleiben (obschon manche Dekonstruktionsversuche sinnvoll und sogar notwendig waren). Man sollte andere Fragen stellen. Man sollte vor allem fragen, wie Judentum und Christentum in verschiedenen historischen Perioden, von der Antike bis zur Gegenwart, auf gesellschaftliche Änderungen reagiert haben, wie ihre Reaktionen – und damit verbundene Interaktionen – in ihren Ritualen sichtbar wurden. Ich beschränke mich hier auf das frühe Christentum und die frühchristliche Liturgie. Welche rituellen und nicht-rituellen Traditionen wurden durch das frühe Christentum und das für die spätere Entwicklung des Judentums so wichtige rabbinische Judentum in den Zusammenkünften in der Kirche und in der Synagoge verwendet? Inwiefern waren es die gleichen – biblischen oder nachbiblischen – Traditionen? Und wenn Juden und Christen die gleichen Traditionen verarbeitet haben, ist die Frage, ob sie das auf eine ähnliche, vergleichbare Weise oder eher auf unterschiedliche Weisen gemacht haben. Und, last but not least, wie haben Juden und Christen hier aufeinander reagiert? Klar ist, dass die Unterschiede in der Art und Weise, wie verschiedene jüdische und christliche Gruppierungen rituelle Traditionen verarbeiteten bzw. sich aneigneten, besonders spannungsgeladene Konflikte auslösten. Die Predigt des Meliton von Sardes ist nur eine von den zahlreichen christlichen und jüdischen Quellen, die das bezeugen. Christen haben die Traditionen, die sie vom Judentum übernommen haben, gegen das Judentum verwendet. Andererseits haben Juden im Laufe der Jahrhunderte darauf regelmäßig reagiert, und zwar dadurch, dass sie ihre eigenen Gegenrituale entwickelt haben.[39] Gegenreaktionen riefen wieder neue Gegenreaktionen hervor.

38 Vgl. dazu u.a. ROUWHORST, Neue Sichtweisen (s. Anm. 33), 218, unter Verweis auf Willam ARFMAN, Innovating from Traditions. The Emergence of a Ritual Field of Collective Commemorations in the Netherlands, in: Journal of Contemporary Religion 29 (2014), 17–32. Vgl. zudem Catherine BELL, Ritual. Perspectives and Dimensions, Oxford 1997, 210–252.

39 Vgl. dazu insb. YUVAL, Two Nations in Your Womb (s. Anm. 32).

3.3. Die soziale Dimension

Direkt anschließend an die letztgenannten Beobachtungen sollte ein anderer Aspekt des Verhältnisses zwischen christlicher Liturgie und Judentum, der mit dem Thema „rituelle Dynamik" eng zusammenhängt und der in der Vergangenheit oft übersehen oder wenigstens nicht genügend bewertet wurde, genannt werden: die soziale Dimension.[40] Rituale bringen die Identität von Gemeinschaften und Gruppen zum Ausdruck. Das erklärt, warum Konflikte und Spannungen zwischen Christen und Juden gerade in Ritualen und in Diskussionen über Rituale so scharf zum Ausdruck kommen. Es erklärt, warum man gerade in liturgischen christlichen Texten so viel antijüdische Polemik antrifft, warum jüdische und christliche Feste so oft als Auslöser von Antijudaismus und Antisemitismus funktioniert haben. Es zeigt auch, dass gerade in Bezug auf die Liturgie in den verschiedenen christlichen Traditionen eine selbstkritische Dauerreflexion unbedingt nötig ist und bleibt.

4. BEDEUTUNG UND KONSEQUENZEN FÜR LITURGIEWISSENSCHAFT, THEOLOGIE DER LITURGIE UND LITURGISCHE PRAXIS

Wenn wir unsere selbstkritische Hausarbeit gemacht und uns ein möglichst sachgemäßes Bild vom Judentum angeeignet haben werden als von einer Tradition, mit welcher wir Vieles gemeinsam haben, die aber in manchen Hinsichten auch ‚anders' ist und auch ‚anders' bleiben wird, so stellt sich zum Schluss die Frage: Was bedeutet dies für das wissenschaftliche Studium der Liturgie im Allgemeinen, aber letztendlich auch für die Theologie der Liturgie und für die liturgische Praxis?

Erstens: die Liturgiewissenschaft. Es wird für die Liturgiewissenschaft und für die Ritualforschung darauf ankommen, die Ergebnisse der historischen Forschung zur Kenntnis zu nehmen. Man kann von den komplizierten Interaktionsprozessen viel über die Rolle lernen, die Rituale in Gesellschaften und Kulturen spielen, über die Art und Weise, wie Gemeinschaften und Gruppen ihre Identität mittels Ritualen bestätigen und zum Ausdruck bringen, wie sie dabei auf kreative Weise rituelle Traditionen verarbeiten und entwickeln, aber auch mit welchen Schattenseiten – Polemik, Aggression – das einhergehen kann.

Die komplexen und spannungsgeladenen rituellen Interaktionsprozesse stellen auch Fragen an die Theologie. Was bedeutet es für die Sakramententheologie und die Theologie der Liturgie, dass die liturgischen Traditionen des Christentums von Anfang an auf einer Verarbeitung und Transformation von nicht-christlichen, in erster Instanz jüdischen rituellen Traditionen basierten? Dass sich also kein

40 Die sozialen Funktionen der Riten sind vor allem seit den Arbeiten von Emile DURKHEIM (1858–1917) von zahlreichen Forschern betont und ausgearbeitet worden. Vgl. für einen Überblick der verschiedenen Theorien und Thesen, u.a. BELL, Ritual (s. Anm. 38), 23–60. Vgl. zudem Barry STEPHENSON, Ritual. A Very Short Introduction, Oxford 2015, 38–53.

reiner christlicher Kern herausschälen lässt? Eine Frage, die sich auch erhebt, ist: Was bedeutet das für die Frage der liturgischen Inkulturation heute? Man behauptet gerne, dass man dabei zwischen einem unveränderlichen Kern und veränderlichen Elementen unterscheiden müsse. Aber was bedeutet es, dass sich jedenfalls auf der Basis historischer Argumente ein solcher Kern nicht rekonstruieren lässt (das war gerade auch die Fallgrube, in welche manche Vertreter der Suche nach den jüdischen Wurzeln geraten sind).[41] Eine weitere Frage, die nicht umgangen werden sollte, ist: Welche Rolle haben rituelle Interaktionsprozesse bei der Entstehung verschiedenster Formen von christlichem Antijudaismus, von negativen Bildern über Juden und das Judentum gespielt? Und wie könnte man sich davon lösen, in den Kontakten mit dem heutigen Judentum, aber insbesondere auch in liturgischen Feiern?

Mit der letzten Frage sind wir auch bei den Konsequenzen für die liturgische Praxis angelangt. Faktisch werden hier oft zwei ganz verschiedene Standpunkte eingenommen. Auf der einen Seite gibt es Gruppierungen, die die Suche nach den jüdischen Wurzeln in eine liturgische Praxis umzusetzen versuchen. Man versucht eine Liturgie nach einem synagogalen Modell zu entwickeln. Man führt synagogale liturgische Lesesysteme ein, feiert christliche Varianten von jüdischen Festen oder organisiert christliche Sederabende am Gründonnerstag. Es gibt dabei zwei Probleme: Erstens stützt man sich oft auf imaginäre Traditionen aus einer fernen Vergangenheit, die sich im Nachhinein als Projektionen erweisen. Man könnte sich fragen, wie schlimm das an und für sich ist. Aber dann sollte man sich wenigstens darüber im Klaren sein, dass man jüdische Elemente in einen durchaus christlichen liturgischen Rahmen inkorporiert, sie auf christliche Weise aneignet. Ist es das, was man sich wünscht? Sollte man nicht wenigstens äußerst scharf auf die Gefahren, die damit drohen, bedacht sein?

Das andere Extrem besteht darin, dass man beide liturgischen Traditionen so scharf wie möglich unterscheidet und voneinander trennt. Juden dürfen dann überhaupt keine Elemente von den Christen übernehmen und Christen dürfen ihrerseits keine (neuen) Elemente aus der jüdischen Tradition oder aus dem heutigen Judentum in ihre liturgischen Feiern inkorporieren oder übernehmen.

Auch der letztgenannte Purismus ruft Fragen hervor. Die fundamentalste Frage ist wohl, dass man sich überhaupt keine rein christliche Liturgie ohne jüdische Elemente vorstellen kann. Umgekehrt sind in der Vergangenheit jüdische liturgische Traditionen von christlichen Entwicklungen beeinflusst worden, entweder weil christliche Elemente übernommen wurden,[42] oder weil man sich vom Christentum so stark wie möglich unterscheiden wollte und Gegenrituale entwickelt hat, aber dadurch doch vom Christentum beeinflusst wurde. Judentum und Christentum sind nun einmal miteinander verflochten.

41 Vgl. zur Verwendung des Begriffes Inkulturation in Bezug auf das frühe Christentum die kritischen Bemerkungen von Christoph MARKSCHIES in seinem Buch Kaiserzeitliche christliche Theologie und ihre Institutionen, Tübingen 2007, 369–373.

42 Interessante Beispiele findet man u.a. in der Homiletik. Vgl. dazu u.a. Alexander DEEG – Walter HOMOLKA – Heinz-Günther SCHÖTTLER, Preaching in Judaism and Christianity. Encounters and Developments from Biblical Times to Modernity (Studia Judaica XL), Berlin – New York 2008. Vgl. insb. Marc SAPERSTEIN, Medieval Jewish Preaching and Christian Homiletics, ebd. 73–88.

Meiner Meinung nach sollten Christen ihre eigene christliche Liturgie feiern und weiterentwickeln. Sie sollten keine Laubhütten bauen und keine synagogalen Lesezyklen – ob sie nun irgendwann von Juden praktiziert oder von Christen erfunden oder neukonstruiert worden sind – einführen. Das mindert aber nicht die Tatsache, dass Christen vieles von jüdischen Riten lernen können, von der Art und Weise wie Juden in der Synagoge und zu Hause beten und ihre Feste feiern, wie sie ihre Bibel auslegen und aktualisieren, mit Traditionen und mit der Vergangenheit umgehen. Christliche Rituale haben sich nie in einem Vakuum, nie in völlig isolierten Ghettos entwickelt und werden das auch in der Zukunft nicht tun. Warum dürften sie keine neuen Impulse bekommen aus der Tradition, mit der ihre Entwicklung von Anfang an so stark verknüpft gewesen ist?

Abbildungsverzeichnis

Die Bildrechte für die Abbildungen im Bildteil (S. 73–86) liegen bei den Beitragsautoren.

Abb. 1: Gustav Troger, gegen_wart © 2011, Fassadengestaltung, Graz, Pfarrkirche St. Andrä. Foto: Henry Jesionka.

Abb. 2: Muntean/Rosenblum: The White Exploit, 2018, Dauer: 7' 56" Edition 5+2AP. Courtesy der Künstlerin und des Künstlers und KULTUMdepot Graz, aus: »Glaube Liebe Hoffnung« und »Last & Inspiration« (2018).

Abb. 3: Muntean/Rosenblum: o. T. (»The Earth is literally ...«) 2018, Öl und Kreide auf Leinwand, temporäre Installation im Speisesaal des Priesterseminars in Graz. KULTUMdepot Graz, aus: »Last & Inspiration« (2018). Foto: Bettina Hutzl/DMG.

Abb. 4: Anna Meyer: Die Übermenschen sprachen, Sein oder Online, Installation im KULTUM Graz in der Ausstellung „Glaube Liebe Hoffnung" (2018). Foto: Nikki Lackner/UMJ.

Abb. 5: Pürgg, Johanneskapelle, um 1165. Foto: Johannes Rauchenberger.

Abb. 6: Salzburger Maler (?), Lamm mit Evangelisten, Freskomalerei, Pürgg, Johanneskapelle, um 1165. Foto: Elias Rauchenberger.

Abb. 7: Salzburger Maler (?), Vorhangzone, Freskomalerei, Pürgg, Johanneskapelle, um 1165. Foto: Elias Rauchenberger.

Abb. 8: Salzburger Maler (?), Geburt Christi, Freskomalerei, Pürgg, Johanneskapelle, um 1165. Foto: Elias Rauchenberger.

Abb. 9: Salzburger Maler (?), Katzen- und Mäusekrieg, Freskomalerei, Pürgg, Johanneskapelle, um 1165. Foto: Elias Rauchenberger.

Abb. 10: Salzburger Maler (?), Triumphbogen mit kufischer Schrift, Freskomalerei, Pürgg, Johanneskapelle, um 1165. Foto: Elias Rauchenberger.

Abb. 11: Salzburger Maler (?), Gesamtansicht von oben (Kluge und törichte Jungfrauen), Freskomalerei, Pürgg, Johanneskapelle, um 1165. Foto: Elias Rauchenberger.

Abb. 12: Alois Neuhold, Es ist aufgetischt: Fülletafel und Flugschanze aus der Schöpfungsküche eines reichgedeckten Lebens, 2018. Vielteilige Installation in der Ausstellung „Glaube Liebe Hoffnung" (Kunsthaus Graz) mit

Bildern und Objekten aus Spachtelmasse, Acryl, Karton, Pigment, Acryllack, Sägemehl, Holzstäbe, Leinen, Baumwolle, Papier u. a.; 120 x 255 x 583 cm, Courtesy des Künstlers. Foto: Nikki Lackner/UMJ.

Abb. 13: Alois Neuhold, Es ist aufgetischt, Detailansicht. Foto: Karl Neuhold.

Abb. 14: Portatile mit Wurzel Jesse mit Propheten und Heiligen. Oben Mitte: Thronende Madonna, um 1290/1300. Tempera auf Fichtenholz, eingelassen in Fohnsdorfer Muschelkalk; 31,5×39,5 cm, Leihgabe der Pfarre Predlitz bei Murau, Alte Galerie, Universalmuseum Joanneum. Foto: Johannes Rauchenberger.

Abb. 15: Johann Bernhard Fischer von Erlach: Entwurf für den Hochaltar in Mariazell, vor 1704, Feder in Braun, blaugrau laviert; 47,2 x 28,6 cm (gerahmt 65,5 x 50,5 cm), Courtesy Alte Galerie, Universalmuseum Joanneum. Foto: Nikki Lackner/UMJ.

Abb. 16: Maria Hahnenkamp: V9/11 „Kirchenlieder – Psychoanalyse“, 2011. Audiovisuelle Installation; Video 13 min 7 s, Kanal-Ton 39 min 49 s. (Videostill) Courtesy der Künstlerin.

Abb. 17: TEER, Weiße Fahne,1987/2018, Fahne (150 x 400 cm), mit Projektion auf eine Fahne vor dem Kunsthaus Graz, 2018, Courtesy Wolfgang Temmel. Foto: Nikki Lackner/UMJ.

Abb. 18: Hannes Priesch, Fahnen, 2015, 6 Fahnen (Ausschnitt): 1. Rot-Weiß-Rot, 3. Opferseelen, Holz, Draht, Stoffe, Wolle, Stickereien, Aquarellfarben; je ca. 260 x 50 cm, Courtesy des Künstlers und Galerie Artepari. Foto: Nikki Lackner/UMJ.

Abb. 19: Modderpoort, Free State, South Africa, Anglican Missionary centre, Sangomas waiting to be the first to enter the cave. Photo: Ph. Nel 2010.

Abb. 20: Modderpoort, Free State, South Africa, Anglican Missionary centre, bishop, priests and altar boys have reached the top and the bishop gives his blessing. Photo: P. Post 2010.

Abb. 21: Scale model of the planned House of One in Berlin. Photo: site of House of One https://house-of-one.org/en/architecture.

Abb. 22: Plan of House of One in Berlin. Photo: site of House of One https://house-of-one.org/en/architecture.

Abb. 23: Haus der Religionen, Bern, exterior. Photo: J. Stückelberger.

Abb. 24: Haus der Religionen, Bern, ritual temple space of the Hindus. Photo: J. Stückelberger.

Abb. 25: Haus der Religionen, Christian church. Photo: J. Stückelberger.

Abb. 26: Pieter Jansz. Saenredam, interior of the choir of St. Bavo in Haarlem (NL) 1660, Worcester, Mass., Worcester Art Museum. Photo: Wikimedia Commons https://commons.wikimedia.org/w/index.php?title=Special:Search& limit=500&offset=0&profile=default&search=saenredam&searchToken=au7n3mpdknpk6c0338ew0qvuc#/media/File:Interior_of_the_Choir_at_Saint_Bavo%27s_Church_at_Haarlem,_1660,_Pieter_Saenredam_(1597-1665)_-_IMG_7399.JPG.

Abb. 27: Pieter Jansz. Saenredam, St. Anthony's chapel, St. John's church in Utrecht (NL) 1645, Utrecht Centraal Museum. Photo: Wikimedia Commons https://commons.wikimedia.org/w/index.php?title=Special:Search& limit=100&offset=0&profile=default&search=saenredam&searchToken= 79i64itpwynmsfzd40m970c69#/media/File:Pieter_Jansz._Saenredam_-_St_Antoniuskapel_in_the_St_Janskerk,_Utrecht_-_Google_Art_Project.jpg.

Verzeichnis der Autorin und der Autoren

Teresa Berger, DDr. theol., Professorin für Liturgiewissenschaft und Inhaberin des Thomas E. Golden-Lehrstuhls für katholische Theologie an der Yale University (Institute of Sacred Music und Divinity School) in New Haven, Connecticut.

Rainer Bucher, Dr. theol., Univ.-Professor für Pastoraltheologie und Leiter des Instituts für Pastoraltheologie und Pastoralpsychologie an der Katholisch-Theologischen Fakultät der Universität Graz.

Harald Buchinger, Dr. theol., Univ.-Professor für Liturgiewissenschaft an der Katholisch-Theologischen Fakultät der Universität Regensburg.

Peter Ebenbauer, Dr. theol., ao.Univ.-Professor für Liturgiewissenschaft und Leiter des Instituts für Liturgiewissenschaft, Christliche Kunst und Hymnologie an der Katholisch-Theologischen Fakultät der Universität Graz.

Ottmar Fuchs, Dr. theol., Emeritus Professor für Praktische Theologie an der Katholisch-Theologischen Fakultät der Universität Tübingen.

Basilius J. Groen, Dr. theol., Univ.-Professor i.R. für Liturgiewissenschaft und ehem. Leiter des Instituts für Liturgiewissenschaft, Christliche Kunst und Hymnologie (2002-2018) an der Katholisch-Theologischen Fakultät der Universität Graz sowie Gastprofessor für Ostkirchenkunde und Liturgiewissenschaft an der Katholieke Universiteit Leuven und dem Pontificio Istituto Orientale, Rom.

Martin J.M. Hoondert, Dr. theol., Assoc.-Professor für Musik, Religion und Ritual an der School of Humanities and Digital Studies (Department of Cultural Studies), Tilburg University.

Paul Post, Dr. theol., Univ.-Professor für Ritual Studies an der School of Humanities and Digital Sciences (Department of Cultural Studies), Tilburg University.

Johannes Rauchenberger, Dr. theol., Leiter des Kulturzentrums bei den Minoriten in Graz und Universitätslektor für Kunst und Religion.

Gerard Rouwhorst, Dr. theol., Emeritus Professor für Liturgiewissenschaft, Tilburg School of Catholic Theology, Tilburg University.

Österreichische Studien zur Liturgiewissenschaft und Sakramententheologie

Austrian Studies of Liturgy and Sacramental Theology

hrsg. von / edited by Hans-Jürgen Feulner (Wien) und / and Reinhard Meßner (Innsbruck) zusammen mit Alexander Zerfaß (Salzburg) und P. Ewald Volgger OT (Linz) sowie Basilius J. Groen (em. Graz) und Rudolf Pacik (em. Salzburg)

Johannes Paul Chavanne
Pax
Friedensbegriffe in der Eucharistiefeier des Römischen Ritus
In den Texten der Liturgie begegnet häufig das Wort *pax*. Aber was meint die Liturgie, wenn sie vom Frieden spricht? Der vorliegende Band geht den unterschiedlichen Bedeutungsfeldern von *pax* – Frieden in den Texten des aktuellen Messbuches für den Römischen Ritus nach. Immer unter Einbeziehung der historischen Genese einzelner Texte, da diese für die sachgerechte Interpretation von Bedeutung ist. Wo es von der Sache her angebracht erscheint, werden auch Vergleiche mit anderen liturgischen Traditionen angestellt. So werden unterschiedliche Begriffsfelder des Wortes ‚*pax*' herausgearbeitet.
Bd. 9, 2018, 322 S., 34,90 €, br., ISBN 978-3-643-50892-8

Claus Blessing
Sacramenta in quibus principaliter salus constat
Taufe, Firmung und Eucharistie bei Hugo von St. Viktor
Bei Hugo von St. Viktor (†1141) findet sich eine Definition jener Sakramente, in denen vorrangig das Heil besteht und empfangen wird – *sacramenta in quibus principaliter salus constat et percipitur*. Im vorliegenden Band wird gezeigt, welche Sakramente unter diesen Begriff fallen.
Da Hugo von St. Viktor den Heilsweg des Menschen weder absolut an die Sakramente gebunden sieht, noch ihren Empfang ins subjektive Belieben stellt, eröffnen seine Reflexionen Perspektiven für eine Sakramententheologie zwischen Relativismus und Rigorismus.
Bd. 8, 2017, 744 S., 84,90 €, br., ISBN 978-3-643-50802-7

Hans-Jürgen Feulner; Andreas Bieringer; Benjamin Leven (Hg.)
Erbe und Erneuerung
Die Liturgiekonstitution des Zweiten Vatikanischen Konzils und ihre Folgen
The Constitution on the Sacred Liturgy of the Second Vatican Council (1962 – 1965) has sustainably renewed the worship of the Church. More than 50 years after its promulgation (1963), this volume gives impetus to enquire into the remaining guiding potential of Sacrosanctum Concilium. The unconventional and new approaches focus attention on the tense relationship between the intentions of the reform and the actual developments after the council, thereby raising awareness of the programmatic settings of the liturgical reform's direction once more.
Bd. 7, 2015, 346 S., 29,90 €, br., ISBN 978-3-643-50650-4

Hans-Jürgen Feulner (Ed.)
Liturgies in East and West
Ecumenical Relevance of Early Liturgical Development. Acts of the International Symposium Vindobonense I, Vienna, November 17-20, 2007
The celebration of the liturgy is central to the life of faith and also for the self-understanding of the various churches in the East and West. An amazing convergence of Christian denominations has taken place in the area of liturgy and liturgical studies since the Second Vatican Council, entering also into the practice of liturgical celebration. In this collection international recognized scholars from various Christian denomiations present the ecumenical contribution and the Jewish roots of the Christian liturgy.
Bd. 6, 2013, 352 S., 29,90 €, br., ISBN 978-3-643-90412-6

LIT Verlag Berlin – Münster – Wien – Zürich – London

Auslieferung Deutschland / Österreich / Schweiz: siehe Impressumsseite